自媒体微叙事

王　静／著

中国传媒大学出版社
·北京·

图书在版编目(CIP)数据

自媒体微叙事 / 王静著. -- 北京:中国传媒大学出版社, 2020.5
(新闻传播学丛书. 第二辑)
ISBN 978-7-5657-2690-3

Ⅰ. ①自… Ⅱ. ①王… Ⅲ. ①传播媒介—研究 Ⅳ. ①G206.2

中国版本图书馆 CIP 数据核字(2020)第 042642 号

自媒体微叙事
ZI MEITI WEI XUSHI

著　　者　王　静
策划编辑　程　平
责任编辑　程　平
特约编辑　张　婧
封面设计　拓美设计
责任印制　李志鹏

出版发行　中国传媒大学出版社
社　　址　北京市朝阳区定福庄东街 1 号　邮编:100024
电　　话　86-10-65450528　65450532　传真:65779405
网　　址　http://cucp.cuc.edu.cn
经　　销　全国新华书店

印　　刷　北京玺诚印务有限公司
开　　本　710mm×1000mm　1/16
印　　张　17.5
字　　数　305 千字
版　　次　2020 年 5 月第 1 版
印　　次　2020 年 5 月第 1 次印刷

书　　号　ISBN 978-7-5657-2690-3/G·2690　　定　　价　78.00 元

序　言

王静是我的博士生，本书正是在她的博士学位论文《当代大众文化视域下的自媒体微叙事研究》的基础上修订而成的，所以，本书的出版面世，于我而言，有一种特别的欣慰和高兴，仿佛又添一新的孙儿（如果作品是我们的精神之子的话，那么学生的作品当然就是我们的精神之孙了）。

近一二十年来的传播技术日新月异，可谓翻天覆地地改变了我们的生活，从电脑网络到全能手机，现在的新生儿怕怎么也想象不出没有这些东西的人类是个什么样子了。我是喜欢音乐的，以前无论午休还是晚上睡前，都会听听音乐，可是现在竟一律改成了翻看手机，平时忙于工作，唯一的闲时就是此两睡前，于是我的音响便好象退休了一样。相信如我这般被手机霸占了时间的人不在少数。“手机控”成为流行词，就可见一斑。

从短信到微博、微信，自媒体微叙事实际上已成了我们生活中最重要的内容之一。但是它成为理论问题而进入学术研究视野却并不如作为现象的它那样活跃。也许自媒体微叙事太当前也太纷繁复杂，太让人眼花潦乱了；也许人们认为自媒体微叙事毕竟不是鸿篇巨制、黄钟大吕，研究的意义或许有限。但是，本书却独具胆识，卓有创见地提出了“自媒体微叙事”这一术语作为自己研究的核心概念，拿来进行现象和理论的爬梳建构，使当代生活和当代文化中非常重要的这一现象得到了话语上和理论上的某种凝聚和澄清，并揭示了它对人类文化发展的重大意义。这一选题毫无疑问具有非常的现象当前性和理论前沿性，在当代大众文化研究领域是一种突破。

王静的硕士阶段读的是传播学，以传播学的基础来攻读中国现当代文学专业的当代文化研究方向，是一种跨学科的学习，而本书也正是一种跨学科的理论尝试。多学科的交叉的理论资源的融汇正是本书的又一个突出特点。大众文化研究、文学叙述学、传播学、符号学、社会学等理论资源都在本书中自然地交织了起来，使之成为一本成功的跨学科理论之作。诚然，当代文化研究本身就是一种跨学科研究，但要将大众文化研究、文学叙述学、传播学等理论资源无障碍地协调起来，显然与作者出色的天赋和勤勉的努力分不开。

本书分上下两编。上编是理论建构，从自媒体微叙事的生成、构成、传播，到其效应与意义，时空纵横交错，在当代大众文化的背景上描绘了一幅清晰的层次丰富的理论图景；下编是体式或样态研究，包括自媒体微小说、微电影、微新闻、微广告，具体、落实和详尽地对这些体式或样态进行了考察。于是全书构成了一个有关自媒体微叙事的开创性和开放性的系统。这在年轻学者来说，也不是一件易事。

自媒体微叙事虽然年龄不大，但其数量早已如海如洋，要搜集大量并具代表性的自媒体微叙事作品，也是一件困难不小的事，本书在这方面也是下了功夫的。本书对大量并具代表性的自媒体微叙事作品进行细读，进行具体分析，以作为自己的论据，让人读后对作者的立论有充分的信服感。

诚如王静在本书中所讨论到的，我们正处于与口头媒介、印刷媒介、电子媒介不同的数字媒介时代，而在数字媒介阶段，我们又处于与早期大众门户网站不同的自媒体时代，在自媒体交往中，自媒体微叙事则占了最大量的部分。自媒体以及自媒体叙事正根本性和多方面地改变着我们的生活，改变着人类文化的轨迹与版图，它给我们带来许多意想不到的欣喜，也带来不可忽视的弊端。科技本身并无价值正负，但人类不能不考虑价值问题。面对此境况，深入的思考无论如何都不可缺位。如何将这一科技革命扬其优长、克其弊短，是思考的根本任务。王静的这本大众文化研究领域中关于自媒体微叙事问题的开拓性作品，定会带来包括作者自己在内的诸多同行同好们更深入更广泛的思考和讨论。

金　岱

2017 年 7 月 20 日于华南师范大学教师村

目　录

下　编

导 论

第一节 研究缘起

媒介的发生发展，是一幅不断演进、永无止境的变幻图景，各式各样的媒介自出现伊始，便携带着自身的技术特征与叙事话语参与了人类历史上一切意义重大的文化变迁，两者之间相互作用的动力学原理与过程早已被无数人所论证与熟知。“媒介不仅是将意义传送至受众的特殊渠道，也是语境和意义创造相互作用的普遍现象。媒介并非存在于‘他处’，而是融入我们的生活实践，浸入全球个体和社群的意义创造：媒介是形成和构建当代文化的重要资源。”[①]

20世纪以来，伴随着传播技术的高速发展，媒介凭借日益膨胀的影响力成为全世界关注的焦点，也成为人文社会科学研究的热点，触角延伸至社会学、心理学、经济学、哲学、文学、政治学等各大学科领域。虽然多年来媒介研究并不存在一种连贯或通用的方法，甚至诸多体系与成果之间存在着尖锐的矛盾与争执，但这并不妨碍人们从中吸取有效的方法和理论来激发新的灵感和思想。

“媒介叙事”是媒介研究中一个很独特的维度，它突破了以往媒介研究单纯关注内容或媒介自身的路向，将媒介技术与文本艺术结合起来进行理解与阐释，并跟随媒介的发展与叙事理论的扩展不断进行自我完善与丰富。从经典叙事学的小说文本叙事观到后经典叙事学的泛媒介叙事观，从以艾伦·纳德尔（Alan Nadel）为代表的电影叙事学到以玛丽－劳勒·瑞安（Marie-Laure Ryan）为代表的数字媒介叙事学，从旧金山数码媒体中心（后更名为“数码叙事中心”）的创立到国际虚拟叙事会议（ICVS）的召开，经过逾半个世纪的发展，

① 刘易斯.文化研究基础理论（第二版）[M].郭镇之，任丛，秦洁，郑宇虹，译.北京：清华大学出版社，2013：4.

“媒介叙事”已然从原本一个简单概念演进成一个涵盖众多理论分支和学术进路的热点研究领域。

然则，当如今各种新兴数字媒介正以摧枯拉朽之势取代传统媒介成为全球主流信息通道与传播方式，各类数字媒介叙事论坛、数字媒介艺术作品展览等活动在世界范围内频频举办，国际上叙事学研究重点正转向超文本、全息小说、电子游戏等新媒介叙事领域之时，我国对当代数字媒介叙事的关注与研究则显得相当欠缺与薄弱。造成这一现象的原因主要有二：一是国内学界对“媒介叙事”研究的重视度与敏感度不够，大部分研究都将其划分为“媒介”或“叙事”两个截然不同的领域，研究视角也大多集中在传播学或文学领域，没有以更宏观、整体的视角来对其进行理论思考与现实观照；二是由于媒介与叙事的相关理论大多来自西方，尤其是数字媒介叙事目前在我国仍处于发展的初级阶段，实践及理论发展均不成熟，相关的研究或故步自封、思想滞后，或盲目跟随西方潮流、内容超前，而忽视了我国独特的历史文化背景及现实语境，缺乏创造性与实用性。

新媒体的出现和日新月异，让任何人都无法否认与忽视自己正生活在一个比以往任何历史时期都依赖媒介的时代。无论是政府、企业，还是普罗大众，无不需要通过这些新兴媒体进行叙事，并对其产生的种种影响体会深刻。尤其是对当前正处于社会转型“动荡”期的中国而言，这些新兴媒体早已成为各类故事的狂欢场、各种权力的角斗场，其中或显现或隐藏的各种纷繁复杂的现象与问题，值得我们深思。与此同时，对于当代中国媒介叙事研究而言，很多现实且迫切的问题也亟须解决，比如：如何借鉴、吸纳不同学科领域的研究成果与方法，拓展媒介叙事研究的空间与路径？如何突破单一的批判或盲目的“拿来”，转入更为理性与实际的分析与阐释？如何从单纯的理论探讨与论争转向更为复杂的应用实践探索？如何将研究视野从西方抽离，转向全球性视野中的本土特征？如此等等。

“没有叙事的世界就不属于人类的世界。”① 换言之，人类是一种叙事性动物，需要通过各种各样的媒介来描述日常生活、记录思想认识、传承社会文明。本书将结合媒介叙事的跨学科研究趋势与当代中国的现实环境与具体实践，运用文化研究的视角与方法，对当前我国广泛流行的一种新型大众叙事方式——

① WANG Z Z，LIU Z Q. Will New Media Narrative Become the HERO in traditional China [C] // Proceedings of the 3rd Annual Hawaii International Conference on Social Sciences. Hawaii，c2004：361.

“自媒体微叙事”进行深入考察，借用哲学、社会学、符号学、美学等人文社会学科方法对自媒体及其携带的叙事文本在当代社会中的角色、作用、意义等进行分析、解读与阐释，力图通过理论构建与实践应用相结合的方式，全面展现这一独特媒介叙事方式的生成、发展及对当代中国社会及人民生活的影响，并以此探寻媒介化社会中人类的生存环境与精神生态。毕竟，未来人类的成长经验将主要由赛博空间来主宰，自媒体的盛行已经成为不争的事实，它深刻影响着当代人的生活、交往与思维模式，因此，对其叙事方式的研究迫在眉睫。

一、现实观照：当代中国语境

（一）媒介语境

尼古拉斯·尼葛洛庞帝（Nicholas Negroponte）在《数字化生存》中写道：“在后信息时代，大众传播的受众往往只是单独一人，在数字化生存的情况下，我就是‘我’，不再是人口统计学中的一个‘子集’。”[①] 如果说这一论述在 20 世纪末还只是一个预言或推断，那么在短短十几年后的今天，它已经成为一个人尽皆知的现实。如今，BBS（电子布告栏系统）、SNS（社会性网络服务）、播客（Podcasting）、博客（Blog）、微博（Microblog）、微信（Wechat）等自媒体不断涌现，人们可以随时随地运用文字、声音或图片、影像等叙事符号在这些平台上进行信息创作与传播，其中Twitter、微博、微信等“微媒体”的发展速度与规模最为惊人：新浪微博发布的 2019 年财报显示，截至 2019 年底，微博月活跃用户达到 5.16 亿，其中移动端占比 94%[②]；2020 年 1 月 9 日发布的《2019 微信年度数据报告》显示，截至 2019 年 9 月，微信活跃账户数 11.51 亿[③]；抖音发布的《2019 抖音数据报告》显示，截至 2019 年 7 月，抖音日活跃用户 3.2 亿，截至 2020 年 1 月，日活跃用户已超过 4 亿[④]。从发展速度来看，2005 年上线的人人网突破上亿用户用了 43 个月，2006 年上

---

① 尼葛洛庞帝．数字化生存 [M]. 胡泳，范海燕，译．海口：海南出版社，1997：191-192.

② 微博 2019 年营收提升至 122.4 亿元 月活跃用户达 5.16 亿 [EB/OL].（2020-02-26）[2020-04-10]. https://cj.sina.com.cn/articles/view/1704103183/65928d0f02001klar?from=finance.

③ 腾讯两天涨 1500 亿 微信 2019 年数据报告立了大功 [EB/OL].（2020-01-14）[2020-04-10].http://finance.sina.com.cn/stock/relnews/hk/2020-01-14/doc-iihnzahk3986774.shtml.

④ 2019 抖音数据报告 [EB/OL].（2020-01-06）[2020-04-10].https://www.sohu.com/a/365408452_262742.

线的 Twitter 用了 42 个月，2009 年上线的新浪微博用了 19 个月，2011 年上线的微信用了 14 个月。从信息发布数量来看，2018 年，微信日均发布消息 450 亿次[①]，微博日均文字发布量 1.3 亿，日均图片发布量 1.2 亿，日均视频 / 直播发布量 150 万[②]；2019 年，46 万个家庭用抖音拍摄全家福视频，每天上传 308 万支亲子视频，抖音万粉知识创作者发布 1 489 万个视频[③]。

随着自媒体的不断成熟，其版图得到了急速扩张，在当今的媒介环境下，它们凭借“微内容”的强大合力逐渐形成了与传统大众媒体相抗衡的另一极，影响到我国经济、政治、社会、文化的方方面面。人民网舆情数据中心发布的《2019 政务指数 · 微博影响力报告》显示，截至 2019 年 12 月 26 日，经过微博平台认证的政务微博已达到 179 932 个，其中政务机构官方微博 138 854 个，公务人员微博 41 078 个[④]。截至 2019 年底，企业微信已经覆盖超过 50 个行业，服务超过了 250 万家真实企业，6 000 万活跃用户使用着企业微信服务，超过 80% 的中国 500 强企业选择了企业微信。[⑤]2019 年抖音用户全年打卡 6.6 亿次，遍及全世界 233 个国家和地区，大唐不夜城、迪士尼度假区、故宫博物院等景点视频播放量均超过 10 亿次，贫困县相关视频被分享 3 663 万次，美食制作、语言教育、学科教育、职业教育、知识普及成为抖音最受欢迎的知识门类，抖音艺术类视频播放量超 5 431 亿次，被点赞 169 亿，1 372 个国家级非遗项目中，有 1 275 个在抖音中出现过，全年被点赞 33.3 亿次。[⑥]

伴随着“微媒体”的兴起，各式各样冠以“微”字头的时尚概念，如微服务、微营销、微电影、微小说、微内容、微公益等，也如雨后春笋般纷纷涌现，不断刺激着人们的视觉、听觉与感觉，整个中国似乎在一夜之间步入了“微时代”。

（二）社会语境

如果说，1840 年的鸦片战争让中国以巨大的落差遭遇了现代性，并在各

---

① 2018 微信数据报告：每天有 450 亿次信息发送！ [EB/OL] .（2019-01-09）[2020-04-10]. http://www.techweb.com.cn/internet/2019-01-09/2719967.shtml.

② 新浪微博数据中心：2018 微博用户发展报告 .[EB/OL] .（2019-03-15）[2020-04-10].https://www.useit.com.cn/thread-22578-1-1.html.

③ 2019 抖音数据报告 [EB/OL].（2020-01-07）[2020-04-10].https://www.sohu.com/a/365408452_262742.

④ 2019 年政务指数 · 微博影响力报告发布 [EB/OL].（2020-01-17）[2020-04-10].http://yuqing.people.com.cn/n1/2020/0117/c209043-31553643.html.

⑤ 企业微信年度发布会宣布与微信互通升级，为企业服务提供更多场景与可能性 . [EB/OL].（2019-12-23）[2020-04-10]. https://tech.sina.com.cn/roll/2019-12-23/doc-iihnzahi9436003.shtml.

⑥ 2019 抖音数据报告 [EB/OL].（2020-01-07）[2020-04-10].https://www.sohu.com/a/365408452_262742.

种持续的动荡和断裂中徘徊与挣扎，那么 1978 年的改革开放与思想解放运动则真正开启了中国的现代化进程。经过 30 余年的发展与探索，今天的中国显然在现代化的道路上取得了举世瞩目的成就，其突出表现在经济的腾飞、民生的发展、法制的完善等方面。然而，这并不意味着中国的现代性转型已经完成，恰恰相反，辉煌背后的阴影也日渐扩大，例如贫富差距不断增大、国民幸福感下降、腐败问题严重、价值观混乱等，这些成为制约中国现代化发展的阻力。从系统论角度而言，现代化进程是一个包括政治、经济、文化在内的全方位变迁过程，三者互为依托，必须协调有序地推进，然而在中国，这一平衡却被打破。近 20 年来，中国发展呈现出经济高速发展与政治体制改革滞后、文化保守化的扭曲、矛盾现象，以及所带来的社会失衡、道德失范与价值真空等问题日益严重。这让我们不得不放缓脚步认真思考：在经济快速发展了几十年之后，当前的中国是否正处在一个关键的历史节点？政治的现代化与文化的现代化是否应该成为新的主题慎重而迫切地摆到中国现代化发展的日程上来？正如金岱教授所言，“在当下中国的语境下，与经济现代化具有类似意味的作为社会有机体系统恢复战略的文化转型，比之制度转型又具有更为突出的前导性、现实性和可能性。……不具有充分创造性地解决这些（文化）问题，不仅经济转型难以最终完善，制度转型事实上也缺乏具有明晰指导性和有效推动力的理论、理想和现实路径”①。同时，世界现代化的发展历史也清晰地告诉我们，现代化本质上是文化的产物，文化的现代化是现代化最深层次的结构与最根本的目的。

加拿大著名的媒介研究学者哈罗德·伊尼斯（Harold Adams Innis）曾经有过这样的论断：“对任何文明都可以通过它的主要传播媒介来理解。”② 媒介作为一个具有很强辐射力和穿透力的“文化装置”，比任何力量都更容易进入一个国家、地区的文化深层结构，使其文化呈现出媒介化的特征，进而对经济、政治、社会等各个方面产生深远的影响。这一趋向在当代中国已然凸显：首先，各式各样的媒体已经成为当前我国文化传播的主要渠道；其次，传媒产业的迅猛发展改变了文化的格局，大众文化成为当前的主流文化形态；最后，现代传播技术的发展在很大程度上拓展了文化时空，丰富了文化内涵，让文化的传承在人类历史上第一次消解了时间、模糊了空间，渗透进人类生活的方方

① 金岱 . 中国现代性构建的文化进路 [J]. 学术研究，2011（7）：143.

② 崴庞德 . 传媒的历史与分析——大众媒介在加拿大 [M]. 郭镇之，译 . 北京：北京广播学院出版社，2003：138.

面面。由此可见，媒介已经成为组织与界定社会图景的一种方式，在很大程度上影响着我国文化转型的未来走向，“现代传媒高新技术革命对人类当代文化的发展和艺术文化生态格局已经产生了以往无可比拟的巨大影响。当代科技的发展引起当代社会主导传媒形式的变化，而主导传媒模式的变化则引起了原有文化生态格局的全面变化”①。因而，在媒介技术、媒体形态日新月异的今天，如果我们不去关注并深入研究这些新兴媒介，将无法更好地利用它们去构建新的文化阵地，创造新的文化形态，文化现代化更无从谈起。

二、研究意义

“媒介即隐喻”是美国著名媒介研究学者尼尔·波兹曼（Neil Postman）在21世纪初提出的最引人关注的观点之一。他认为，媒介能够以一种隐蔽却又很强大的暗示来定义现实世界，其中媒介的形式极为重要，因为特定的媒介形式会偏好某种特殊的内容，最终会塑造整个文化体系。随着自媒体时代的到来，其媒介形式与我国的政治、经济、文化转型紧密结合在一起，这些媒体如何为我所用，是当前政府、企业与普通民众不得不思考与面临的问题。而与此同时，我们正身处这一媒介环境中，大众对于自媒体的依赖已经成为常态，所以，大众对于自媒体既容易忽视与麻木，也无暇审视与反思，因而要想正确理解并挖掘自媒体技术、现象及其背后的规律，又极其不易。

叙事是目前几乎所有媒介的重要内容之一，不同的媒介由于创作与传播方式的不同而具有不同的叙事方式。笔者通过对特定媒介叙事方式的考察，深入了解与认识这一媒介的技术话语与内容偏好，探寻其折射与塑造出来的社会文化形态，具有较为重要的理论价值与现实意义。“研究文化产品的社会科学方法的主要目标，应该是发展一些利用媒体的特点解释媒体广泛传播的文化产品性质的理论。媒体是怎样塑造和架构文化的？创造和广泛传播这些产品的广义语境产生了什么样的影响？”②本书的研究意义和目的主要在于：第一，对自媒体微叙事作品进行理论梳理，阐明其存在形态与运作机制，发现其叙事特点与传播策略。随着微博、微信等自媒体的普及与流行，“微新闻”“微小说”“微电影”等叙事作品每天呈海量涌现，成为大多数人获取信息、交流沟通、休闲

① 金元浦．论文化产业发展的新阶段[J]．文艺理论与批评，2003（3）：68.

② 克兰．文化生产：媒体与都市艺术[M]．赵国新，译．江苏：译林出版，2012：1.

娱乐的主要渠道与方式。它们所呈现出来的与传统叙事截然不同的叙事形态、文本结构、传播模式，给当代叙事学、文艺学、传播学等诸多学科提出了一系列新的问题。厘清这些问题，有益于进一步梳理自媒体微叙事的属性与特质，解决其在创作、传播与鉴赏过程中所遇到的困难。第二，对自媒体微叙事现象进行现实观照，揭示其对当代中国经济、政治、文化等各方面造成的影响，探索我国的社会变迁与现代化进程。作为一种大众文化现象，自媒体微叙事存在于社会生活的各个领域，渗透进政治、经济、教育、文学、艺术与日常生活的各个方面，成为社会运作与发展的一股重要动力，同时也引发了众多问题。我国的媒介文化发展有着特殊的政治经济背景，且当前正处于多方面快速转型的时期，对自媒体微叙事现象的研究，为探索当代中国民主化进程、文化现代化、全球化、社会权力运作等问题提供了新的视角，具有一定的现实意义。第三，对自媒体微叙事的本质进行认知反思，把握其存在价值与隐性含义，探寻媒介化社会的发展路径与现代人的生存状态。纵观人类社会的发展历程，任何一种新媒介技术的出现都必然会带来新的叙事模式，影响社会文化的格局，改变人们的行为模式和思维方式。数字化与媒介化已然成为当前及未来人类的生存环境，因此对自媒体微叙事价值层面的考量，将有助于理解当代人的生存状态与精神生态，并反思建设媒介文明与精神价值的必要性与可行性。

三、媒介叙事研究与大众文化研究

大众文化研究肇始于西欧，自 20 世纪 80 年代起就成为全世界最活跃的理论领域之一。改革开放以来，大众文化亦成为中国一道亮丽的文化风景线，许多学者开始对其展开广泛而深刻的研究，在大众文化批评与理论引进方面做出了重大贡献。但文化本身就是处于变动之中的，因而文化研究也必须要与时俱进。新生事物的不断涌现、信息技术的飞速变革、实践活动的蓬勃发展等因素都对新媒介语境下的大众文化研究提出了更高要求，如何在全球化语境和本土化选择中进行理论创新，成为当前中国大众文化研究的重点。

本书以媒介叙事为线索来考察中国大众文化，第一，是因为在当代中国社会，大众文化在新媒介技术的推波助澜下，已经无孔不入，以文化主潮之一的姿态改变了当代文化的基本走向和审美观念；第二，是因为媒介已经成为普通民众日常生活中不可或缺的组成部分，他们已经习惯于通过各种媒介来讲述故事、传递经验、沟通交往，因此研究大众文化必须要深入到这一行为之中去探寻当代中国大众文化的普遍特征与本质；第三，选择媒介叙事作为切入点，能够摆脱事先对大众文化所持有的或赞同或批判的价值判断，能够强调一种基于文本分析基础上的跨学科研究态度，也更能够基于现实语境进行研究，而不是单纯的理论借鉴或不切实际的臆想。

与此同时，媒介叙事研究与大众文化研究本身就存在着诸多的交叉重合和互动互为：第一，在研究对象上，媒介叙事文本一直以来都是大众文化的研究对象，如电视剧、电影、广告、网络小说等；第二，在研究方法上，媒介叙事研究与大众文化研究在分析文本时都关注语境、受众，强调跨学科研究；第三，媒介叙事的特征研究是大众文化文本研究的重点内容和方向，大众文化的特征与属性也在很大程度上影响着媒介叙事。由此可见，媒介叙事与大众文化的属性与功能密切相关，厘清中国当前主流媒介叙事的特征，能够帮助我们更深入地认识中国大众文化的整体性质与效用。

第二节　概念界定

一、自媒体（We media）

2002年，著名专栏作家丹·吉摩尔（Dan Gillmor）首次在他的博客上提出了关于“自媒体（We media）”的想法，并在2003年1月的《哥伦比亚新闻评论》上撰写了一篇题为《下一时代的新闻：“自媒体”到来》的文章，正式将“自媒体”这一概念呈现在世人面前。2003年7月，美国新闻学会媒体中心出版了由谢因·波曼（S.Bowman）和克里斯·威利斯（C.Willis）联合撰写的报告《自媒体：受众塑造新闻资讯未来的方式》，文中对“We media”所下的定义是：“普通大众经由数字科技强化、与全球知识体系相连之后，一种开始理解普通大众如何与分享他们本身的事实、他们本身的新闻途径。”[①]我们可以将其看作“自媒体”最初始的概念，它的核心可归纳为是一种由普罗大众参与的新闻传播方式。这种媒体的产生，让所有的个体成了草根记者，传统

① BOWMAN S，WILLIS C. We Media：How audiences are shaping the future of news and information [R]. The Media Center at The American Press Institute，2003.

媒体不再是获取新闻的唯一渠道，这也是为什么2005年在中国台湾发行丹·吉摩尔的专著 *We the Media* 时采用《草根媒体》作为译名的主要原因。

然而，随着自媒体技术的迅速发展和功能的不断延伸，其作用与影响已不仅仅停留在"生产与传播新闻"层面，而成为一个几乎无所不包的信息平台、操作平台和传播平台。于是国内一些学者开始赋予"自媒体"不同的定义，例如张彬将其定义为"利用以博客为代表的网络新技术进行自主信息发布的个体传播主体"[①]，这一定义强化了信息发布者的地位与作用；又如罗斌指出的，自媒体是"为个体提供信息生产、积累、共享、传播的独立空间，可以从事面向多数人的、内容兼具私密性和公开性的信息传播载体"[②]，这一定义强调了媒体的独立性与灵活性。这些定义基本上包含了自媒体的属性与特征，但是都不尽完善。笔者在对众多概念进行认真对比研究之后认为，自媒体是普泛化、私人化的"传播者"，是以数字技术与网络技术为手段进行自主内容创作、传播与交互的新型媒体形式，包含几大核心要素与特征：第一，自媒体的应用主体是普罗大众或组织，并非单纯的专业媒体机构；第二，数字技术与网络技术是自媒体的存在依托，不包括在此之前拥有类似传播特征的任何传播媒介（如印刷媒介、电子媒介等）；第三，自媒体是个人传播、人际传播、群体传播与大众传播的结合体；第四，自媒体中的内容与形式随意性强、自由度高。

如今，自媒体的形式日益多样化，表现渠道日益丰富，当前最具代表性的自媒体形式主要包括个人主页（Personal Homepage）、博客（Blog）、维客（Wiki）、播客（Podcasting）、BBS（Bulletin Board System）、QQ、社会性服务网络（SNS）、Twitter、微博（Micro-Blog）、微信（WeChat）等。

二、叙事与媒介叙事

"叙事"（narrative）一词源于拉丁文narre，意思是"让人知道"，因此叙事一直以来就被视为一种信息的传递，但是这并不足以用来定义"叙事"一词，因为并非所有"信息"都具有叙事性。在过去的半个多世纪里，关于"叙事"的定义可谓纷繁芜杂，争议不断。在经典叙事学时期，对于"叙事"的定义主要有两种模式：一种是外视角模式，即通过区分"叙事"与"非叙事"来

① 张彬．对"自媒体"的概念界定及思考[J]. 今传媒，2008（8）：77.

② 罗斌．网络传播中的自媒体研究[J]. 新闻世界，2009（2）：85.

进行界定，例如热奈特（Gérard Genette）将“叙事”定义为“用语言，尤其是书面语言表现一件或一系列真实或虚构的事件”①，在此基础上，他还提出了叙事与模仿、叙事与描写、叙事与话语等三组对立概念，借以确定“叙事的界限”；另一种为内视角模式，即从叙事的内涵层面对“叙事”进行定义。其中又有两种理解：一种为“二分法”，即将“叙事”理解为故事与话语的结合，其代表人物为茨维坦·托多洛夫（Tzvetan Todorov）、克劳德·布雷蒙（Cland Bremond）、西摩·查特曼（Symour Chatman）等；另一种为“三分法”，即将叙事理解为话语、故事和叙述三个组成部分，其代表人物为热奈特、米克·巴尔（Mieke Bal）、里蒙-凯南（Shlomith Rimmon Kenan）等。总体而言，在经典叙事学阶段，由于研究对象基本集中在以文字叙事为核心的文学作品中，而且其根本目的均在于构建静态的、普遍的叙事语法，因此几乎所有的叙事定义都讲求“精准”，并带有明显的“二元对立”特征，也就是说，“叙事性”是叙事作品的根本属性，也是与“非叙事”区别开来的根本原则。

自20世纪80年代以来，经典叙事学的局限开始逐渐受到诟病，传统的叙事理论开始突破小说乃至文学领域，延伸到艺术、媒介、日常生活等各大领域，叙事学研究也从寻找普遍适用的叙事模式转移到探寻叙事与社会、文化、政治等其他人文社会学科的结合与关联层面，形成了诸如“文艺叙事学”“叙事美学”“认知叙事学”“修辞叙事学”“法律叙事学”等诸多学科术语。在此过程中，“叙事”概念的内涵与外延也在这种“泛叙事观”的影响下大大丰富起来，例如后经典叙事学家玛丽－劳勒瑞安（Marie-Laure Ryan）在《走向叙事的定义》一文中就提出了叙事的“模糊子集式的定义”，为叙事提供了八个参照条件②，叙事由此变成了一个模糊的“变量”，人们不仅可以通过它们来衡量叙事作品“叙事性”的强弱，还可以就此做出自己的定义；洛朗·理查森（Laurent Richardson）从认识论的角度出发给叙事下了一个定义，即“叙事

① 热奈特．叙事的界限 [M]// 张寅德．叙事学研究．北京：中国社会科学出版社，1989：279.

② 这八个参照条件分别是：（一）叙事必须是关于个体存在物的世界。（二）这个世界必须处于一定的时间之中，且经历重要的变化。（三）这些变化必须是由非习惯性的物理事件引起的。（四）事件的某些参与者必须是有智力的代理者，这些代理者有心理活动并且能对世界的状态做出情感反应。（五）某些事件必须是代理者有目的的行动。（六）事件的序列必须形成统一的因果链条，并最终走向结局。（七）对故事世界而言，至少某些事件必须被看作是真实的。（八）故事必须向读者传达一定的意义。参考尚必武．后经典语境下西方叙事理论的发展趋势与特征：评《剑桥叙事指南》[J]. 外国文学，2009（1）：112-114.

是人们将各种经验组织成有现实意义的事件的基本方式……叙事既是一种推理模式，也是一种表达模式。人们可以通过叙事‘理解’世界，也可以通过叙事‘讲述’世界”[①]；荷兰学者米克·巴尔从文化角度对叙事进行界定，她认为“叙事是一种文化理解方式，因此，叙述学是对于文化的透视”[②]。

由此可见，在后经典叙事学领域尤其是在众多交叉学科中，“叙事”已不再是传统意义上的一个简单术语，也不再只是发挥着单纯的一种功能，其概念在现代语境下已经发生了极度的扩张。因而笔者认为，要正确理解“叙事”之概念，必须要将其“基本义”与“延伸义”区分开来。“基本义”指的是其“类别属性”层面的界定，也就是用以区别“叙事”与“非叙事”的本质属性，此类定义突出反映在经典叙事学层面；“延伸义”指的则是其“关联属性”层面的界定，也就是用以描述“叙事”与其他学科内容之间关系的引申含义，此类定义突出反映在后经典叙事学层面。“延伸义”可视为在“基本义”上的补充或功能性、影响性描述。就本书而言，由于笔者研究的对象是文学、艺术与日常写作、创作等层面的叙事内容，因此在分析过程中采用了“叙事”的基本义概念，即“叙事是在特定的社会文化语境中，用口语、书面语或辅之态势语、音像、图片等综合手段表述一件或一系列真实或虚构事件的行为过程或所有具有叙事性的言语成品”[③]。其中包含三大核心元素与层次：第一，故事，即叙事所指之内容。第二，文本，即叙事能指之话语。第三，讲述，即叙述行为之情境与过程。

媒介叙事是叙事学与媒介研究结合而成的产物，它随着后经典叙事学的诞生而形成，并凭借媒介日益强大的影响力成为叙事研究领域的热门话题。“媒介叙事”从概念上而言，指的是基于特定媒介技术之上的叙事，两者之间的关系可界定为“叙事是依赖于媒介技术而存在的”[④]。也就是说，“媒介特性”是决定叙事模式的根本要素，“无论我们所讲的故事出现在什么媒介材质上，是纸张、大屏幕也好，还是计算机显示器或者虚拟现实也好，叙事的创作总需要建立在创作者对技术知识的认知的基础上；并且叙事的风格样式也依赖某一

---

① 伯格.通俗文化、媒介和日常生活中的叙事[M].姚媛，译.南京：南京大学出版社，2000：9.

② 巴尔.叙述学：叙事理论导论（第二版）[M].谭君强，译.北京：中国社会科学出版社.2003：266.

③ 祝克懿.“叙事”概念的现代意义[J].复旦学报（社会科学版），2007（4）：100-101.

④ WINTHROP-YOUNG G.Magic media mountain： technology and the umbildungsroman[M]//Reading Matters：Narrative in the New Media Ecology，Eds. Ithaca：Joseph Tabbi and Michael Wutz，Cornell University Press，1997：29-52.

种技术的传播特点而各有不同”[1]。无论是麦克卢汉的“媒介即讯息”，还是德里达的“文本之外无他物”，都将媒介本身视为文本，都具备叙事性，因而从这个意义上而言，媒介技术与媒介内容一样，都是构成叙事的核心元素。

鉴于以上概念，媒介叙事的研究对象包含了叙事全过程中的所有参与元素及它们之间的关系，如作者、叙述、文本、读者、社会背景、文化语境等。研究的核心主要为媒介技术对各叙事要素及叙事过程、效果等所产生的影响。例如在文本生产阶段，考察的是媒介技术形态对作者及文本样式的影响；在文本传播阶段，探寻的是媒介的技术话语对叙事机制与效果的影响；在文本的接受阶段，研究的是受众的媒介使用习惯及环境对其接受和运用文本的影响，等等。研究范畴则主要包含各类型媒介，如印刷媒介、电子媒介、数字媒介及跨媒介形态中的叙事样式、技巧、机制及价值等。

三、微叙事与自媒体微叙事

微叙事，是叙事的一个子门类，亦可作为一种叙事方式，它一般基于篇幅较小、情节较少的叙事作品而言。微叙事并不是一个新鲜事物，如文字形态的微叙事在我国古代便普遍存在，像《吴越春秋》《庄子》中便有许多精彩的微叙事；而其他类型的微叙事，如动画短片等，也早在20世纪30年代就被奥斯卡金像奖列为评选奖项之一。因此就概念而言，首先，微叙事是一种文本容量的表述，微，“小”也，意即小容量的叙事作品；其次，微叙事是一种形式的表述，既包含文字叙事，也包含其他媒介（影视、动画等）叙事；最后，微叙事是一种叙事方式的表述，指的是一种短篇或短时叙事作品的创作手法。在此基础上，对微叙事的定义，还需要做以下两方面的辨析。

第一，微叙事不是小叙事。“小叙事”源于法国后现代主义哲学家让-弗朗索瓦·利奥塔（Jean-Francois Lyotard）对于宏大叙事（元叙事）概念的界定。在《后现代状态：关于知识的报告》中，利奥塔将“后现代”的特征归纳为拒绝现代主义“科学知识”“思辨理性”“人性解放”等宏大叙事的权威，攻击排斥这种叙事话语的逻各斯中心主义，且“后现代”具有线性和统一性的特征。而与此相对，利奥塔指出，在宏大叙事之下还存在着许多被其压迫和排斥的“小

---

① 王贞子．数字媒体叙事研究[M].北京：中国传媒大学出版社，2012：91.

叙事”，它们虽然呈现出碎片化、零散化状态，但“仍然是富有想象力的发明创造特别喜欢采用的形式”[①]。由此可见，“小叙事”是利奥塔用于描述后现代知识状态时所采用的与“宏大叙事”相对应的概念，其中的“叙事”是在哲学社会科学中的借喻义，与本书所界定的“叙事”存在本质上的差别。所以从概念内涵上来看，“小叙事”是相对于“宏大叙事”的总体性、普遍性与集权性而言的概念，但“微叙事”则是一个在形式与手法上的界定，从这个意义上看，微叙事既可以是小叙事，亦可以是宏大叙事。

第二，微叙事不等于微内容。微内容（microcontent）是伴随着互联网出现的一个概念，并在自媒体蓬勃发展的今天变成了一个热词。微内容是相对于传统媒介中所熟悉的大制作、重要内容（macrocontent）而言的。微内容一词最早由 Jakob Nielson 提出，用来描述一个网页上所显示的“超小文字段”，比如（网页或网站）页头和标题。后来，学者 Cmswiki 给微内容下了一个最新的定义，即“最小的独立的内容数据，如一个简单链接的一篇网志，一张图片、音频、视频，一个关于作者、标题的元数据，E-mail 的主题，RSS 内容列表等”[②]。由此可见，“微内容”包含了所有互联网上面零星的、散乱的数据和信息，其中也自然包含了“微叙事”。换句话说，微叙事就是微内容中具有“叙事”特征与作用的组成部分。

“自媒体微叙事”是近年来随着数字媒介技术的发展和自媒体的产生催生出来的一种新的叙事现象与叙事方式，它不仅与传统媒介叙事迥然有别，在所指范围与内涵上也有异于国内其他类似的概念。

首先，“自媒体微叙事”从属于“数字媒介叙事”，是数字媒介叙事研究中的一个类别研究，具有数字媒介叙事的所有特质。虽然数字媒介叙事在国内外至今都不是严格意义上的一门学科，正如《劳特利奇叙事理论百科全书》对 digital narrative 所给出的阐述一样：“关于数字叙事的批评和理论研究一直受到某种困难的妨碍，即用一个移动的靶子来定位一门学科。数字文本的技术参照标准一直在发展，所以关于这些文本的叙事操作也在变化。”[③]但数字媒

① FRANCOIS LYOTARD J. The postmodern condition：a report on knowledge[M]. G Bennington，B Massumi，Trans，Minneapolis，M N：MASSUM. University of Minnesota Press. 1984，xxii，I xxiv，xxiv，60.

② 维基百科 [DB/OL]. [2017-11-15]. http：//www.cmswiki.com/tiki-in-dex.php?page=MicroContent.

③ HERMAN D，JAHN M，MARIE-LAURE R. Routledge encyclopedia of narrative theory[M]. London and New York：Routledge，2005：108.

介所蕴含的核心技术在叙事方面得到了极好的体现，并与传统媒介叙事明显区别开来，这使得数字媒介叙事拥有了明确的研究对象与理论模块。由此，自媒体微叙事作为概念的提出与研究的对象，可以被视为数字媒介叙事理论研究与学科体系完善的创新组成部分。

其次，“自媒体微叙事”强调的是自媒体催生出来的又必然依托于这种数字媒介存在的新型叙事方式，是与其他类型的数字媒介叙事，如网络文学叙事、电子游戏叙事、数字艺术叙事等相类同的新叙事形式，而不归属国内当前研究较多的“传统叙事数字化（网络化）”范畴。

由此，笔者认为，“自媒体微叙事”是以自媒体为生产、存储、显示、传播与接收平台，依靠网络存在并发生作用的一种原发性、创造性的微叙事形态与方式。按照不同的内容及功能，“自媒体微叙事”可划分为自媒体微新闻叙事、自媒体微广告叙事、自媒体微电影叙事、自媒体微小说叙事等几大核心类别。一般而言，自媒体微叙事的文字类作品字数为140字以内，影视类作品时长为60分钟以内。

第三节　研究现状综述

作为一种新型叙事方式，自媒体微叙事以超乎想象的速度在当前的网络生态、社会生活中占据着重要的位置，相关的作品每天呈海量涌现，并通过各种方式、渠道影响着当代中国的政治、经济、文化和人们的日常工作和生活。然而相比实践层面，目前学界对该领域的研究却略显匮乏及滞后，笔者对当前国内所出版的书目及各类期刊（网）进行了详细的检索，至截稿之日，尚未发现“自媒体微叙事”作为概念被提出以及作为一个整体被研究。由此可见，真正深入研究与探索自媒体的创作语法和规律在我国仍处于初始阶段，可供发现和探讨的领域还非常广阔。以下，笔者将从媒介叙事角度切入，集中梳理国内外的研究成果，力图展现该领域的理论演进脉络，以及与本研究密切相关的学术热点与研究状况。

一、媒介叙事研究的演进路径

媒介是人类文明最为重要的载体，自古以来就在人类社会发展过程中发挥着重要作用，但在漫长的历史长河里却并没有得到足够的重视。直到 20 世纪以后，随着科技的进步和大众传播媒体的诞生，媒介才因其日益膨胀的影响力成为社会焦点及学术热点。而叙事学作为一门年轻的学科，更是在 20 世纪 60 年代以后才确立了自己的学科身份并逐渐进入民众的视野。但出乎意料的是，这两者一经碰撞，就迸发出了剧烈的火花，吸引了国内外众多知名学者的关注。半个世纪之后，“媒介叙事”已成为一个涵盖众多分支和进路的热点研究领域。

（一）从经典叙事学到后经典叙事学

20 世纪 60 年代，经典叙事学在结构主义和俄国形式主义双重影响下产生，它“旨在构建叙事语法或诗学，对叙事作品之构成成分、结构关系和运作规律等展开科学研究，并探讨在同一结构框架内作品之间在结构上的不同”[①]。经典叙事学打破了传统文学批评过于依赖作者背景、社会心理和主观想象等倾向，关注叙事作品结构及语法特点，强调叙事作品的内在性和独立性，回到了文本本身，为人们理解、分析叙事提供了新的方法与路径。然而，随着时间的推移和研究的深入，经典叙事学的局限性也日益明显。例如其研究对象大多局限于虚构的文学作品，忽略、排除了其他类型的叙事作品；过于关注文本自身，隔断了作品与社会、历史、文化环境的关联等。自 20 世纪 80 年代以来，经典叙事学在西方遭到后结构主义和政治文化批评者的多重夹击，研究势头大为削弱。

“后经典叙事学”的兴起，标志着叙事学突破了自身局限，朝着更广阔、更深入的方向发展。戴卫·赫尔曼（David Herman）就此评论道：“经过这些年的积极发展，一门‘叙事学’（Narratology）实际上已经裂变为多家‘叙事学’（Narratologies），结构主义对故事进行的理论化工作已经演化出众多的叙事分析模式。”[②]后经典叙事学的泛叙事观（Pan-Narrativity）使得叙事研究突破了小说乃至文学领域，延伸到自然、历史、媒介、日常生活等各个方面，更为注重读者和社会历史语境，注重跨学科和多媒介研究。这为媒介叙事研究提供了广阔的空间，吸引了越来越多的学者开始关注叙事在多种媒介中的运用、功能及在新媒介技术作用下的演进和发展，例如以艾伦·纳德尔（Alan Nadel）为代表的电影叙事学、以弗雷德·埃弗雷特·莫斯（Fred Everett Maus）为代

① 申丹 . 叙事学 [J]. 外国文学，2003（3）：60.
② 赫尔曼 . 新叙事学 [M]. 马海良，译 . 北京：北京大学出版社，2002：1.

表的音乐叙事学、以盖瑞特·斯图尔特（Garrett Stewart）为代表的绘画叙事学与以玛丽-劳勒·瑞安（Marie-Laure Ryan）为代表的数字媒介叙事学研究等。

（二）从传统媒介叙事到数字媒介叙事

每一次媒介革命都会给叙事理论带来新的挑战。留声机、摄影机、电影、电视、计算机的发明，一次次在人类面前彰显其技术魔力，肆意侵占统治领地，随之而来的是叙事艺术在被预言危机与消亡命运中的一次次抗争。值得庆幸的是，历史明白地告诉我们，新媒介的诞生并不会使叙事消亡，与之相反，叙事却是不断调整并演化自身的理论体系，展现出更加丰富新颖的姿态。

1. 从纸质媒介叙事到影像媒介叙事

经典叙事学诞生之后，研究的重点仍然是以纸质媒介为载体的民间故事、神话以及小说文本，例如，弗拉基米尔·雅可夫列维奇·普洛普（Vladimir Propp）的《民间故事形态学》以 100 个民间故事作为研究对象，总结出 7 种人物功能与 31 种行为功能；法国人类学家兼结构主义人类学创始人克洛德·列维-斯特劳斯（Claude Levi-Strauss）对众多神话文本进行研究之后，发现浩如烟海的神话底下隐藏着某些永恒的“深层结构”；热奈特以小说为研究对象，将其叙事话语分成时态、语式、语态三大范畴，等等。大多数学者都认为，纸质文本是线性、逻辑、连贯叙事的经典范本。

19 世纪末，电影作为一种全新的叙事媒介诞生在世人面前。但是在相当长的一段时间里，它的叙事性并没有得到认识与体现。早期的电影仅仅发挥了与照相机一样的功能，只是用影像的方式去捕捉真实生活中的一些“非情节”性事件。但随着电影技术与理念的发展，人们开始逐渐意识到这一媒介的叙事潜力，不断寻求和尝试如何运用画面代替文字讲述故事。1964 年，法国著名的电影符号学家克里斯蒂安·麦茨（Christian Metz）在他的论文《电影：语言还是言语？》中第一次把索绪尔的符号学引入了电影研究，西方电影理论开启了叙事研究的新篇章。然则，西方电影叙事学真正发展起来是在 20 世纪 80 年代以后，主要代表人物是法国的弗朗索瓦·若斯特（Franecois Jost）和美国的大卫·波德维尔（David Bordwell），他们的著作分别是《影片和小说比较中的眼睛——摄影机》和《故事片中的叙述》。自此以后，有关电影叙事尤其是好莱坞模式的探究开始升温，在各类电影史或电影研究专著中［如麦茨的《电影符号学的若干问题》（1974）、乔治·萨杜尔（George Sadoul）的《世界电影史》（1982）］中均可见到相关论述，西方电影叙事理论逐步走向成熟。空间叙事、蒙太奇叙事、镜头叙事等新概念的出现和运用，为传统的叙事理论带来了勃勃生机。

我国的影像媒介叙事研究始于20世纪90年代初期，21世纪之后进入了快速增长期。影像叙事的本土化、中华民族特色的叙事策略是当代学者关注的重点，他们大多结合西方的影视叙事理论与中国叙事传统，深入探索并总结出我国影像媒介独特的叙事模式与特色、功能及审美，如陈晓云的《中国电影叙事模式的转变》①，周星、孙慧丽的《反思中国电影叙事艺术》②，陈咏的《试论36种剧情模式》③，黄清的《叙事、电视剧叙事及其审美价值》④等。总体而言，对于中国影视作品的叙事传统、现状、方式及特色，大多数学者是持批判态度的。在日益蓬勃发展的影视产业面前，我们欣喜地看到越发璀璨华丽的影像，却也悲哀地体会到越发苍白乏力的叙事。故事的单薄、主题的模糊、情节的重复、节奏的拖沓等，几乎已经成为中国影视叙事特色的代名词。然而在面对这些问题的同时，大多数人还是以国内知名导演的作品作为经典案例进行分析，并将希望寄托在所谓的第六代、第七代导演身上，而忽略了当前众多具有创新理念却未必很知名的导演及他们的优秀作品，也无法正确地把握人民大众对于影视作品的需求及喜好，以致无法形成客观整体的评价并提出切实有效的策略。

2. 从影像媒介叙事到数字媒介叙事

当代数字媒介革命带给叙事学的影响巨大且深远。多元媒介的跨越和多元主体的互动构建了多维的故事世界，对它的技术考量及诗性解读是数码叙事研究的主要方向，也是人们利用数字媒介思维改造和丰富叙事学理论的一个重要维度。

西方数字叙事研究兴起于20世纪90年代：在美国加州，阿奇里（Dana Atchley）、兰伯特（Joe Lambert）1994年建立了旧金山数码媒体中心（1998年迁至伯克莱，并更名为“数码叙事中心”），他们以艺术、新媒体和网络为

① 陈晓云．中国电影叙事模式的转变[J]. 当代电影，1993（6）：20–27.

② 周星，孙惠丽．反思中国电影叙事艺术[J]. 电影艺术，2006（5）：34–36.

③ 陈咏．试论36种剧情模式[J]. 北京电影学院学报，2005（2）：68–72.

④ 黄清．叙事、电视剧叙事及其审美价值[J]. 湖南大众传媒职业技术学院学报，2004（1）：41–43.

纽带建设社区，鼓励访客创作自传，并开展大规模培训，由此总结出数码叙事的七要素，即“视点、戏剧性、情感内容、语音天赋、音轨力量、简约性、节奏”；默里（J. Murray）专注于交互性小说的开发与教学，关注计算机游戏及相关影视作品，以之为基础著成《全息面板上的哈姆莱特：赛伯空间中的叙事未来》（1997），对叙事新媒体进行了系统阐释；瑞安受计算机编程方法启发，引入“虚拟”“递归”“窗口”“变形”等概念[①]，丰富了叙事理论，她认为这四个术语绝不是用途狭窄而微不足道的技术用语，计算机科学正借其他领域的这些概念和形象，等待着第三次转变，成为叙事学的工具。进入21世纪以后，数码叙事随着相关产业的发展壮大获得了越来越多人的重视，正如英国巴斯思帕大学马丁·李塞尔（Martin Rieser）等为所编《新屏幕媒体：电影/艺术/叙事》（2002）写的前言指出的那样，“我们正在进入叙事混沌时代，传统框架正被涌现中的实验性、激进性企图所推翻，这种企图的目标是在发展中的技术中重新掌握叙事艺术”[②]。

另外，国际虚拟叙事会议（ICVS）已召开了四届，分别在法国阿维尼翁（2001）、图卢兹（2003）、斯特拉斯堡（2005）、圣马洛（2007）举行。交互性数码叙事与娱乐技术会议分别在德国的达姆斯塔特举办过三届（2003、2004、2006）。其后，两个会议合并为国际交互性数码叙事会议（ICIDS），自2008年起先后在德国、葡萄牙、爱丁堡和温哥华举行。陆续出版的著作有马克·斯蒂芬·米尔多斯（Mark Stephen Meadows）的《暂停与效果：交互性叙事艺术》（2003年）、卡洛琳·汉德尔·米勒（Carolyn Handler Miller）的《数码叙事：交互娱乐创作者指南》（2004年）、安德鲁·格拉斯奈（Andrew Glassner）的《交互性叙事：21世纪小说的技术》（2004年），等等。

与国外近30年的数字媒介叙事研究相比，我国在该领域的研究还只是处于起步阶段。对于数字叙事的概念、研究范围及方法等都存在着诸多分歧与争议。相关的研究大部分集中在具体的叙事类别，如网络文学叙事、新媒体艺术叙事等层面，很少从整体、宏观层面对数字媒介叙事进行总结与分析，只有少数学者，如黄鸣奋、张新军等人在总结与介绍西方数字叙事研究的基础上提出了“数字

① 莱恩．电脑时代的叙事学：计算机、隐喻和叙事[M]．赫尔曼．新叙事学．马海良，译．北京：北京大学出版社，2002：61–88.

② MARTIN R，ZAPP A. Foreword： An Age of Narrative Chaos?In New Screen Media：Cinema / art / narra–tive. London：BFI Pub.，2002：xxv–xxxi.

叙事学（数码叙事学）”的研究重点与学术思路，并开始进行理论探索。相关著作和论文主要包括：黄鸣奋的《当代西方数码叙事学的发展》①、张新军的《用媒介思维：数字叙事学的研究进路》②、卢红芳、高晓玲的《故事世界：跨越与互动——跨媒介视域下的数码叙事》③、王贞子的《数字媒体叙事研究》④等。

在我国现有的数字媒介叙事研究中，“交互性”成为众多学者关注的核心。黄鸣奋认为交互性叙事是数码叙事学的核心范畴。他总结了交互性叙事的六种类型：（1）智能叙事，特点是将叙事分解为根据指令处理数据的过程，由计算机生成故事；（2）超文本叙事，特点是提供可由用户选择的多重路径、多重媒介；（3）网络叙事，特点是利用互联网所创造的便利让用户远程参与、共同创造；（4）游戏叙事，特点是让用户以灵活多变的身份在游戏空间进行交互；（5）虚拟现实叙事，特点是让用户在具备沉浸性、交互性和想象性的空间中持续性卷入情节发展；（6）后有机叙事，特点是由电子人、机器人、人造生物等共同参与表演活动。⑤孙为认为，交互性是数字媒体艺术最本质的特点之一，数字媒体的交互式叙事需要产生自己的叙事语法，总结叙事规律与特征，并进一步形成数字媒体艺术系统性的叙事理论。⑥

（三）从单一媒介叙事到跨媒介叙事

随着后经典叙事学理论的扩展，人们对叙事媒介和非文学领域叙事的关注度日渐增强，其最突出的表现之一就是跨媒介叙事研究的兴起。2005 年德国格鲁特出版社推出的《超越文学批评的叙事学》就以“媒介性”与“学科性”作为研究重点。⑦申丹认为这种现象源于 20 世纪 80 年代以来出现的“泛叙事观”与文化研究的密切关系，学者的视野从文学向其他领域和文化媒介扩展。⑧尤其是 21 世纪以来，这种拓展的势头愈发猛烈，电影、音乐、歌剧、舞蹈、

---

① 黄鸣奋 . 当代西方数码叙事学的发展 [J]. 文艺理论研究，2011（5）.

② 张新军 . 用媒介思维：数字叙事学的研究进路 [J]. 山东外语教学，2012（5）.

③ 卢红芳，高晓玲 . 故事世界：跨越与互动——跨媒介视域下的数码叙事 [J]. 河南社会科学，2010（6）.

④ 王贞子 . 数字媒体叙事研究 [M]. 北京：中国传媒大学出版社，2012.

⑤ 黄鸣奋 . 当代西方数码叙事学的发展 [J]. 文艺理论研究，2011（5）：24–25.

⑥ 孙为 . 交互式媒体叙事研究 [D]. 南京：南京艺术学院，2011：IV.

⑦ JAN CHRISTOPH M，TOM K，WILHELM S. Narratology Beyond Literary Criticism–Mediality，Disciplinarity [M]. Berlin：Watter De Gruyter，2005.

⑧ 申丹 . 关于西方叙事理论新进展的思考——评国际上首部《叙事理论指南》[J]. 外国文学，2006（1）：92–99.

网络等均进入了研究视野，大大拓展了跨媒介叙事的研究视野，创造出了许多新的可能性。2008年8月，以"跨媒介叙事"为专题的学术研讨会在南昌召开，跨媒介叙事逐渐成为叙事学研究的热点。2009年6月，《故事世界：叙事理论研究学刊》（*Storywords*：*A Journal of Narrative Studies*）在美国内布拉斯加大学创刊，它的创刊标志着跨学科、跨媒介的叙事研究有了一个新的交流平台。

对于跨媒介叙事的研究，学术界有两个不同方向，一个是指向各种叙事媒介间的叙事转化或变异，另一个则指向由多种媒介联合完成的叙事。然而无论是哪种定义，都清晰反映出媒介叙事研究从单一媒介叙事向跨媒介叙事延伸的趋向，叙事学家们希望通过对不同媒介间的文本比较分析，寻找新的理论拓展点。

跨媒介叙事的"转化"概念的主要研究方向是为单一文本进行媒介转移之后，其叙事形态与传播效果等所产生的变化，其中研究历史最长也是最充分的是文学作品的影视改编。国内外相关的理论研究著作和论文数量众多，如：加拿大学者安德烈·戈德罗（Andre Gaudreault）在他的著作《从文学到影片：叙事体系》中从重新阅读柏拉图和亚里士多德的有关论点出发，将叙事分为舞台叙事、书写叙事和影片叙事，并结合早期电影叙事的形成和现代电影叙事的相关问题，阐述了两种基本的叙事（传播）模式，即"演示"和"叙述"，从而提出了作者独创的一种电影叙事体系；[①] 雅各布·卢特（Jakob Lothe）的《小说与电影中的叙事》通过理论与案例相结合的方式，阐述了小说叙事中饶富意味的叙述手段在改编为电影后如何继承、扬弃、创新才能不歪曲原著或降低作品的艺术价值，又适应电影视听媒介的特征，还能表现电影创作者的独特意念，从而再造、创造性地实现题材的跨媒介移植；[②] 国内学者黄莉认为电影叙事模式与文学话语表达之间存在着某种必然的互文性，如果说文学创作已经由元叙事的思维进入复调型艺术思维的话，那么电影创作也已走进了多元叙事的复式结构模式；[③] 韩鲁华、马茹从叙事语言、结构与思维等方面论述了从小说到影视改编过程中的叙事转化，以及在该转化前提下的叙事传播与接受的转换。[④] 除此之外，其他类型的媒介叙事转换研究也逐渐兴起，虽然没有任何一个类别

---

① 戈德罗．从文学到影片：叙事体系 [M]. 刘云舟，译．北京：商务印书馆，2010.

② 卢特．小说与电影中的叙事 [M]. 申丹，等译．北京：北京大学出版社，2011.

③ 黄莉．文学叙事对电影叙事的影响 [J]. 电影评介，2007（12）：51-53.

④ 韩鲁华，马茹．从文本到图本：影视改编叙事转换及其接受——以《红高粱》和《激情燃烧的岁月》为例 [J]. 西安建筑科技大学学报（社会科学版），2004（6）：87-89.

的研究能够形成影响广泛且完整的理论体系，但都能在特定的领域中展露风采，从整体上扩展了叙事学的研究方式与疆域，彰显了跨媒介叙事研究的巨大潜力。[①]

跨媒介叙事的“联合”概念是在文化产业与数字媒介蓬勃发展背景下衍生出来的新理念、新课题。2003 年麻省理工教授亨利·詹金斯（Henry Jenkins）首先提出了“跨媒体叙事”概念，主张在娱乐内容项目的策划过程中，充分考虑受众在不同媒介平台（如电视、电影、出版、网络）的内容体验需求，围绕一个统一的世界观，在不同的媒介平台上展开相互独立但逻辑上又高度关联的故事主线，使得角色更加丰满、立体。按照这一定义，跨媒介叙事可以理解为一种故事创作的手法，一个为了创造丰富的感受体验，分散地通过各种媒介形式进行串联创作的过程。对此，詹金斯还特别强调了“改编”与“延伸”的区别，认为跨媒体叙事强调利用不同媒介将故事构建的文本框架不断延伸，而并非将故事转移到另一种媒介载体上进行新形式的故事叙述。虽然詹金斯的理论侧重于与产业紧密相关的“媒体”而非“媒介”，但是在研究与实践的方法、内容层面都存在着很大的交集。国内也有部分学者对此进行了研究，例如刘荃和韩晶分析了跨媒介“互文性”叙事的双层含义：第一层含义指跨媒介的文本循环，传统影视与其他媒介的互文性（电影海报、网络新闻或评论等）多体现在第一层含义中，如《三国演义》的小说、电影、电视剧、动画片、漫画、连环画、创意摄影或各类游戏等相互关联而又彼此独立的文本形象。第二层含义指的是以一种媒介为原始材料而进行的多媒体互文生产，不同媒介文本处于互相影响、互相渗透、互为因果、互为源流、你中有我、我中有你的交融状态。这一层含义意味着真正意义上的超媒介互文——不同媒介中信息在接受主体的头脑中交流、融合、相互补足，最终形成完整的“知识拼图”。[②] 当前，这种跨媒介叙事的实践与研究大多集中在文化产业，尤其是影视产业中，在新闻领域、政治领域的运用与研究也逐渐兴起。

---

① 相关的研究如凌逾．文拍与舞拍共振的跨界叙事 [J]. 文艺争鸣，2012（10）；吴祖云．舞台叙事与影视叙事的辩证思考 [J]. 艺海，2000（2）；李炜．跨媒介视阈中的“茶馆”叙事 [J]. 中国电视，2010（12）.

② 刘荃，韩晶．超媒介影视叙事的概念厘定与特征研究 [J]. 现代传播，2013（1）：77–80.

二、相关的学术热点与研究状况

（一）自媒体研究

当前国际上公认的“自媒体（We Media）”名称与概念均源于美国著名的专栏作家丹·吉摩尔，2002年他在个人博客上提出了“自媒体（We Media）”的说法，2003年他在《哥伦比亚新闻评论》上发表了一篇题为《下一时代的新闻：“自媒体”到来》的文章。然而早在“自媒体”概念提出及传入之前，我国就已经有学者开始关注相关媒介技术对于人类及其传播方式的影响，例如祁林的《关于网络聊天的主体性分析》就对人在网络媒介中所产生的主体性重构做出了探讨，认为互联网对主体的异化力量就是一种虚拟的生活方式，它使主体沉湎于一种互联网符号的世界中，让机械逻辑侵入人的主体；[①]黄春平的《论网络聊天中的脸谱符号》简要分析了脸谱符号的构成及传播特点，并初步探讨了它的未来发展趋势。[②]另外，虚拟社区的兴起也引发了众多的思考，相关研究着重立足于论坛的议程设置、舆论引导及民主建设等问题，不过这些分析大都是浅尝辄止，既没有成熟完善的理论，也没有具体系统的可操作方案。

2005年，随着“自媒体”概念的诞生和西方相关研究的兴起，我国的“自媒体”研究也进入了快速发展阶段。有不少学者考察了自媒体的类型和特征，例如，骆飞提出了自媒体的五大传播特征，即传者个性化、传受一体化、内容精细化、互动多维化、媒介开放化；[③]罗斌在《网络传播中的自媒体研究》一文中认为最具代表性的自媒体是博客、播客、Twitter和个人电子杂志，自媒体的传播特性可总结为人人提供内容、去中心化和互动性。[④]关于自媒体的诞生对传统媒介的挑战以及对整个大众媒介格局的改变，大多数学者是持肯定态度的，例如陈晨认为自媒体时代的伟大意义在于传播权力走向公众，过去仅存在于社会管理精英之中的传播特权进入了原子般的公众受众。[⑤]除此之外，自媒

① 祁林．关于网络聊天的主体性分析[J]．现代传播，2001（5）：117-122.

② 黄春平．论网络聊天中的脸谱符号[J]．新闻大学，2004（2）：22-23.

③ 骆飞．解读Web2.0时代自媒体的传播新特征——兼谈“徐静蕾现象”的新闻传播学意义[J]．东南传播，2009（6）：105-106.

④ 罗斌．网络传播中的自媒体研究[J]．新闻世界，2009（2）：85-87.

⑤ 陈晨．自媒体崛背景下的传统媒体新闻生产方式嬗变研究[D]．广州：暨南大学，2011.

体传播在公共领域和公民社会建设方面的效果也得到了很高的重视，例如王启超认为，虽然网络的匿名性带来了例如侵权、网络暴力等负面影响，网络信息的发布也受到众多限制和干扰，但是这并不能阻碍以自媒体为介体的公共领域的形成，这些参与自媒体传播的个体构成了中国的网络公民。①

随着自媒体在我国的演进和研究的不断深入，研究者开始关注自媒体所带来的社会与人的变革，以更宏观的视角来审视这场技术革命：彭兰的《个性化与社会化：Web2.0 时代信息消费的双重旋律》从总体上阐述了网络信息消费下出现的个性化和社会化倾向；②高钢在他的文章中详细分析了技术革命带来的社会变革。③同时，也有相当数量的国内研究关注了自媒体潮流所引发的问题，例如陈莉就撰文指出自媒体的出现使得原先极具平民特质的受众开始获得了空前的话语权，但与此同时亦显现出狂欢趋势，需要实现理性回归。④

总体而言，“自媒体”这一概念从诞生至今已有十年时间，在我国虽然相关的研究著作、论文数量不少，但是从总体上来看研究视角较为狭窄，内容重复，既缺乏整体性的关注与审视，也缺乏文化性的概括和阐述。无论是对自媒体的整体研究还是类别研究，基本上都集中在新闻传播领域，其他学科涉及较少，且研究力量分散，重点研究机构与核心作者群并未形成，这在很大程度上影响了相关研究的深度和系统性，难以形成理论体系。

（二）数字文学叙事

“数字文学”是从媒介角度对一种文学类型进行命名的，直至今天仍存在着诸多争议。西方与之相类似的概念有几个，例如“电子文学（Electronic Literature）”“在线文学（Online Literature）”“赛博文学（Cyber Literature）”“超文本文学（Hypertext Literature）”等，虽然这些名称各有其不同的指涉与重点，但依然存在着或多或少的交集。我国在经过一段时间的命名焦虑和研讨争论之后，普遍采用了“网络文学”这一命名。中西方有关数字文学创作与研究的方向与内容之间的区别由此可见一斑。

西方学术界对数字文学的关注始于 20 世纪 80 年代末。首先，在文学实

---

① 王启超．从公共领域看中国自媒体发展 [J]. 青年记者，2009（26）：17–18.

② 彭兰．个性化与社会化：Web2.0 时代信息消费的双重旋律 [J]. 国际新闻界，2008（3）：42–46.

③ 高钢．谁是未来新闻的报道者？——维基技术的本质及对新闻报道的影响 [J]. 国际新闻界，2008（6）：60–65.

④ 陈莉．“自媒体”狂欢时代需自省——微博客生存状况之思考 [J]. 新闻爱好者，2010（22）：93–94.

践层面，学界一般把迈克尔·乔伊斯（Michael Joyce）于 1987 年在计算机协会的第一届超文本会议上展出的超文本小说《午后，一个故事》（*Afternoon. A Story*）看成超文本数字文学的鼻祖。这部小说的磁盘版于 1990 年由东门系统公司（Eastgate Systems）进行商业发行。21 世纪以来，西方数字文学更加注重声像光影的协同效果，体现出强烈的跨媒体和技术化特征。目前，西方数字文学创作日趋繁盛，著名的电子文学组织（Electronic Literature Organization）以数字出版方式出版了《电子文学文集》（*Electronic Literature Collection*）2006 年 10 月卷和 2011 年 4 月卷，共收录了 128 部"新一代"超文本作品。

在理论研究层面，西方也出现了与实践相互对应的几个阶段。20 世纪 90 年代初，对数字文学研究的著作大多沿用传统的文学批评理论体系，代表作包括杰伊·截维·博尔特（Jay David Bolter）的《书写空间》（*Writing Space*，1990）和兰登（George Landow）的《超文本》（*Hypertext*，1990）。他们用解构主义理论来分析数字文学，认为计算机技术只是传统印刷术的一种补充，只是丰富了传统的书写空间，改变了传统的文本样式，并使读者可以分享写作的过程。1997 年，挪威卑尔根大学的艾斯本·阿塞斯（Espen J. Aarseth）教授所写的《制动文本：对遍历文学的透视》（*Cybcrwxl：Explorations of Ergodic Literature*）给网络文学的研究提供了全新视角，他开创性地提出了"制动文本"理论和"遍历文学"概念，将数字文学批评扩展到了更广阔的领域，解释了早期网络文学理论家所无法解释的文本现象。继阿塞斯之后，其他学者又分别从现象学、阐释学、符号学、社会学和接受美学等视角对数字文学进行了分析和阐释，出现了西方数字文学研究的高潮。2008 年出版的《电子文学》是数字文学研究的一部力作，作者海利斯提出了一个网络文学研究的理论框架，认为数字文学是一种综合人类认知和机器认知的实践，无论是媒介技术还是人，在数码文学中都不可能独立存在。另外，由美德合作出版的数字文学研究系列论文集（至今共出版 4 部），分别针对数字文学的美学构造、叙事体验、解读模式、时空再造等方面进行了深入而全面的探索，代表着当今西方数字文学研究的前沿。

西方数字文学理论经历了从套用到突破再到重建的过程，就叙事角度而言，如今已经形成了一定的研究内容与范式，简而言之有以下几个特点：（1）重视数字文学的叙事特点，寻求其与传统文学、现当代理论思潮之间的关联；

（2）考察媒介技术对叙事者、叙述视角、叙事形态等方面的影响；（3）重视空间叙事、超文本叙事、交互叙事等创新性、实验性作品的创作及阅读研究；（4）注重跨学科研究，引入社会学、美学、哲学、文化研究等学科的研究方法，将数字文学叙事推向更深、更广的层次。

与西方的数码文学研究相比，中国的“网络文学”研究则呈现出另一番截然不同的景象。如果说西方的数码文学实践与研究的重点是狭义的“包含链接而成的网络的文学”，那么中国的网络文学实践与研究的重点就是“通过网络传播的文学”（广义）和“首创于网上的文学”（本义）①。也就是说，在中国蔚为壮观的“网络文学”主要指的是按照传统印刷文字的叙事模式和文学惯例，通过互联网首发或传播的作品，与西方“利用计算机网络提供的可能进行文学的原发性创造”的含义相去甚远。在这个意义上而言，中国的网络文学创作绝大部分尚未真正使用数字技术，没有走进数字审美空间。

随着我国网络文学在规模上的巨大膨胀和媒体的强烈关注，相关的研究发展较为迅速。以中国知网上收录的期刊论文为例，到 2020 年 3 月份为止，以“网络文学”为题的期刊文献已高达 9 150 篇，硕博论文 991 篇。由此可见，网络文学研究已然成为一门显学。然而我们稍加分析就可看出，这些研究大多集中在“网络文学的概念之争”“网络文学传播”“网络文学特征”等层面，并以宏观研究为主，重复较多。叙事层面几乎鲜有涉及，大部分文章对其都是蜻蜓点水、浅尝辄止。究其原因，一则因为国内网络文学的创作在叙事层面并没有多大突破，仍然停留在传统媒介的叙事思维与评价模式中；二则因为研究者没有真正对当下网络文学叙事进行深入的调查研究，仅仅是根据主观印象对其进行论断，或人云亦云，同时又盲目借用西方的数字文学理论，而与我国现实情况完全脱节。只有一少部分学者对其进行了较为深入的研究和探索，其中以欧阳友权与黄鸣奋的研究成果最为丰硕。

欧阳友权是国内网络文学研究最早，也是最深入的学者之一，从博士论文《网络文学本体论》开始，他撰写了《网络文学的学理形态》《新媒体文学及其学术理路》《网络文学的精神取向》等数十篇论文，并主编了“网络文学教授丛书”和“网络文学新视野丛书”，组建了“湖南省网络文学研究基地”，对网络文学研究贡献巨大。他认为，网络文学叙事是电子数码语言的“比特叙

① 黄鸣奋 . 网络媒体与艺术发展 [M]. 厦门：厦门大学出版社，2004.

事”，在电脑写作中，人类首次实现了尼葛洛庞帝所说的“从原子到比特的飞跃”。在网络叙事的指称结构方面，欧阳友权沿用索绪尔的语言学概念，指出网络叙事由“作品”向“文本”的变化使话语指称成为“漂浮的能指”，网络叙事从“文本”到“超文本”的转化使隐藏的语言指涉成为“滑动的所指”，网络叙事从文字文本向多媒体文本的延伸改写了能指与所指原有的语言约定。[①] 在此基础上，他提出了数码叙事改变了文学的审美形态：一是体裁文类的改变，出现了诸如“聊天体”“接龙体”“对帖体”“链接体”“拼贴体”“分延体”“扮演体”等种种新的文学艺术体裁；二是文本构型的改变；三是后审美范式的置换，表现为符号“仿像”审美、再现活性审美与快乐游戏审美。[②]

黄鸣奋也是研究网络文学的第一批学者之一。他从 20 世纪 90 年代中期就开始这方面的研究，撰写了《超文本诗学》《新媒体与西方数码艺术理论》《比特挑战缪斯——网络与艺术》《数码艺术学》等多部著作。《超文本诗学》作为其最重要的学术著作，分别从历史、理念、平台、范畴、美学等八个方面深入阐释了超文本，介绍了超文本的发展历史、先驱人物的贡献，探讨了超文本与西方马克思主义、后现代主义的联系，并对与超文本相适应的超写作、超阅读、超比喻等进行了分析，对超文本的前景做了展望，在学界产生了较大的影响。在此基础上，他研究并引介了西方数码叙事理论，认为交互性叙事是数字叙事的核心，让人们开始重新思考叙事的本质、读者与作者的地位、媒体的作用、环境的影响等内容。[③]

另外，还有一些与之相关的研究，主要集中在两个层面：一是关于网络文学写作与阅读的研究，主要角度是超文本、间性写作与超位性。二是网络文学的亚类研究，主要包括青少年网络文学、数字文学营销、网络诗歌等。这些研究成果对我国网络文学的创作和理论建设都具有一定的价值和意义，但也存在着明显的缺陷，例如理论视野比较零散、缺乏宏观归纳，大多数研究都沿袭超文本、后现代主义等初期网络文学研究的理论框架，抽象化、理论先行倾向严重等。

① 欧阳友权 . 网络叙事的指涉方式 [J]. 文艺理论研究，2004（3）：23-29.
② 欧阳友权 . 网络文学本体研究 [D]. 成都：四川大学，2004.
③ 黄鸣奋 . 当代西方数码叙事学的发展 [J]. 文艺理论研究，2011（5）：22-27.

（三）电子游戏叙事

1958年，一款名为 *Tennis for Two* 的双人网球游戏在纽约 Brookhaven 国家实验室被开发出来，宣告了世界上第一款电子游戏的诞生。如今，随着信息科技的高速发展，电子游戏已经风靡全球，对电子游戏的研究也持续升温。进入21世纪后，随着游戏学研究的兴起，电子游戏逐渐步入了新媒体艺术领域，得到了哲学与美学等人文学科的普遍关注，很多研究者开始以游戏为中心，综合各大学科来对其进行研究。但由于游戏学一开始并没有自己的理论范式和研究方法，所以只能借助其他学科的理论工具来进行分析，其中最主要的是文学理论和电影理论，尤其是贯穿二者的叙事学。因此，叙事学与游戏学的姻缘与纷争，构成了近年来电子游戏研究领域一道独特的景观。

目前，叙事与电子游戏的结合主要表现在两个方面：在应用上，叙事为游戏提供了意义框架，电子游戏又采用了大量的叙事因素，如环境营造、视角转换、蒙太奇效果等；在理论上，叙事学与游戏学相互融合又相互抵制，游戏学家急于确立游戏学的独立学科身份，叙事学家则想驾驭游戏以实现自身的延展与完善。

从叙事学角度对电子游戏进行研究，首先要论证其“故事性”及其叙事特性。虽然学术界对电子游戏是否具有叙事、传统叙事理论是否适用于电子游戏的争议依然存在，但是电子游戏具备某些传统叙事特征和一些新的叙事特征已经成为不争的事实。国内学者关萍萍认为，在电子游戏过程中，一方面，游戏运用故事来推动情节发展，另一方面，游戏通过玩家的发现和选择来展开故事情节，形成具有玩家个性色彩的新叙事模式。由此，她将电子游戏的叙事分为三个部分：线性叙事（类属传统叙事的部分）、非线性叙事（游戏行为选择部分）和共时叙事（跨越二者的中间部分）。[①] 国外的研究则较为注重电子游戏的新叙事特征，例如默里在其《全息面板上的哈姆莱特：赛伯空间中的叙事未来》中指出，当小说、剧本与故事之类的线性模式向多形式与参与性转变时，电子空间已经发展出自己的叙事模式，具有戏剧因素的电子游戏就是明证；亨利·詹金斯从游戏设计的角度突破经典叙事学，引入了环境叙述（Environmental Storytelling）、嵌入式叙述（Embedded Narrative）、微少叙述

① 关萍萍．电子游戏叙事性解读 [J]. 淮阴师范学院学报（哲学社会科学版），2010（1）：110-114.

（Micro Narrative）、自生性叙述（Emergent Narrative）等叙述概念；[①] 阿塞斯认为在众多游戏类别中以冒险类游戏最具叙事性，因为冒险游戏属于“半开放型的游戏”（Quasi Game），也就是说，故事“伪装”（disguise）成游戏，并运用游戏的技术来叙说整个故事。[②]

正是电子游戏在叙事结构及审美特性上与传统叙事文本的差异，导致其在理论研究方面出现了困境，游戏研究试图摆脱文学、叙事学而作为一个独立的研究领域来获得自身合法性的需求和呼声越来越高。1997 年，乌拉圭游戏学家贡萨洛·弗拉斯卡（Gonzalo Frasca）创造了“Ludology”（“游戏学”）一词，并开办了 Ludology 网站，从不同学科（如心理学、社会学、人类学、经济学等）对电子游戏进行研究和探讨，同时也标榜一种不同于文学理论与叙事学的研究视野的出现。这种新的研究视野主张从“游戏”角度出发研究游戏，重视传统游戏理论，建立具有独立的审美范畴与研究方法的电子游戏理论。与叙事学重视对电子游戏文本的研究相比，游戏学更注重文本背后的规则，认为规则是游戏的本体存在。弗兰斯卡在《当游戏学遭遇叙事学：（视频）游戏与叙述的异同》一文中，通过把有组织规则的 Ludus 的游戏过程与叙事学家布雷蒙提出的叙事逻辑相比较，认为两者尽管在结构上相似，却存在着本体上的差别。Ludus 代表可能性，而布雷蒙的模式则代表必然性。也就是说，游戏可能产生叙事，但不以叙事为目的。

由此可见，游戏学是在与叙事学的论战中发展起来的。按照詹金斯的说法，游戏学家和叙事学家之间结下了“血海深仇”，前者要求将研究的中心转向玩游戏的力学，而后者的旨趣在于将游戏与其他叙述方式一道研究。[③] 正是在这种论战中，游戏学逐渐明晰了自身的理论体系，确立了游戏研究的学术地位，开始走向成熟，例如弗兰斯卡就对游戏学（Ludology）、游戏学家（Ludologist）、叙事学家（Narratoligist）等概念进行了梳理：游戏学（Ludology）指应用包括叙事学在内的各种学科理论对游戏尤其是视频游戏进行研究的学科；游戏学家（Ludologist）指研究游戏的学者，无论他的学术出发点是游戏学还是叙事学，

① JENKINS H . Game design as narrative architecture[C]//Pat Harrington，Noah Frup-Waldrop. FirstPerson May 24，2003. Cambridge：MIT Press，c2002.

② AARSETH E. Quest games as post-narrative discourse.InM. L. Ryan （Ed.），Narrative across media：The language of storytelling[M]. London：University of Nebraska Press，c2004：361-376.

③ JENKINS H . Game design as narrative architecture[C]. Pat Harrington，Noah Frup-Waldrop. FirstPerson May 24，2003. Cambridge：MIT Press，2002.

都属于游戏学家；叙事学家（Narratoligist）指对叙述理论进行研究的学者，如托多罗夫、热奈特、格雷马斯等，但这些学者并没有研究过游戏；从叙述学角度对游戏进行研究的研究者中，除玛丽－劳勒·瑞安外，其他的如亨利·詹金斯、默里等人，他们并不是叙述学家，只是游戏研究领域中的Narrativist。通过这种概念上的梳理，弗兰斯卡把叙事学纳入游戏研究领域之中，既理清了由于两者的争论导致的游戏研究概念上的模糊，也为游戏学引入更多的理论视野开辟了道路。

同时，游戏学也明确了自身是关于游戏的形式主义诗学，开始构建与游戏相关的诗学概念。弗兰斯卡认为，在数字时代，“模拟”成为一种与“再现”和“叙述”同样重要的文化表现手段，“再现”与“叙述”描述的是已发生过的和可能发生的事，而“模拟”则表达“我们所能做出的改变”，通过文本使用者对规则的操纵、接受、拒绝、质疑，激起比文本本身所含的更多的思想。①

电子游戏研究在我国才刚刚起步，相关的研究学者和文章都很少，并且基本上都是从宏观角度对电子游戏的定义、艺术性和其文化身份的合法性进行论证，以及论述其“交互性、参与性、叙事的开放性、虚拟性”等数字媒体特征，没有真正建立基于电子游戏文本叙述的游戏诗学。相关研究主要包括汪代明的《论电子游戏艺术的定义》②《论电子游戏艺术的特征》③，吴玲玲的《电子游戏审美研究的困境与游戏诗学的构建》④《从文学理论到游戏学、艺术哲学——欧美国家电子游戏审美研究历程综述》⑤等。

（四）微叙事作品研究

自2008年微博等新型自媒体在我国兴起后，有关“微技术”“微政治”“微产业”等方面的研究就成为热潮，而微博、微信中大量出现的叙事文本也因其独特的个性和广泛的影响力获得了关注。但总体而言，相关研究在数量与质量上都有很大的不足，不仅在概念界定上存在着诸多的模糊不清和逻辑混乱，在

---

① FRASCA G. Ludology Meets Narratology: Similitude and Differences Between (Video) Games and Narrative [J/OL].Pamasso, 1999, 3: 365-371 [2015-07-08]. http: //www. ludology. htm.

② 汪代明．论电子游戏艺术的定义[J]. 西南民族大学学报（人文社科版），2005（12）：356-359.

③ 汪代明．论电子游戏艺术的特征[J]. 文艺争鸣，2006（3）：131-133.

④ 吴玲玲．电子游戏审美研究的困境与游戏诗学的构建[J]. 东北大学学报（社会科学版），2010（1）：91-94.

⑤ 吴玲玲．从文学理论到游戏学、艺术哲学——欧美国家电子游戏审美研究历程综述[J]. 贵州社会科学，2007（8）：87-92

研究对象和方法上也颇为单一、滞后。

1. 微小说研究

当前虽然以“微小说”为名的创作和比赛在网络上异常红火，但学界对其的关注却很少，至今为止发表的相关论文仅十余篇，且大部分只是简单分析，没有形成有价值的观点与体系。例如在微小说的传播模式与文本特征、社会心态表征等方面，虽大部分文章都有涉及，但基本上都是从宏观、抽象的角度对其进行归纳整理，突出微小说作为“网络文学”“微博文学”的“通性”，而没有对内容进行认真的文本细读和叙事考量来突出其“特性”。

较完整且深入对微小说进行研究并提出独特观点的论文为数甚少，其中以孟伟的《微小说的传播学分析》①和张春的《微小说：传播热潮中的问题厘定》②较为突出：孟伟从传播学角度对微小说进行了多方面的考量，总结出微小说的七种文本要素，并通过“长与短”“简单与深刻”“连续性与碎片化”“沉淀与即时性”“文学性与信息化”等五个比对阐述了微小说的文本及创作特性；张春则提出要为微小说“正名”，提出微小说的文体特点，即微小说应该更应注重构思、立意，讲究“文学”的含量，努力通过特征性的人物生活细节、“有意味”的情节反转和高度浓缩的语言形式来反映生活，充分彰显 140 字文体的无限可能性，这样才能突破“短”的局限，凭借独具个性的文体特色跻身文学殿堂，而避免成为徒具文学形式、昙花一现的文学现象。另外，还有贾舒的硕士论文《微小说的后现代特征研究》以后现代主义的相关理论为指导，分别从创作手法、结构特征、主题等三个方面分析了微小说的“后现代”文本特征及其价值意义；③张少美的《微小说——网民时尚的图文游戏》从文化研究的角度对微小说进行了分析，认为微小说在本质上摆脱不了大众文化的特征，它的互动创作和私人叙事特点，是老百姓在后现代都市文化和快节奏生活压抑下即时宣泄情绪和不满的便捷手段。④

2. 微新闻研究

近年来，国内以“微新闻”为研究对象的文章不在少数，这一方面是因

---

① 孟伟．微小说的传播学分析 [J]. 河南社会科学，2011（9）：118-121.

② 张春．微小说：传播热潮中的问题厘定 [J]. 南京师范大学文学院学报，2012（9）：27-29.

③ 贾舒．微小说的后现代特征研究 [D]. 呼和浩特：内蒙古大学，2012.

④ 张少美．微小说——网民时尚的图文游戏 [J]. 石家庄学院学报，2013（1）：65-68.

为微博等媒体的媒介属性明显，容易受到新闻传播学界的关注，另一方面是因为近年来微博、微信等在新闻事件中的作用和影响力日益扩大，吸引了不少学者的目光。但笔者经过分析发现，这些针对微新闻的研究成果在主题与内容上异常类似，主要集中在两大层面，即传播机制层面与文体特征层面。

在概念界定上，大多数学者都将“微新闻”等同于“微博新闻”或“微信新闻”。在传播机制层面，微新闻的特征、传播模式以及对传统媒体、新闻传播的影响是相关研究的重点。例如张琳总结了微博新闻的时效性、话题性、权威性、广泛性等特征，肯定了微新闻的价值和地位；[①] 黄伟认为微博拓宽了传播渠道，具有信息的高透明度特性，同时也增强了新闻的影响力；[②] 刘云霄在肯定微博即时、即地、全民参与互动、裂变式传播等优势给传统新闻的报道和传播带来变革的同时，提出了微新闻传播过程中信息碎片海量庞杂、泛标签化、虚假新闻泛滥等问题。[③]

微新闻作为一种新的新闻文体，存在明显与其他传统新闻不同的文体特征。高冬可分析了微新闻基于技术特点与写作心理两个层面催生出来的文体特征，即文字简短、事件核心突出、形式表达随意、文本碎片化、情绪化个人表达等；[④] 秦佳硕认为微博新闻作为一种新生文体，其内容包罗万象、篇幅短小，超文本结构及文学化表达技巧使之区别于之前的新闻文体，有着独特的魅力。[⑤]

虽然有不少学者在其文章中均指出了微新闻的“叙事化”特色，但大多只是泛泛而言，缺乏深度与系统性。笔者检索了中国学术期刊全文数据库与中国博硕论文全文数据库（CNKI），仅找到两篇与微新闻叙事相关的文章。其中孙芙佳的《从“新华社中国网事”谈微博新闻的叙事结构》从文章结构（“核心”与“卫星”的有机组合）和文体结构（倒叙 + 嵌套模式）两个层面分析了微博新闻的叙事结构特征；[⑥] 重庆师范大学郝瑶的硕士论文《微博新闻的叙事研究》对微新闻的叙事者、叙事时间、叙事结构和语言特征进行了较为全面的考察和分析，文中指出微博新闻的叙事者和接受人二者的关系呈现隐蔽性与信任感，

① 张琳 . 浅析微博的新闻传播效应 [J]. 新闻窗，2010（6）：94–95.
② 黄伟 . 微博新闻传播的特点分析 [J]. 青年记者，2012（23）：55–56.
③ 刘云霄 . 微博新闻传播的问题及建议——以新浪微博为例 [J]. 中国传媒科技，2013（08）：252–253.
④ 高冬可 . 微博新闻文体特征解析 [J]. 新闻爱好者，2011（6）下：90–91.
⑤ 秦佳硕 . 微博新闻文体的内容特征与表达技巧 [J]. 产业与科技论坛，2011（20）：157–158.
⑥ 孙芙佳 . 从“新华社中国网事”谈微博新闻的叙事结构 [J]. 中国地市报人，2013（4）：61–63.

微博新闻的叙事时间与传统新闻功能类似，但叙事结构表现则形式多样，微博新闻语言展现出新奇性、多变性、碎片化与个性化等特征。[①]

3. 微电影研究

从2011年开始，“微电影”就作为一种流行文化开始在网络上盛行，其发展速度让人始料未及。然而与互联网上微电影创作实践的欣欣向荣相比，学界对微电影的定义、特征、属性及产业模式等方面的探索却处于初级阶段，且大部分学者仍持审慎观望的态度。总体而言，国内目前对微电影的研究主要包括以下几个角度。

（1）基础研究角度：主要包括微电影的概念、发展现状、传播方式、未来前景等议题，例如丁亚平认为微电影是一个开放的概念，是“相对于基础性电影的功用性电影”[②]；孟志军总结了微电影的传播机制及其诞生原因，指出微电影传播的“微时长、微周期、微投资”三微特点[③]；何少杰等认为微电影自身的电影美学、新媒体技术和商业运作是塑造其今日之形态的三股重要合力。[④]

（2）商业营销角度。目前对微电影商业营销价值的分析在微电影研究文献中占绝对比例，这与微电影正被许多企业视为提升品牌形象和知名度的新手段直接相关。相关的研究主要有两种，一种是从宏观角度探索微电影作为一种“广告新形式”和“营销新手段”的传播特征和营销策略。例如康初莹的《“微”传播时代的微电影营销模式解读》[⑤]、朱佳佳的《新媒体时代下的微电影广告营销研究》[⑥]等。另一种是从个案角度切入，阐述微电影的创意制作过程及其作用意义等，这些文章多发表在广告学期刊上，大多由广告主或制作方发布，学术性不强。

（3）美学价值角度。该角度主要围绕微电影的美学特征和价值意义进行探索，例如王一川将微电影的美学归纳为“微、反、深、思”四个字；[⑦]薛国

① 郝瑶.微博新闻的叙事研究[D].重庆：重庆师范大学，2012.
② 丁亚平.“大电影”视域下的微电影的发展[J].艺术评论，2012（11）：27–28.
③ 孟志军.微电影的传播学解析[J].新闻界，2011（8）：99–101.
④ 何少杰，朱青.微电影：命名、分类及本体论初探.电影新作，2013（2）：44–54.
⑤ 康初莹.“微”传播时代的微电影营销模式解读[J].新闻界，2011（7）：75–78.
⑥ 朱佳佳.新媒体时代下的微电影广告营销研究[D].合肥：安徽大学，2012.
⑦ 王一川，胡克，吴冠平，沙丹，叶航，云飞扬.名人微电影美学特征及微电影发展之路[J].当代电影，2012（6）：102.

梅的硕士论文《微电影美学特征及其价值研究》探讨了微电影在故事题材、叙事、创作和视听语言上的艺术特征，并从审美接受的角度对微电影的接受主体（主动化、年轻化）、审美心态和审美体验（个性化、顿悟式）等方面进行了归纳总结；[①] 孙悦的《审美文化语境下的微电影探究》从后现代文化语境角度，总结了微电影的叙事出奇美、时空结构美与情感爱之美。[②]

（4）叙事研究角度。从叙事角度对微电影进行考察的文章成果相对而言不少，内容基本上都集中在对微电影叙事特征与策略的分析方面，虽然其分析的背景和采用的理论不同，但观点与结论基本一致，如高潮的突出和背景的弱化、悬念设置、叙事主题多元化、叙事视角平民化等。虽然也有学者提出微电影与传统电影的区别及借鉴，以及对影视叙事语言和技巧的运用，但基本上是一笔带过，没有进行详细分析。另外，有部分学者还探讨了微电影的叙事缺陷，认为其主题单一、缺乏层次，多半呈现浅表化趋向，商业属性破坏电影正常叙事等，但他们同时认为，伴随着新媒体技术的不断发展，微电影的叙事方式必定会突破现有局限，呈多元形态，例如 3D 叙事、交互式体验叙事等。[③]

第四节　研究思路与架构

本书将从自媒体微叙事的现象研究出发，运用大众文化研究的视角与方法，在国内外理论研究的基础上，系统全面地考察与研究当代自媒体微叙事的生成背景、叙事机制、创作策略、传播模式、本体价值以及其对我国社会经济、政治、文化、生活等所带来的各种变化与影响，思考与探索当代媒介化社会中人类的生存环境与精神生态。

基于研究内容与学理的考虑，本书分为上下两编进行论述。上编旨在从理论层面对“自媒体微叙事”进行考察，其中包括四章：

第一章：媒介演进与叙事变革

在人类文明发展进程中，存在着一条以媒介叙事为核心的线索。从口语

① 薛国梅 . 微电影美学特征及其价值研究 [D]. 济南：山东师范大学，2013.

② 孙悦 . 审美文化语境下的微电影探究 [J]. 现代视听，2012（11）：44–47.

③ 相关的研究有：李荣荣 . 传播学视域中的微电影叙事策略探究 [J]. 东南传播，2011（12）；卜速 . 试论微电影叙事的特征与效果 [J]. 电影文学，2013（9）；郑友奇 . 微电影的叙事艺术特征略论 [J]. 艺术百家，2012（6）；张高伟 . 论微电影的叙事艺术 [J]. 美与时代下，2011（7）等.

叙事、文字叙事、影像叙事到数字叙事，媒介的技术与特质决定了叙事的生产、传播、接受方式，也决定了其文本与话语模式。如今，新媒体、新技术催生了新的叙事方式，本部分内容以从媒介与叙事的关系及其发展历程为线索，考察自媒体微叙事的生成背景、原因及过程。

第二章：自媒体微叙事构成研究

进入数字媒体时代以来，比特叙事的融合性与交互性特征不仅加大了媒体在叙事过程中的作用力，增加了叙事的复杂性与多元性，更使得叙事的社会文化属性进一步增强。本部分将通过叙事交流过程中的四大核心元素——作者、读者、故事、符号，深入分析与探讨自媒体微叙事的构建过程及其大众文化表征。

第三章：自媒体微叙事传播研究

每一种媒介技术的革新都会引发叙事方式及其传播形态的变化。当越来越多的人在自媒体上通过微叙事的方式记录并分享自己的生活、观点、思想甚至进行文艺创作的时候，一种新的传播模式与格局就逐渐形成了。本部分将着重阐释分析自媒体微叙事的传播方式与模式，进而探索其对大众文化所产生的影响。

第四章：自媒体微叙事本质与效应研究

20 世纪中后期以来，媒介技术的快速发展及信息革命浪潮带来的文化环境、人类生存状态等问题日趋突出，来自各个领域和学科的学者纷纷从多个角度分析新媒体环境与社会文化之间的关系，呼吁创造一种与技术发展相适应的“新文明”。本部分研究将深入探索自媒体微叙事的本质以及其对当前我国社会经济、政治、文化与大众生活、心理等方面所产生的各种积极或消极影响。

下编则从文本分析的角度，对几大自媒体微叙事类别，即自媒体微新闻、自媒体微广告、自媒体微电影及自媒体微小说的叙事策略、结构特征及其催生出来的文化形态等进行专题性的研究，力求为各类型自媒体微叙事的创作、鉴赏以及当代中国的大众文化理论提供新的视角与思路。

上编

第一章　媒介演进与叙事变革

自人类社会诞生以来，叙事便扮演着不可或缺的角色，人们通过形形色色的故事描绘世界、组织经验、交流思想、表达情感。奇幻悠久的神话传说、真实动人的历史典故、离奇曲折的小说戏剧、浪漫睿智的童话寓言等，早已成为人类历史举足轻重的组成部分，成为人们日常生活中无处不在的叙事表达。“没有叙事的世界就不是属于人类的世界。我们无法想象一个失去叙事的世界，人和人之间还会不会有和谐的交流，人类的历史与文明还能不能得以代代相传。”①

在人类叙事的发展历程中，媒介扮演着至关重要的作用：一方面，无论是通过口头或纸张、银幕或屏幕，叙事总要通过一种媒介才能得以实现，媒介技术决定了这一媒介叙事特定的生产方式与传播方式，并因此有了内容与形式的偏向，从这个角度而言，媒介本身比其传递的内容更值得重视；另一方面，随着媒介的演进与变革，叙事艺术也在一次又一次与技术的抗争中不断焕发生机，叙事的概念与内涵不断扩大，自身的话语方式与理论体系日益深化。由此可见，媒介与叙事本就是一对无法割裂也不应被分而论之的整体，它们相互依存。叙事学家佛里·温斯罗普（Frey Winthrop）曾如此阐述二者的关系：媒体技术是叙事形式的基础和支柱；存在于不同媒体领域内的叙事模式，会随着媒体技术的融合渗透而发生相互之间的影响。②

“一种媒介的长处，将导致一种新文明的诞生。”③媒介不是透明窗户，而是有色玻璃，每一种媒介都携带有自身独特的视野与世界观，它通过与人类

① 王贞子 . 数字媒体叙事研究 [M]. 北京：中国传媒大学出版社，2012：40.

② WINTHROP-YONG G. Magic Media Mountain： Technology and the Umbildungsroman，in Reading Matters： Narrative in the New Media Ecology.eds. Joseph Tabbi and Michael Wutz，Comell University Press，1997：29-52，30-31.

③ 伊尼斯 . 传播的偏向 [M]. 何道宽，译 . 北京：中国人民大学出版社，2003：28.

主体的结合，迅速转化为一种巨大的物质力量和精神力量，全方位地塑造着人类文明。如今，数字技术的发展将人类社会推入一个前所未有的媒介融合时代，各种媒介形态在此实现了汇聚、转化与延展，使得不同媒介下的叙事模式在相互联系中发展着自身，并催生出许多新的叙事模式，它们之间形成了继承、并存、互补与整合的关系，原先各种根植于媒介技术之上的文化形态也在此交融，并相互渗透、影响，形成了一种以多元融合为突出特征的新型大众文化。

第一节　技术演进中的媒介叙事

一、口头媒介与在场叙事

人类发展史上曾经发生过数次媒介技术革命，每次革命都会带来划时代的意义。在前语言时代，我们的祖先只能依靠动作、表情、吼叫、记号等极其简单、原始的方式进行交流，与其他高等动物族群无异。自劳动创造人类语言之后，口头媒介便成为人类媒介史上的第一次革命。自此，人类个体开始能够更加自由地交流情感、表达思想、传承经验，生活变得丰富多彩，人类文明由此展开。

口头媒介的产生，让人类的沟通变得更加准确、顺畅与快速，也更加有利于历史、故事和思想的传承，由此便产生了民谣、神话、史诗等叙事方式与艺术。由于口语时代人类生产方式与活动范围的局限，其思想基本囿于实际经验范畴，且口头媒介并不存在具体的物化形态，叙事只能建立在个人记忆的基础上，因而这一时代的叙事文本语言精练、形象鲜明、情节简单。同时，为了能够更好地帮助记忆，人们在口语叙事的过程中会经常使用一些有利于增强语言韵律和节奏的技巧，如叠词造句、反复排比、抑扬格等。西方的《荷马史诗》、中国的《山海经》《诗经》等经典文学著作，都源于人类早期的口语叙事，这些作品极好地体现了口头媒介的话语和传播特性。

口语叙事是一种以声音为介质、口耳相传为传播机制的叙事方式，声音的空间性与转瞬即逝性决定了它是一种“在场”叙事。也就是说，这是一种叙述者与读者同时处在某一特定叙事情境之下所进行的语言传播与交流。这也就意味着，口语叙事是一种极为复杂的“立体式”叙事，它既涉及内容的讲述，也与传播情境有关；既包含人类的主体性，也凝聚了媒介自身的规定性。首先，口语媒介“面对面”的人际传播方式，决定了口语叙事必定是在一定的社会历史语境与现实情境中进行的，它在本质上要求人们亲身参与，所以具有较强的社会性。例如在原始社会中，吟唱、赞颂与祈祷往往都与集会、庆典、祭祀等活动紧密结合在一起，充当着传递知识、经验与记忆的任务。而这些古老的口语叙事者，例如先知、巫师、游吟诗人等，往往成为一个部落的精神领袖，他们将自然现象、社会秩序、宗教伦理等观念和思想融入英雄故事、神话传说及谚语诗歌中，帮助人们理解历史与现实，进而构建、维持与发展原始人类社会。其次，口语媒介强化了人的媒介性，人类第一次完全地充当媒介的角色，因此在口语叙事的过程中，叙述者的语气、表情、动作、服装、神态、音色、容貌等，都直接成为一种媒介内容，参与到整个叙事过程中。这不仅使人类的主体性得到体现，同时也有利于淡化其“媒介”色彩，让叙事变得更加真实、可感，充满了无限的“可能性”与“可变性”。正如沃尔特·翁（Walter J.Ong）所说的：“口语词具有声音的物质属性，它始于人体内部，使人能够互相展示意识分明的内部人格，使人得以为人，使人组成关系密切的群体。一个人向听众说话时，听讲的人一般就成为一个整体，不仅自己结为一个整体，而且和说话人也结为一个整体……口语词内化的力量以一种特殊的方式和神圣情怀联系在一起，和存在的终极关怀联系在一起。”①

口语叙事开启了人类文明的源头，塑造了一个“经验导向”社会，代表的是一种“民间文化”。而口头媒介在时间、空间上的传播局限，也注定了这种民间文化只能是一种较为狭隘的“族群文化”，这与真正意义上通过“现代大众媒体”进行传播的大众文化存在本质上的差别。这一时期的民间文化既带有明显的宗教信仰特征，也带有浓郁的生活气息，虽然随着书写、印刷媒介的诞生，“讲故事”的艺术逐渐走向衰落，但是这种生动、鲜活的“在场叙事”却始终贯穿在人类发展的历史中，与我们每个人的生活息息相关。其口口相传所带来的日常审美化、语言节奏化、叙述表演化、内容多变化等叙事特征，也使得众多口语叙事成为经典艺术作品流传至今，历久弥新。

二、书写、印刷媒介与文字叙事

文字的诞生，是人类文明发展史中一个重要的里程碑，它使语言突破了

① 翁．口语文化与书面文化：语词的技术化[M]．何道宽，译．北京：北京大学出版社，2008：56.

时空的局限得以长久保存和远距离传播，这不仅扩大了社会群体的交往和活动范围，也使得人类的历史和经验教训能够清晰地被记录下来并流传给后人。与此同时，文字也克服了口语稍纵即逝的弱点，让人们能够更加从容、准确地运用语言，促使语言朝着更加精致化、艺术化的方向发展。

人类文字的发展，经历了一个漫长的过程，而与其形成对应关系的，则是媒介的发展与变革，从甲骨、兽皮、岩壁、泥版、竹简、布帛、纸张等书写媒介到印刷媒介，它们与文字一起，成为推动人类文明进程的强大动力。在纸张之前，虽然其他书写媒介的发展也经历了由重到轻、由粗到细、由硬到软的演变，但总体而言，它们或较为笨重，或较为昂贵，均不易获得，且在单位面积上的符号承载量和信息量也很少，因此在很长一段时间内，文字的传播范围非常有限，只能在极少数的贵族群体中传递。纸张的出现，大大提升了文字的使用与传播范围，更多的人可以接触并使用文字进行叙事，各种类型的文字叙事艺术也不断涌现，尤其是一些手抄本的文学作品开始在民间流传。然而这种手写的方式对信息的复制效率过于低下，难以形成规模化的传播，更难以满足广大民众的需求，直到印刷术的出现，才彻底弥补了这一缺陷，文字叙事开始走入“寻常百姓家”。

印刷术的发明通常被视为人类传播史上的又一座里程碑。其实早在11世纪，中国人毕昇就发明了胶泥活字印刷术，但在此后的几百年间，这一发明并没有得到重视并用于信息传播。直到约在1445年，德国人约翰·古登堡（Johannes Gutenberg）发明出活字印刷术，这项技术才得以广泛应用。印刷媒介的出现，首次实现了信息的“机械化复制”，大大提升了信息的生产能力和传播能力，也将文字叙事的作用与能量发挥到了极致。

与鲜活灵动的口语相比，书写、印刷媒介中的文字是封闭的、线性的，故事一旦被形成文字，便以一种固定的形态出现，读者只能按照线性关系来书写或阅读纸质媒体中的句子、段落与文章，构建与理解作品中的逻辑与因果关系，在这一过程中，作者与读者都是孤立的、理性的存在。因此，为了能够更好地讲述故事、传达思想与描绘世界，文字叙事在长年累月的发展中演化出丰富多彩的叙事结构（如倒叙、插叙等）与修辞技巧（如象征、比喻、拟人、借代等），也产生了如通俗小说、历史演义、新闻报道等诸多新的文体。虽说文字叙事的线性特征使得故事只能实现从作者到读者的单向流动，但文字的抽象性也赋予了故事不确定性与多变性，每个叙事文本都构建出一个想象空间，其意义需要靠读者根据自身的经验、知识结构与世界观去进行阐释。这也促使后来的一些作家非常重视读者在解读文本方面的作用，开始对文字的线性叙事进行突破性尝试（例如在现代派文学中就有不少作品都带有这方面的特征）。

在书写、印刷媒介时代，人类的视觉占据主导地位，文字叙事强化了人类的逻辑思维和理性思维，形成的是一种强有力的“精英文化”。这一文化不仅了造就了个人主义，引领人类由原始走向现代，由蒙昧走向文明，也造就了民族主义、工业主义和庞大的市场体系，它将个人从传统的族群中解放出来，又通过一种新的力量凝聚起来。正是基于书写、印刷媒介的这一特征与功能，书籍、报刊等媒介往往成为一个国家统治阶级宣传教化最有效的工具，他们将媒体牢牢把握在手里，通过各式各样的叙事内容传达有利于自身统治的思想与观念。由此可见，不论是纸张的发明还是印刷术的最初使用，虽然都在一定程度上扩大了文字信息的使用和传播范围，但是其解放意义依然是有限的，它们在一个较大范围内又形成了新的垄断，数量巨大而没有足够读写能力或社会经济地位的普通民众依然处于忽视或被动的地位。

值得庆幸的是，随着印刷技术的快速发展，信息流动速度不断加快，这一趋势开始逐渐打破社会的封闭状态，人们的思想观念和生活方式发生了巨大的变化，大众传播开始展示出自己的力量，一种与精英文化截然不同的“通俗文化”开始登上历史舞台。这一文化的生成，首先源于一些大众报刊和读物的出现。凯文·威廉姆斯（Kevin Williams）指出，英国16世纪的通俗文学是通过廉价的小册子、笑话书、歌谣和单面印刷品等形式得到发展的。[①] 其后，随着报纸、杂志、廉价杂志、连环画等大众报刊的出现，通俗读物开始在普通民众的生活中占据了重要位置，而读者的增多也刺激了通俗文化的繁荣。伊恩·瓦特（Ian Watt）指出，在18世纪，中产阶级读者除了具有阅读能力之外，还有钱有闲，因而阅读那些轻松、消遣式的通俗小说便成为他们生活中的主要内容，尤其是家庭妇女，她们既无法参与政治活动和商业活动，也不能参加男性的业余活动（如狩猎、宴饮等），于是读小说就成为她们消磨时间的最佳方式。[②] 在这样的媒介条件与需求环境下，一大批靠通俗文学写作谋生的创作队伍诞生了，他们为了生计，不得不依靠多种叙事技巧来吸引读者。以英国为例，当时的一些报纸经常会采用一些具有传奇色彩的小说，或者是用一些关于谋杀、犯

① 威廉姆斯.一天给我一桩谋杀案：英国大众传播史[M].刘琛，译.上海：上海人民出版社，2008：25.
② 瓦特.小说的兴起[M].高原，董红钧，译.北京：生活·读书·新知三联书店，1992：42.

罪、性暴力等具有刺激性效果的故事来吸引读者，以致到了19世纪60年代，“在《星期日报》中，包括传奇和犯罪题材故事的小说所占的比例已超过新闻”[①]。在此基础上，通俗文学也开始呈现出类型化的叙事特征，比如浪漫小说的模式是“以恋爱开始，以美满姻缘结束”[②]；哥特式小说的故事“一般发生在某个偏远的地方，或者某个遥远的年代，在那里，一场异乎寻常的可怕神秘事件从头至尾与一个圆满的爱情故事纠结在一起”[③]。

由此可见，与口语时代相比，文字时代的文化形态显得更复杂些，书写、印刷媒介既是精英文化的诞生之所，也是近代通俗文化的发祥之地。近代报刊及通俗读本的出现与流行，拉开了媒介大众化、现代化的序幕，这在一定程度上可以被视为大众文化的雏形。然而，文字的线性叙事特征决定了这一时期的通俗文化不可能完全摆脱理性与批判意识的制约，因而当时的这些通俗读物无论从内容还是形式上，都依然保有一定的思想性与艺术性，也较为朴实，这与电子媒介时代所形成的大众文化具有明显区别。

三、电子媒介与影音叙事

电子媒介是通过电磁波或电子技术来进行信息生产与传播的媒介，它的问世与发展与一系列的技术革新密不可分：16 ~ 17世纪电磁学的飞速发展，为电子媒介的出现奠定了基础；1844年，莫尔斯发明了电报，开启了电讯时代的序幕；19世纪70年代，贝尔发明了电话，建立起世界上第一家电话公司，这为后来的有线广播解决了传声问题；1895年，法国的卢米埃兄弟发明了电影摄影机，实现了信息的图像化传播；1920年，世界上第一家电台KDKA开播，标志着无线广播的诞生；1927年，声音开始进入电影世界；1936年，英国广播公司（BBC）在伦敦建立了世界上第一家电视台。

电子媒介开启了影音叙事的时代。影音叙事从本质上而言，是一种作用于人类视觉与听觉的叙事方式。如果说文字叙事的根本目的在于塑造“形象”，它构建的是一个抽象化的需要通过读者的思维和经验进行阐释和理解的精神空间，那么影音叙事则是以生产“视像”与“音响”为核心目标的，故事在转瞬

---

① 威廉姆斯.一天给我一桩谋杀案：英国大众传播史[M].刘琛，译.上海：上海人民出版社，2008：70.
② 英奇.美国通俗文化简史[M].任越，等译.桂林：漓江出版社，1988：55-56.
③ 英奇.美国通俗文化简史[M].任越，等译.桂林：漓江出版社，1988：110.

即逝的视听图像中被叙述出来，它构建的是一个具象化的，不需要受众进行太多思考与想象的感觉空间。也就是说，图像与声音成为继语言、文字之后主导人类的叙事模式，它建立在视觉与听觉的认知与思维能力之上，肯定并强化了眼睛、耳朵等感官所具有的生产力与创造力。

电子媒介的出现，直接导致了大众文化的产生。“大众文化”一词在西方原指的是工人阶级的文化，是工业化社会的产物，它的形成和繁荣与电子媒介的产生与发展密切相关。首先，随着电子媒介技术的发展，电报业、广播业、电影业、电视业迅速成为发展最迅速的行业，也形成了声势浩大的文化产业，而为了实现赢利的目的，各大行业机构会调动一切方法手段，制作更符合大众口味与需求的节目来吸引更多观众和听众。其次，电子媒介所采取的影音叙事方式最大限度地满足了普罗大众休闲娱乐的需求，他们不需要有太多的知识背景，也不用花费太多的脑力和时间进行思考。在 20 世纪 30 年代的英国，去电影院成为“一周中最令人快乐的事情”，其观众也大多是工人阶级。[①] 在同一时期的美国，“几乎没有什么比新闻影片、画报、广播节目以及好莱坞电影更能影响人们对世界的看法了。对于知识界以及一般公众而言，大众传播媒介的影响是无孔不入的，也是无法回避的。不管电台播放些什么，不管电影公司放映些什么，数以百万计的人每天晚上都要听无线电，每星期都要看两场电影，已养成习惯”[②]。

正如丹尼尔・杰・切特罗姆（Daniel J. Czitrom）在分析早期电影对人们影响的时候指出的那样，“到了二次大战末，电影媒介已建立起一种新的大众文化，即继印刷文化之后的艺术、娱乐、大商业和现代技术的汇合，它符合大众的口味，又从大众中获得力量。这种新的大众文化把作品和制作过程联系在一起，这二者都不符合旧的文化学说的模式。……对大众来说，看电影已成为社会生活的重要内容，成为一种体验和解释同代人或家庭的共同价值观的新方法”[③]。换句话而言，媒介的特性改变了故事的生产方式与叙述方式，电子媒介的影音叙事让所有的事物都能够以最清晰、明确、直接的方式呈现在人们眼

---

① 威廉姆斯 . 一天给我一桩谋杀案：英国大众传播史 [M]. 刘琛，译 . 上海：上海人民出版社，2008：115-116.

② PELLS R H. 激进的理想与美国之梦——大萧条岁月中的文化和社会思想 [M]. 卢允中，等译 . 上海：上海外语教育出版社，1996：312.

③ 切特罗姆 . 传播媒介与美国人的思想——从莫尔斯到麦克卢汉 [M]. 曹静生，黄艾禾，译 . 北京：中国广播电视出版社，1991：64.

前，让人们不需要花费太多的时间去认知和学习，而只需要最直接的感觉和体验，这在根本上契合了工业化社会的快节奏生活，满足了大多数人的需求。从这个意义上来说，电子媒介不仅直接改变了文化的传输方式，也改变了文化的性质，电子媒介的广泛传播性与易于接受性，突破了传统文化在时空上的局限性，也消解了传统文化因内容与传播而产生的差异性与等级性。以上种种促使由电子媒体生产与传播的文化成为真正的“大众”文化。

在电子媒介的强大作用力之下，经过近一个世纪的发展，影音叙事已经成为现代社会人类理解世界和自身的主要符码，它在推动文学艺术的大众化、日常生活的审美化以及对人类感性主体的关注等方面都具有非常重要的意义。然而由于电子媒介仍然只是单向性的传播媒介，因此根植在电子媒介之上的影音叙事依然继承了文字叙事的语法结构，采用了历时性的表达方式。不过在此基础上，影音叙事也通过自身的话语符号和叙述技巧发展出新的叙事策略，如20世纪20年代以来世界各国广播电台所热衷采用的“广播特写”就是以专题的方式，运用各种各样的文本、语言、音效技巧来进行叙事；又如影视剧中常用的蒙太奇叙事手法，则是通过各式各样的镜头语言对线性的故事情节进行分切与重组，从而增强图像叙事的效果，帮助观众更好地理解剧情。

四、数字媒介与比特叙事

数字媒介指的是依托数字技术进行信息生产、存储与传播的媒介，主要包括计算机、互联网、数码相机（摄像机）和手机等，虽然它们诞生的时间并不长，但是如今看来，这一媒介比以往任何一种媒介都更具影响力。1997年，尼葛洛庞帝在《数字化生存》一书中宣称，在信息时代，“比特，作为信息的DNA正迅速取代原子而成为人类社会的基本要素”①。因而数字媒介的叙事方式，可以被称为“比特”叙事。

“比特”源于英文的bit，指的是由0和1组成的计算机二进制数位。欧阳友权教授认为，与传统语言相比，比特语言具有以下三个显著特征：首先，比特是一种数码信息，可以无限贮存任何信息却不挤占一切物理空间，使用者可以通过它获得“所有时代所有地方的所有信息”②。其次，比特是一种没有

① 尼葛洛庞帝．数字化生存[M]. 胡咏，范海燕，译．海南：海南出版社．1997：3.

② POSTER M： The Mode of Information： Poststructualism and Social Context. Cambridge ： Polity Press，1991：71.

体积和重量的“软载体”，其传播不需要储存和运输成本，也不会出现质量损耗或信息缺失，这从本体上改变了人类的时空观念。另外，比特技术具有强大的信息压缩和转换功能，它能用最简单的两个数字来表征最丰富的大千世界和最复杂的人类情感，不仅能轻易地实现文字转换，而且能将对象转换为声音或图像。[①] 由此可见，比特叙事从本质上是一种“跨媒介”或“全媒介”叙事，无论是声音、文字，还是图像，都能够通过“比特”方式进行自由结合与转换。这一特质不仅推动了传统媒介叙事文本（如纸质小说、电视剧、电影等的数字化转型），而且促进了新数字文本形态（如超文本小说、电子游戏、虚拟现实、自媒体微叙事等）的生成。与此同时，网络技术的诞生和普及，大大拓展了比特叙事的功能和空间，也将人类叙事推入了一个新的历史阶段。如果说书写、印刷与电子媒介提供的是一个可读、可观、可感的镜像世界，那么网络数字媒介给人类带来的就是一个可言、可写、可变的交互空间。在这里，叙事者、读者的身份不再是明确的，故事不再是既定的，传播不再是单向的，一切都处在未定的变动之中，意义在交互间不断生成。文字叙事与图像叙事的目的和价值，在于对故事的讲述或展现，侧重于作者的创作快感和读者的阅读愉悦；而比特叙事的意义和魅力，则在于对故事的创造和体验，侧重于交互过程中的探索和读者的参与快感。在这个过程中，叙事的指涉方式、修辞方式和作用方式等都发生了根本性的转变。

在数字媒介语境下，原本相对独立的多个媒介体系中的内容与形态得以自由流动，这也导致了根植各种媒介之上的文化形态发生了结构性的转变，它们相互交融、影响，形成了一种新的、无所不包的“媒介文化”。按照道格拉斯·凯尔纳（Douglas Kellner）的说法，媒介文化是后工业时代或后现代社会的一种文化形式，因为在这个时代，“媒介已经拓殖了文化，并已成为配送和散播文化的基本工具，大众传播媒介已取代了先前那些书籍或口语文化模式，我们已生活在一个由媒介主宰着休闲和文化的世界里”[②]。由此可见，数字媒介的无限包容性和传播广泛性，进一步扩大了人们对媒介的依赖程度，也加强了媒介对文化的渗透力，越来越多的人可以更加轻易地通过媒体接触文化，并接受它们所呈现出来的“社会现实”，因而当代的大众文化可以被视为是一种

① 参考欧阳友权：网络文学本体研究 [D]，成都：四川大学，2004.

② KELLNER D. Media Culture： Cultural Studies，Identity and Politics between the Modern and the Postmodern[M].London and New York： Routledge.1995：1-2.

媒介文化，它是文化媒介化的结果，也是媒介发展到一定阶段所呈现出来的文化图景与社会生态。

在数字媒介的语境下，产生于传统大众媒介时代的大众文化在叙事本体、内容、形态与传播等各个层面都发生了改变，呈现出一幅新的景象。首先，我们可以将数字媒介对大众文化领域的渗透和影响视为一种技术范式。实际上，对技术手段的依赖一直以来都是大众传媒与大众文化的共同特点。大众文化的生产、流通与消费的所有过程都与媒介技术紧密相关。数字技术的比特叙事方式大大提升了大众文化的生产与传播能力。纵观当今各种大众文化产品，无一不渗透着数字技术的力量，以当前的好莱坞电影为例，数字技术水平的高低几乎成为衡量其票房成绩最为重要的指标之一。另外，借助数字媒介的传播速度和复制能力，大众文化的生产、传播与消费也日益全球化，这在很大程度上拓展了传统意义上的“大众”范畴，以及大众文化产品的类型与形态。

其次，在传统大众媒介时代，信息的生产与发布权只是集中在媒体机构或组织手中，其内容的生产也基本上是标准化、流水化的创作，大众仅仅是大众文化产品的被动消费者，是叙事文本的读者。而在数字媒介时代，信息的生产与发布门槛大大降低，人人都可以成为信息源，成为文本的生产者与传播者，原本泾渭分明的角色，如叙事者与读者、生产者与消费者等都变得模糊不清。大众真正成为大众文化的创作主体与传播主体，这也使得这一时代的大众文化“产品”不再以标准化的方式出现。如果说在 Web1.0 时代，各大门户网站上的文本还多少存在些许雷同化、制式化，那么到了 Web2.0 时代，充斥在各类自媒体中的内容则是完全源于个体的不同表述。与此同时，数字媒介的交互性叙事特征，大大增强了读者在文本生产与传播过程中的权力与作用，传统的“单向性”“播放性”大众文化也由此成为一种“交互性”“参与性”文化。

第三，在传统大众媒介时代，大众往往被视为一群被动的、同质的“受众”，他们只能在媒体机构或组织提供的信息与产品范围内进行选择。然而在数字媒介时代，信息数量的剧增及其可书写、参与性，使得社会大众开始出现严重的“分化”，每个人都可以根据自己的爱好与需求进行信息与产品的选择，并通过自身的参与叙事，找到“志同道合”的一群人。因此，当代的大众文化呈现出一种“分众化”态势，一方面，当代大众文化内部出现了深层化、普遍化的差异性，另一方面，这种差异性又因各自具有稳定化、常态化的生产者与消费者而长期存在。由此可见，数字媒介语境下的大众文化并非传统意义上的“共同关注”，而是“共同参与”，这种由“小众文化”汇集而成的“大众文化”具有强大的包容性，它打破了传统文化中二元对立的格局，让高雅文化与低俗文化、精英文化与草根文化等，都获得了平等的、展示自身的机会，并大大增强了彼此间的影响与渗透。

第二节　数字媒介的叙事探索

自媒体微叙事是数字媒介叙事的一个子类别，而数字媒介叙事自诞生以来便饱受争议。国内外的学术界、创作界形成了若干个阵营，围绕数字媒介叙事的存在与否、新媒介技术下的叙事艺术、数字叙事学的建立、传统叙事理论的转换等问题展开了激烈的论争和丰富的实践。

一、理论之争

美国著名评论家斯文·伯克茨（Sven Birkerts）曾以警世之笔道出信息科技给人类社会带来的偏离。他将数字空间的叙事模式称为“恶魔”，认为新媒体技术将使得传统的叙事艺术逐渐走向消亡；[①] 瓦尔特·本迪克斯·舍恩弗利斯·本雅明（Walter Bendix Schoenflies Benjamin）也将叙事看成是新媒介技术压力下正在“趋于死亡的艺术”；[②] 更有甚者，在计算机游戏这个最引人注目的数字媒介领域，对传统叙事的否定更为强烈，如马库·艾斯克利仁（Markku Eskelinen）认为，叙事根本不应该存在于计算机游戏的世界里；[③] 弗拉斯卡认为，在数字时代，“模拟”应该成为一种与“再现”和“叙述”同样重要的文化表现手段。[④] 他在论证中运用飞行游戏作为例证，认为游戏者只是通过技术操作来进行模拟飞行，故事在其中并不重要，重要的是模拟通过互动和选择所提供

① BIRKERTS S. The Gutenberg Elegie：The Fate of Reading in an Electronic Age[M].New York：Ballantine Books，1995：210–229.

② PIOTR S.No More Heroes： The Routinization of the Epic in Techno–thrillers[M]//Reading Matters：Narrative in the New Media Ecology，Eds. Ithaca：Joseph Tabbi and Michael Wutz，Cornell University Press，1997：193.

③ MAJEW SKI J. Theorising Video Game Narrative[D]，Australia：Bond university，2003.

④ FRASCA G. Simulation Versus Narrative： Introduction to Ludology[M]//PERRON B，J P WOLF M. Video Game Theory Reader. New York： Routledge.2003：221–224.

给游戏者的快感。这一说法不无道理，但是他们却完全忽视了模拟的飞行游戏其实也是一种真实飞行的“再现”，同样存在“想象”的成分。更为关键的是，飞行游戏并不能代表所有的游戏类型，因而这样的论证难免存在以偏概全之嫌，也容易落入“技术决定论”的窠臼。

与此同时，另外一些研究者唱起了“叙事万能论”的论调。他们认为叙事是独立于媒介之上的存在，完全可以使用一些简单化、公式化的方式对所有媒介中的叙事文本进行解读。例如有部分学者就将普洛普的“功能说”与罗兰巴特的“符码说”生搬硬套到电影或网络的叙事作品中，完全忽略了这两者仅仅是源于对纸质小说的叙事研究，并不具有普遍适用性。还有部分学者运用后现代理论对叙事进行解读，认为叙事无所不在、无所不包，所有的事物都具有叙事性，更不存在任何的结构特征。这两种观点一方面将叙事“固化”，完全忽视了媒介对其所产生的影响；另一方面将叙事“泛化”，使其概念产生了模糊和混乱。二者均不利于叙事理论的完善创新，也失去了对叙事实践的指导意义。

当然，还有另一些研究者保有一种乐观和积极的态度。他们认为数字媒介不但不会吞噬传统叙事，相反还会为这个混乱的叙事时代带来新鲜的空气。如美国佐治亚理工学院的默里教授在其著作《全息平台上的哈姆雷特：电脑叙事的未来》一书中对数字媒介叙事进行了论述，她认为游戏、超文本等数字全息平台上的媒介内容，除了娱乐之外，在叙事层面上也有大展拳脚的空间；玛丽-劳尔·瑞安则认为不同的媒介对叙事有不同的表现策略，即使是人工智能和计算机技术也有叙事动力，人们不应该抛弃传统的叙事概念，而应该在新的技术领域拓展新的叙事模式。“互动叙事”“后线性叙事”等也由此成为数字媒介研究领域的重要课题。在这些学者的眼里，数字媒介与叙事不再是一组相互排斥的概念，不是非此即彼的选择，而是一个可以相互融合与利用的过程。正如著名的游戏开发大师和理论家克里斯·克劳福德（Chris Crawford）在探讨其数字游戏《消逝》获得成功的原因时所说的那样：“（《消逝》）可称为互动故事在模拟与有结构的故事之间的一次有效尝试，我们努力结合两者的长处而避其不足。模拟所没有的，正是叙事方法所见长的。……（叙事）不会使玩家感到厌烦，反而会使其能够始终保持高度的兴趣，想知道接下来将会发生什么。这个跌宕起伏、有高潮有回落的过程与亚里士多德的戏剧弧线非常相似。”[①]

当前，数字媒介叙事研究已经进入一个快速发展的阶段，为了进一步探索数字媒介的叙事潜力，许多学者都将研究的重点从叙事现象的总结与阐释转向了更为深入的“本体论”层面。例如瑞安与吉尔·沃克（Jearl Walker），就将本体论的意义附着在用户与叙事世界的互动关系中，强调用户是互动小说世界的组成部分之一。瑞安将“本体互动”与我们日常的“探索互动”区分开来，认为在探索模式里，用户只能在数据库里移动，却不能改变任何事物，而只有当用户能影响到虚拟世界的内容时，“本体互动”才能产生，而所谓的“本体”指的就是那些用户所做的、能决定故事怎么发展、虚拟世界怎么呈现的“决定”本身。沃克则将焦点转移到用户本身的立场上，他认为当用户通过与作品发生身体上的接触而使自身成为互动作品内部存在者的时候，不论内容是否改变，本体存在论的意义都已产生。在他看来，用户本身就是本体。

另外，还有一些学者站在语义学的立场探索“虚构故事”的本体性问题，并形成了一个亚学科——“可能世界叙事学”。20 世纪 70 年代以来，哲学逻辑学的可能世界语义学就陆续为文学理论所借用并改造，用以探讨叙事虚构的问题，如多利策尔（Lubomír Doležel）关注文学虚构的本体论地位及其特征，提出虚构世界的模态范畴论；托马斯·帕维尔（Thomas Pavel）从历史角度来探索可能世界的边界迁移及其本体论的分裂与融合；瑞安从符号学与数字技术等角度描述了作为叙事动力的故事语法、叙事虚拟世界的体验模式、数字叙事的互动性等系列问题。在中国，张新军教授将虚构世界的本体化特征描述为五个方面，即认知有限性、认知聚焦性、语义密度、系统嵌套与不可能性。[②]他认为，“叙事学对可能世界概念的使用，既是技术性的又是隐喻性的。一方面，叙事宇宙被描写为可能世界的集合，虚构个体被描写成各种属性的集合；另一方面，虚构世界并非抽象的逻辑构建，而是能够被现象感知的具体空间与实体”[③]。

由此可见，为了应对数字媒介的特殊性，叙事学研究不得不返回到其理论源头，从根本上打通叙事学和数字技术的底层逻辑，用计算机的技术话语

① MATEAS M，STERN A.Facade： An Experiment in Building a Fully-Realized Interactive Drama[C]. Game Developers Conference，2003.

② 张新军 . 可能世界叙事学 [M]. 苏州：苏州大学出版社，2011.

③ 张新军 . 可能世界叙事学的理论模型 [J]. 国外文学，2010（1）：5.

对叙事学的基本概念进行数学与逻辑的阐释。同样，这一研究范式有人赞同有人反对，如在瑞安的著作《可能世界、人工智能、叙事理论》（*Possible Worlds, Artificial Intelligence, and Narrative Theory*，1991）出版之后，赫尔曼等人就曾对此大为赞赏，认为此书之后，叙事理论不可能再是原来的样子；而另一些学者却也表示了困惑与恐慌，认为这是一种“伪科学的、蒙昧主义的批评理论”[①]。

无论如何我们都无法否认，数字媒介的诞生给传统的叙事理论带来了巨大的冲击，数字媒介叙事研究的诸多学说以及相互之间的论争，不仅反映出学者对于数字媒介叙事学所抱有的矛盾态度，更凸显出该领域研究的广阔领域与无限可能性。数字媒介叙事必将成为当前以及未来叙事学研究中绕不开的课题。

二、实践之惑

人们对数字媒介叙事的尝试最早可追溯到20世纪80年代末。1986年，致力于互动系统研究的布伦达·劳雷尔（Brenda Laurel）在其博士论文《走向以计算机为基础的互动幻想系统设计》[②]中第一次正式提出和界定了“数字媒体叙事”这一术语，并进行了相关的可行性研究。此举引发了很多学者对该领域的兴趣。自20世纪90年代开始，麻省理工媒体实验室、旧金山数码媒体中心等组织和一些大学的研究项目也相继开始了对数码叙事的探索，并取得了相当卓越的成果。虽然当时这些探索基本上都属于实验性质，影响范围也有限，但作为先行者，这些尝试都为后来的实践提供了宝贵的经验。就目前而言，数字媒介叙事实践的成果主要集中在三大领域：数字文学领域、电子游戏领域和数码艺术领域。

在数字文学领域，从1987年第一部超文本小说《午后，一个故事》诞生以来，西方的数字文学实践便轰轰烈烈地展开了。早期，西方的数字文学家使用超卡编辑器等技术创作了一些现在已鲜为人知的实验性作品，如迪纳·拉森（Deena Larsen）的《大理石泉》（*Marble Springs*）、约翰·麦克戴德（John

① The Journal of Aesthetics and Art Criticism[J].Vol 51.No. 3（Summer 1993）：526-527.

② LAUREL B. Toward the Design of a Computer- Based Interactive Fantasy System[D]，Doctoral thesis.The Ohio State University，1986.

McDaid）的《巴迪叔叔的幽灵乐园》（*Uncle Buddy's Phantom Funhouse*）等，然而这些作品由于主要依靠磁盘、光盘等载体进行储存和发行，因而在容量和传播范围上都受到了极大的限制。到了网络时代，互联网为数字文学提供了更快速、更便捷、更有利于个性设计和即时互动交流的生产环境，数字文学创作达到了高潮，产生了一大批具有不同叙事特征和阅读体验的优秀作品，例如斯图尔特·摩斯洛坡（Stuart Moulthrop）的《漫游网际》（*Hegirascope*）、迈克尔·修马特（Michael Shumater）的《假道学者》（*Holier Than Thou*）带来了限时性的阅读体验，马蒂尼·斯坎南（Matti Niskanen）的《惟适所安》[*Leporauha*（*Rest Peace*）]通过外部链接进行实时内容更新，马库·埃斯凯利宁（Markku Eskelinen）发起的《界面》（*Interface*）、罗伯特·库弗（Robert Coover）发起的《超文本旅馆》（*Hyper-text Hotel*）等作品实现了"读写者"之间的接龙互动，等等。

与此同时，将计算机作为文学"生产工具"的可能性探索，也成为20世纪末以来西方数字文学实践的一大亮点，例如西奥·卢茨（Theo Lutz）发明的"随机文本"生成器、J. R. 米翰（J. R. Meehan）发明的"故事编织者"、斯科特·特纳（Scott Turner）发明的"吟游诗人"、塞尔莫·布林斯约德（Selmer Bringsjord）等发明的"布鲁图"（BRUTUS）等，都是可以独立、直接生产和处理文学文本的各种"创作性"软件。另外还有一些是作者创作时使用的辅助性软件，如东门系统公司开发的"故事空间"和出现较早的超卡编辑器等。进入21世纪之后，西方数字文学则更加注重声、像、光、影的协同效果，体现出强烈的跨媒体和技术化特征。正如凯瑟琳·海勒（N. Katherine Hayles）教授所说，"当代"网络文学不仅包括文字、图像，还包括声音、音乐、动画、短片等视听形式。此外，图像也不仅仅用于说明和装饰，而是形成了文字、声音、图像、动画、数码摄影和影视剪辑等多种媒介的完美结合，也就是说，在当前的网络文学中，"人和机器都被卷入其中，相互交织在一起，这一特性最明显地体现在人与机器的循环动态中"①。因此，无论"媒体技术"还是"人"，在网络文学中都不可能独自存在。

中国的数字文学创作则起源于20世纪90年代。1997年，中国大陆第一个中文网络文学网站"榕树下"创办，兴起了第一次数字文学创作的高潮。

① N KATHERINE H. Electronic Literature：New Horizon for the Literary[M]. Notre Dame：University of Notre Dame. 2008：129.

1998年，台湾蔡智恒的小说《第一次亲密接触》在网络上连载并引发10万网民争相阅读。从1999年开始，大陆也迅速涌现出一批知名网络文学作者与作品，如安妮宝贝的《告别薇安》、李寻欢的《迷失在网路与现实之间的爱情》、邢育森的《网上自有颜如玉》等。有研究者统计，截至2000年年底，国内诗歌站点、BBS、网页等已经达到1万个以上。[①]如今，我国的数字文学生产已呈海量之势。然而，与西方的数字文学创作一开始就以开发数字媒介潜能、探索新的文学叙事模式为目标不同，至今为止，我国绝大部分的数字文学作品都是按照传统纸媒的叙事惯例创作出来的，所谓的“原创”只不过是将纸笔换为键盘，将（纸媒）出版改作（网络）发表，并没有真正进入数字媒介叙事的技术和审美领域。而这一现状更促使越来越多文学界与理论界人士对数字文学的概念及内涵产生了混乱，也对其价值和意义产生了怀疑。相对而言，中国台湾地区的汉语数字文学创作则更具开创意义，如早在网络未兴的20世纪80年代，台湾人黄智溶就将汉字与电脑数字语言混合在一起创作了以“档案”为题的三组“电脑诗”，林群盛更是完全使用电脑程式语言创作了短诗《沉默》，并被张汉良先生编选的《七十六年诗选》收录，这一事件在当时引起了很大争议。后来，随着互联网的兴起，台湾一大批作家开始了超文本、超媒体的文学实验，创作出一大批毫不逊色于欧美数字文学的超文本诗歌和小说，一些具有实验性质的数字文学网站，如“歧路花园”“全方位艺术家联盟”“台湾网路诗实验室”“FLASH超文学”“触电新诗网”等也纷纷涌现。[②]

在电子游戏领域，虽然至今为止学术界对电子游戏中是否有叙事、传统叙事理论是否适用于电子游戏研究等问题仍然存在着诸多争议，但是就实践领域来看，这两者的结合却有目共睹。虽然不是所有类型的电子游戏都具有叙事成分，也存在着叙事性的强弱差异，但是自20世纪90年代末开始，游戏制作者就注意到，仅仅靠制作精良的视觉画面和技巧性的操作快感并不能有效地开发新的市场，也不利于维护已有的玩家，因此他们开始尝试增加游戏的“故事性”以扩大游戏的吸引力。而随着数字技术的快速发展，“故事”在游戏中的介入范围与程度更是不断加深。以当前最为成功的游戏类型RPG（角色扮演）为例，丰富、曲折的故事背景正是其广受欢迎的主要原因，如全球注册玩家最

① 桑克.互联网时代的中文诗歌[J].诗探索，2001（Z1）：12.

② 单小曦.“网络文学”抑或“数字文学”？——兼谈网络文学研究向数字文学研究的提升[J].上海师范大学学报（哲学社会科学版），2011（9）：20.

多的在线游戏《魔兽世界》，就是从《泰坦神话》开始，通过《萨格拉斯的背叛》《上古战争》《帝国陷落》等近 90 部正史以及 15 部偏史，讲述了近两千年历史长河中在艾泽拉斯这片土地上发生的各个种族之间的战争故事，构成了一部恢宏壮阔的历史叙事；又如线上游戏《赤壁 Online》不仅参照有关三国时代的历史与小说，而且借用了吴宇森导演的电影《赤壁》中的情节，将曹操、周瑜与小乔的三角恋情植入其中。玩家们可以根据不同的目的进入游戏，故事情节在玩家的每一次选择中发生改变，并按照一定的逻辑顺序展开，不同的情节与结果既体现了玩家对于这个故事的理解，也充分发挥了玩家的主动性。而在另外一些热门的探险、解谜、战略类的单机游戏中（如《古墓丽影》《神秘视线》《机械迷城》等），也都无一例外地贯穿着一条或几条“故事线”，它们通过动画演示、人物对话、场景选择等多种方式在游戏过程中呈现，玩家们可以通过计算机（手机）操作参与其中，对叙事过程和结果产生影响。虽然就目前而言，能够将两者进行很好融合的电子游戏作品并不算多，大多数的电子游戏创作者和开发者依然固守着对技术层面的重视或对产业化发展的需求，只将叙事视为一种可有可无的辅助性工具，大部分的游戏故事仍然情节单一、重复，存在漏洞多，玩家参与度小，但是我们却依然能够将“叙事性”，尤其是玩家可参与的叙事性，视为电子游戏发展的必然趋势之一。正如“游戏男巫”克劳弗德就在其著作《数字叙事》中通过对多个案例的研究，将叙事性提到很重要的位置，认为要创作好数字媒介作品，尤其是游戏类作品，最为重要的就是要使故事与游戏的互动性挑战搭配融合。①

数码艺术是 20 世纪后半叶随着电子计算机发展起来的一门新兴艺术，其来源复杂、范围广大，至今仍以不确定的姿态和面貌日新月异地发展变化，并不断引发争议和质疑，但是这却丝毫不影响它给当代艺术创作和审美观念等带来的深刻影响。它们在叙事层面的突破和创新也颇为引人注目。交互性几乎是所有数码艺术的突出特征，全球著名的卡尔斯鲁厄艺术与媒体中心（德文 Zentrum für Kunst und Medientechnologie，简称 ZKM）就收藏了世界上最多的互动式媒体艺术品，这些藏品大部分由艺术家、科学家和设计师合作完成，其不仅是高科技的展现，也是叙事性的表达，观者可以通过视、听、触等多种方式参与到叙事过程中，与作者、作品或其他人进行交流。另外，空间叙事也是

① 王贞子 . 数字媒体叙事研究 [M]. 北京：中国传媒大学出版社，2012：8.

数码艺术区别于传统艺术的重要元素，它通常体现在一些展览、装置和行为艺术中，例如近年来广泛运用在奥运会开幕式、世博会及春节联欢晚会上的声光电叙事，以及在博物馆、展览馆中使用的数字影像、虚拟现实叙事等。

不过，当这些职业艺术家正以越来越激进的姿态远离现实走向未来的时候，还有另外一些非职业化的大众却在想尽办法将“艺术”拉下神坛，让叙事变得更加平民化、生活化。例如近年来盛行在网络上的恶搞短片、拼贴绘画、自制剧（节目）等新型艺术形式，均呈现出不一样的叙事方式和审美特质。这一系列的创作实践使得实体艺术和虚拟艺术、高雅艺术和大众艺术的界限变得十分模糊，各种新、旧叙事形态在数字媒介环境下交集、转化，代表着一种新的美学方向，形塑着当代艺术的新格局。

如今，随着Web2.0时代的到来和自媒体的兴起，各式各样的新型叙事文本愈加频繁地出现在我们的生活中，其中既有虚拟的数字空间，也有真实的体验空间；既有高雅的艺术殿堂，也有通俗的娱乐场所；既有时尚流行的文化产业，也有认真严谨的学术探索……叙事不再仅仅禁锢于文学、艺术领域，也不只是作家、导演、编剧的专利，它们已经扩展到政治、经济、文化、日常生活的各个方面，成为我们每个人学习、工作、交友、娱乐过程中所必须掌握的技巧和能力，叙事作品既可以是审美的，也可以是生活的，还可以是二者结合的。从研究角度来看，有人称之为“从宏大叙事到小叙事的发展”，也有人论其为“从精英叙事到平民叙述的转变”；有人说这是“叙事的灾难”，认为如今网上的叙事内容，百分之九十九都是对人类文明毫无意义的；也有人说这是“叙事的重生”，认为这是叙事功能与价值的新突破，许多传统的叙事艺术都可以从中找到灵感和借鉴。总体而言，当前的数字叙事作品虽然数量众多、发展迅猛，但因其功能各异、水平参差，且缺乏统一的评价标准，理论研究相对滞后，所以至今，它们基本上仍处于一种自发的、混乱的状态。

值得一提的是，在当前数字技术快速发展的态势下，全国各大高校纷纷建立、发展与数字媒介相关的专业，致力于打造“以信息科学和数字技术为骨架，以大众传播理论为依据，以现代艺术为灵魂，将信息传播技术应用到文化、艺术、商业、教育和管理领域的，科学与艺术高度融合的”[①]专业学科。但是依照目前的情况来看，大部分高校都是根据自身的专业优势和教学风格来开办

① 莫利亚．推动文化创意产业发展的帅才——访数字媒体权威肖永亮博士[J]. 镜报（香港月刊），2006（10）.

这一学科的，而这种凸显原本学科的培养模式严重制约了新学科的发展，如以计算机、工程专业为背景的院校大部分重视媒介技术的掌握和熟练程度，而忽略了美学素养的提升；以艺术、影视专业为背景的院校大部分重视美术鉴赏和视觉效果设计能力，而忽视了技术形式和艺术内容的结合，等等，造成了我国缺乏优秀的数字文艺人才和产品的现状。正如有学者在讨论我国游戏设计专业的时候所提出的，“很少有哪个院系会教导学生如何设计由人机互动所带来的挑战，以及如何建构游戏的互动性叙事”①。

综上所述，数字媒介正以前所未有的深度和广度影响着人类社会的方方面面，这是任何漠视和抵制都无法改变的现实。在这样的语境下，叙事正迅速扩展其领域，以百般形态存在、转变与传递，琳琅满目的故事通过与传统叙事截然不同的方式呈现、传播，意义在作者与读者的交流间产生、延续。虽然就目前而言，数字媒介叙事仍然处于快速变动之中，叙事作品也仍未形成经典体系，但我们无法忽视和否定这些叙事实践与文本的存在意义与价值，更不能停下探索的脚步，仅仅凭借传统的思想和既有的理论来对其进行简单的判断。因此对于数字媒介叙事而言，目前最为关键的是应该以什么样的态度和标准来研究与审视它，换言之，数字媒介的叙事创新需要理论先行，以理论指导实践。笔者认为，从数字媒介的角度对叙事理论进行延伸与改写，并运用跨学科的研究视角和方法构建关于技术性与叙事性相融合的理论体系，是叙事研究在新时代形势下无法避免的学术进路，尤其是对中国而言，相关领域的研究仍存在着巨大的空白。本书正是扮演着探索者的角色，力图通过对自媒体微叙事的研究，为数字媒介寻找新的叙事模式与发展动力，为探索人类的媒介化生存状态与中国社会变迁提供新的视角。

第三节　自媒体微叙事的发生

自媒体微叙事，顾名思义，就是基于自媒体平台之上的一种叙事方式。从人类叙事史来看，“微叙事”并不是一个新鲜事物，反而是人类最古老的叙事方式之一。早在原始社会，人类因为还没有发明语言和文字，所以只能通过在岩壁和洞穴上雕刻最简单、少量的符号和绘画来记录故事、传承经验。在文

① 王贞子 . 数字媒体叙事研究 [M]. 北京：中国传媒大学出版社，2012：9.

字诞生之初，人们也只能在竹简、布帛、龟壳等少量媒介上进行书写，不仅材料珍贵，且耗时耗力，因此必须惜字如金。之后，随着纸笔和印刷媒介的诞生，文字生产的效率大大提高，近代以来，声音、影像媒介也相继出现，人类对叙事的要求也更加多样化、更为复杂化，“微叙事”便因其自身的局限性逐渐退出了历史舞台。

让人意想不到的是，伴随着自媒体的出现，这种古老的叙事形式却重新焕发出勃勃生机，成为当代最流行的叙事方式之一。然而，从成因与内涵上来看，“自媒体微叙事”与旧时的微叙事却存在着本质上的差别：首先，旧时的微叙事是一种因媒介缺乏而不得不采取的“被动”之举，而自媒体微叙事则是在媒介技术高度发达状态下的“主动”选择；其次，旧时的微叙事只是一种相对性概念，并不存在严格意义上的数量层面的界定，而自媒体微叙事却基于特定的媒体平台之上，拥有相对明确的字数或时长限制；第三，旧时的微叙事主要是以文字为主的单一媒介叙事（虽然后来也出现了影视短片，但其历史性和艺术性都无法与文字叙事相提并论），而自媒体微叙事则是综合运用文字、图像、声音、影像等各类符号的跨媒介叙事；最后，旧时的微叙事基本上是一种精英化、小众化的叙事，而自媒体微叙事则是一种平民化、大众化的叙事。由此可见，虽然“微叙事”并非一种新事物，但“自媒体微叙事”无疑是数字媒介时代的一个新生物，自媒体重新赋予了微叙事新的形式、内涵与价值，并使之广为流行，这二者的结合既是自媒体在当前时代背景下的必然选择，也是对未来媒介叙事模式的一种新尝试。

一、Web2.0——自媒体微叙事的技术平台

任何一种叙事形态的出现，都是基于某种媒介技术的生成，自媒体微叙事也不例外，Web2.0 互联网技术是孕育和推动其发展的平台和动因。

Web2.0 的概念诞生于 2004 年美国 O’Reilly 出版社和 Media Live 公司举办的一次国际会议。Web2.0 是相对于 Web1.0 而言的新一代互联网应用的统称，其中既包含底层技术变革（如 XML 数据处理技术、AJAX 信息发布技术、RSS 数据交换技术、TAG 信息分类技术等），也包括应用（服务）层面的变化（如博客、维基、即时信息、社会化网络等）。一般认为，Web2.0 具有以下特征。

第一，可读而写。在 Web1.0 时代，互联网基本上只是一种可供“阅读”

的信息平台，书写只是一小部分人的权力，而到了 Web2.0 时代，互联网变成了一个“可读可写”的媒介空间，任何人都可以自主地在其中表达自己的观点。

第二，个人媒体。Web2.0 可读可写的特征，使得媒体实现了从专业机构到个人的转换，每个人都能够成为信息源，都具有信息生产和传播的权力。

第三，人际互动。由于 Web2.0 具有较大的开放性和自由度，可以在很大程度上加强网民之间的互动，因此“关系”取代“内容”成为 Web2.0 时代互联网的核心价值与发展导向。

第四，个性服务。Web2.0 技术大大拓展了互联网的个性化服务功能，网民除了可以自由书写内容之外，还可以更便利、快捷地获取自己想要的信息，选取最适合自己的阅读方式，并进行随时随地的分享。

更直观一些，我们还可以通过与 Web1.0 的对比来加强对 Web2.0 的理解。①

表 1-1

	Web1.0（1993—2003） 通过浏览器浏览网页	Web2.0（2003—） 网页，加上通过 Web 分享的其他内容，更像是一个应用程序而非网页
模式	读取	写入
主要内容单元	网页	发布 / 记录的信息
浏览方式	Web 浏览器	浏览器，RSS 阅读器，其他
形态	静态	动态
体系结构	客户服务器	网络服务器群
内容创建者	网络程序员	任何人
应用领域	电脑高水平玩家	大量业余人士

由表 1-1 可见，从 Web1.0 到 Web2.0 的转变，是互联网发展史上的一次飞跃。Web2.0 不仅为自媒体微叙事的产生提供了良好的技术平台，更促进了个体自我意识与个性服务观念的觉醒，为自媒体微叙事的蓬勃发展提供了强大的精神与产业动力。

二、微博（Twitter）——自媒体微叙事的生成空间

自媒体微叙事的生成与兴起源于微博的诞生和流行。截至目前，自媒体

① 孙茜 .Web2.0 的含义、特征与应用研究 [J]. 现代情报，2006（2）：70.

叙事经历了三个发展阶段。

阶段一：全民书写叙事——博客（Blog）

博客，又称网络日志，是一种通常由个人管理、不定期发布文章的自媒体形式。大部分的博客以文字内容为主，以图像与相关链接内容为辅，可以让读者发表意见。博客于1997年诞生于美国，1998年因率先报道克林顿与莱温斯基绯闻崭露头角，2001年因“9·11”事件中的突出表现而名声大振。2002年，方东兴、王俊秀将Blog翻译成中文“博客”，并开通了博客中国（Blog China）网站，由此开启了中国博客的发展历程。有学者将博客的发展分为三个时期：（1）沉寂期：技术专家尝试；（2）兴起期：“性博客”引领概念普及（2003年6月—2004年8月）；（3）蜂起期：用户暴增和服务多元化（2004年8月后）。[①] 由此可见，博客从进入中国到兴起，仅仅用了不到两年时间，2005年至2008年间的发展更是迅猛。据中国互联网信息中心（CNNIC）统计，截至2007年11月底，中国有博客作者4 700万人，博客总量高达7 300万个；截至2008年12月底，在中国2.98亿网民中，有1.62亿网民拥有自己的博客，且活跃度不断增高。[②]

与E-mail、BBS等相比，博客不是最早的自媒体形态，但更具典型性：E-mail通常针对的都是有明确对象的私密性传播，交互性弱，传播范围小；BBS用户身份不确定，言论混杂，可信度差；而博客则是个人以相对清晰的身份，面向所有网众公开的自组信息平台，其操作方便、交互性强，在信息传播的广度、深度、可信度方面是前两者不可比拟的。博客的诞生，开启了一个轰轰烈烈的“全民书写时代”，每个人都成为相对独立的媒体，可以随心所欲地在自己的博客空间里进行叙事。除此之外，博客还拥有强大的衍生性，无论是播客、拍客、维客、微博，还是功能日渐强大的个人空间、交友平台，都是源于博客技术的改良、完善与升级，因此，博客的书写叙事可视为自媒体叙事的开创者与先行者。

阶段二：个人视听叙事——播客（Podcasting）

随着数码照相机、摄像机及影音设备的广泛普及，继博客之后，播客带来了自媒体叙事的第二次革新。播客，简而言之就是“音频或视频博客”，即

---

① 刘津．博客传播[M]．北京：清华大学出版社，2008：44-52．

② 中国互联网信息中心．2007年中国博客市场调查报告[R/OL]．（2007-12-26）[2015-1-20].http：www.cnnic.net.cn/ uploadfiles/pdf/2007/12/26/123902.pdf.

博客通过文字和图片方式进行叙事，而播客则通过音频或视频方式进行叙事。

2004年8月13日，亚当·科利(Adam Clark Curry)的“每日源代码”(Daily Source Code)正式拉开了播客革命的序幕。同年9月，美国苹果公司发布了iPodder，这一事件被看作播客出现的标志。之后，这一新型媒体以前所未有的速度在全球蔓延：美国现在有100多个专业播客视频网站，如YouTube、My Space、MSN Video等；加拿大广播公司（CBC）、英国广播公司（BBC）等多家电台也开始了自己的播客试验；中国当前的视频播客网站已超过200个，其中既包括一些专业播客网站，如土豆网、优酷网、悠视网、爆米花网、56视频、派派网等，也包括一些网站和电视广播媒体所开辟出来的播客业务，如新浪播客、QQ视频、央视网络电视等。

正如博客对报纸、杂志等传统媒体所产生的巨大影响一样，播客的诞生，第一次破除了传统广播电视台对声音和影像的霸权，让每个人不仅可以自由地选择收听、收看节目，还能够作为编剧、导演与演员，制作与传播自己的“节目”，因此，为自媒体叙事开辟了更为广阔的视听空间。

阶段三：微叙事——微博及Twitter

在博客与播客之后，微博成为自媒体中的后起之秀。微博，顾名思义，即微型博客的简称。从渊源上来说，它是博客的微缩版，与博客功能相似。但与此同时，它又具有自身的独特性：首先，微博具备鲜明的“微”特征，例如大部分的微博都将每条微博的文字数规定在140字以内；其次，因为微博大部分是通过手机、平板电脑等移动终端进行信息发布的，所以也具有较强的随意性、即时性特征。微博的出现，真正实现了信息传播的5W，即whenever（无论何时）、wherever（无论何地）、whoever（无论是谁）、whatever（无论什么内容）、whomever（无论联系谁），因而在很短的时间内，除了普通百姓之外，明星、名流、官员等也都争相加入“织围脖”大军，自媒体的版图达到了空前的扩张。

国外最早也是最著名的微博是美国的Twitter。2006年3月，博客技术先驱埃文·威廉姆斯（Evan Williams）首次将Twitter呈现在大众面前。英文的Twitter原意是一种鸟叫声，创始人认为鸟叫有短、频、快的特性，符合网站内涵，于是便以此为名。至2007年5月，根据相关的权威统计，国际范围内已经有111个和Twitter相类似的网站；至2010年年底，Twitter已经拥有2亿用户总数和37亿美元的市场估价。中文微博的先行者是创办了校内网的王兴，他于

2005年创办的人人网吹响了国内微博时代的号角。2007年5月，第一个独立微博网站“饭否网”宣告成立，几乎与此同时，叽歪网、嘀咕网、滔滔网等一系列微博网站也纷纷崛起。2009年8月，新浪微博诞生，在短短86天后就实现了注册用户100万，8个月后注册用户突破了千万大关，截至2010年年底，新浪微博的用户已达到7 000万，成为国内影响力最大的微博。在其带动下，人民网、腾讯、搜狐、网易、天涯社区等也纷纷推出了自己的微博平台。2011年1月，微信正式上线，仅仅用了433天，用户就突破1亿，截至2017年，用户已接近10亿。与微博相比，微信更加注重的是语音通讯功能及熟人社交圈的交流，与此同时，它还推出了专门针对企业的接口（公众号），大大增强了自媒体的商业功能，在一定程度上与微博形成了优势互补。于是一时间，国内“微风”四起，越来越多的人都形成了这样的媒介使用习惯：在微博上与陌生人互动，在微信上和家人、好友聊天；在微博上谈工作，在微信上谈生活；用微博做广告，用微信做营销。

微博等即时自媒体的诞生与流行，将现代中国推进一个“微叙事时代”，微新闻、微电影、微小说等各式各样的微文本如雨后春笋般出现，让人应接不暇。这种带有鲜明媒体特性的、短小精炼的叙事方式不仅很快进入人们的日常生活领域，更迅速渗透到国家的经济、政治、文化领域，且影响力日益增强，引发了范围极广的叙事革命。

三、自媒体微叙事的发展历程

从时间上看，自媒体微叙事作为一种新型叙事方式，从生成到发展再到风靡，在我国仅用了短短四五年时间，然而从其发展历程上来看，这一过程并不是一蹴而就的，而是同样遵循了事物发展的一般规律，同样充满了曲折、困惑与探索。以微博等自媒体及其叙事形态的发展为线索，笔者大致将其分为以下三个阶段。

阶段一：酝酿导入期（2007—2008年）

2007年，在Twitter之风的作用下，国内一些微博网站先后登场，正式开启了微博在中国的发展历程。在这一阶段，中国的微博处于初始、缓慢的发展阶段，在概念与技术的探索中举步维艰，为数不多的几家微博网站由于缺乏经验，在服务和功能上只能效仿国外的微博产品，且技术尚未成熟，用户相对较少，关注度也很低。这也正好印证了保罗·莱文森（Paul Levinson）关于技术发展历程的理论："在技术文化的初期，技术占主导地位；情节、人物刻画、少得可怜的内容都扮演辅助角色，只是为技术新玩意服务，实际上不过是技术的载体而已。在这些初级形态里，观众的乐趣存在于技术的工艺流程中，不在工艺的结果，而在工艺本身。"[①] 换言之，在微博诞生之初，大部分人只是以赶时髦或好奇的心态来使用这一新媒体，热衷于对其功能与操作的探索，叙事的内容只不过是一些琐碎的生活细节记录、即时性的思想情感表达，并没有形成真正的"微叙事"意识，也没有赋予它任何社会功能与审美价值。因此，微博仅仅在引入期之后，便进入了一段时间的"沉寂期"，在这一阶段里，技术人员忙于进行功能开发、测试，普罗大众则大多抱有怀疑或忽视的态度，为数不多的用户也仅仅是将其作为一个"休闲玩具"而非"叙事工具"进行使用。

阶段二：快速成长期（2009—2010 年）

2009 年，微博开始在中国崛起，一大批微博网站相继涌现；2010 年，微博出现了井喷式发展，国内微博产品达到了 20 余种，用户数量急剧攀升。艾瑞咨询公司发布的监测数据显示，2010 年 3—10 月，中国微博月访问规模增长明显，至 10 月，中国微博的访问用户规模达到了 12 521.7 万人，累计活跃注册账户数突破 6 500 万个，用户渗透率达 36.9%。[②] 因此，2010 年也被誉为中国的"微博元年"。在这一阶段，微博取得了突飞猛进的发展，并开始渗入社会的各个领域，逐渐改变着人们的信息获取方式、社会交往方式与生活方式，各式各样的"微叙事"文本也同时应运而生。

首先，微博的即时性、草根性、互动性特征，使其比传统的大众媒体拥有更快、更灵活、更广泛的新闻生产与传播能力，故而，"微新闻"成为微博最早，也是最有影响力的叙事形态之一。我国第一条"微新闻"起源于何时已经无法考证，但其规模效应的引发则始于 2010 年——一系列由微博引发的社会事件造成了广泛的影响。据上海交通大学舆情研究实验室统计的数据，2010 年全国 72 起影响力较大的舆情热点事件中，微博作为重要媒体参与事件的比例达 81%，其中由微博首次曝光的有 8 起：渭南警察进京抓作者、宝马碾压男童案、金浩茶油致癌、江西万载县委书记雷语事件、方舟子被打、唐骏"学历门"、

① 莱文森．莱文森精粹 [M]. 何道宽，编译．北京：中国人民人学出版社，2007：6.

② 新华网新闻中心．中国微博用户渗透率达 36.9%[EB/OL].（2010-12-15）[2015-3-15].http：//news.163.com/10/1215/04/6NTT30RE00014AED.html.

仇子明曝上市公司内幕遭网上通缉、南京爆炸事故。与此同时，微博也成为众多网友获知与了解一些重大新闻事件的主要渠道，如 2010 年 8 月，90 后网友 kayne 第一时间在新浪微博上直播了甘南藏族自治州舟曲的泥石流灾情，并连续多天为人们发布灾区的即时情况。“微新闻”的巨大传播力和影响力，不仅让普罗大众眼前一亮，也让各类主流媒体刮目相看。据统计，截至 2010 年 8 月，共有 466 家主流新闻机构开通了新浪微博，其中包括 118 家报纸、243 家杂志、36 家电视台和 69 家电台。①

其次，大量社会名人、文体明星纷纷开通博客，也对微博及其叙事形态的发展起到了推波助澜的作用。以文学为例，自 2009 年以来，一大批作家纷纷开设了自己的微博，其中既有郭敬明、韩寒、张悦然这样的新生代作家，也有莫言、王蒙、贾平凹等老一代作家，还有沈宏非、陈村这样的专栏作家，他们常常通过微博进行一些随意的创作，其中既有生动活泼的“微小说”，也有浪漫抒情的“微散文”，还有一针见血的“微评论”，这些作品不仅为微博注入了浓郁的文学气息，也得到了众多粉丝的追捧和效仿，积累了一大批“微文学”创作的群体。正是基于这样的背景，一些微博网站为了能够扩大自身的用户量和影响力，同时也为了满足读者对于微博文学日益增长的创作和阅读需求，纷纷策划举办各类“微征文”比赛，这些比赛成为推动微文学发展的直接动力，同时也让各类“微文学”的概念和界定更加明确、清晰。如 2010 年 10 月新浪网微博推出的“中国首届微小说大赛”，就在征文要求中标明“必须是 140 字以内、情节完整的原创小说，不得连载”。大赛在不到两个月时间里，收到作品 23 万余条，整个比赛期间，新浪微博都沉浸在一片“微小说”的海洋里，几乎每时每刻都有新的微小说出现，阅读和转发这些微小说成为很多用户每日必做的功课。

第三，微博的出现和快速发展，使得众多敏感的商业人士从中嗅到了巨大的商机，国内外大大小小的企业和企业家们纷纷进驻微博市场，利用这一新兴的媒体平台向外发布信息或组织活动，“微广告”便作为一种重要的微博营销方式，也作为一种新的微叙事形态应运而生。通常而言，“微广告”主要通过两大类别的微博进行传播：第一类是企业微博，叙事内容主要包括企业活动、

① 新浪．中国微博元年市场白皮书 [EB/OL].（2010-9-9）[2015-3-15].https：//wenku.baidu.com/view/7fe75c88d0 d233d4b14e6976.html.

品牌硬广、消费互动、产品促销等。如早在2009年，微博才刚刚起步，欧莱雅公司就在新浪开设了官方微博，并首次将一年一度的“欧莱雅媒体风尚大奖赛”在微博中进行全程直播。该活动吸引了众多网民的参与和媒体的关注，对欧莱雅品牌的宣传和活动起到了巨大的推动作用。第二类是企业家或名人微博，叙事内容主要包括经营理念、工作日程、生活点滴、消费感受、活动参与等。企业家或名人微博中的微广告通常会夹杂在一些个人化、生活化的叙事中，通过个人形象的塑造达到宣传企业或产品的目的。如新东方教育集团的董事长俞敏洪就常常会在微博里汇报自己的行程，告诉大家今天去了哪里上课，遇到了什么有意思的事情，这些琐碎的生活记录看似意义不大，却都在有意无意间渗入了新东方教育的理念、企业的发展情况、教育成果等内容；又如微博女王姚晨，也经常会在她的微博中用个性化的语言和方式发布一些她代言或喜爱的品牌或产品信息。

除此之外，作为影音叙事的“微电影”也在这一时期进入了大众的视野。2010年8月，优酷和中国电影集团、雪佛兰联合启动了“11度青春”系列微电影，这是首部由10部网络短片和1部院线长片组合而成且跨平台传播的微电影。11位新锐导演以“80后的青春”为主题进行独立创作，记录了现代年轻人在追求梦想道路上的故事，这部没有明星、特效和宏大场面的短片在发布之后获得了网友的极大关注。其中筷子兄弟创作的《老男孩》点击量更是过亿，被观众评为祭奠逝去青春时代的最强音，也开启了全新的“微电影”行业。2010年12月，凯迪拉克品牌携手吴彦祖拍摄了一部90秒的网络短片——《一触即发》，此片剧情紧凑、制作精良，在营销推广时引入了“微电影”的概念，也是第一次将微电影应用在广告中的典型案例。

在这一阶段，随着微博的快速崛起和影响力的不断扩大，各大媒体、企业、民间机构、个人等纷纷开始思考和尝试如何更好地运用这140个字或几分钟时间来进行叙事，以最大程度地增加粉丝数，扩大自身的影响力。由此，微叙事也进入了快速发展期，除了形态不断增加、翻新之外，其“专业化”程度也在不断增强，通过微博发布新闻、推销产品、制造话题等现象已经逐渐成为常态，甚至出现了一些专门从事（自媒体）微新闻、微电影或微广告策划运营的机构或个人，这标志着这一新型的叙事方式正逐渐趋向现实需求，也逐步走向成熟。

阶段三：稳步发展期（2011年起）

经过近两年的快速成长之后，微博自2011年起开始步入了稳定发展的成熟期，其对于社会的影响与价值也日益深入。“微传播”“微阅读”“微交流”改变着现代社会的信息生产与传播方式，也成为现代人一种新的生活方式。中国青年报社曾主要针对年轻人做过一项关于微博使用的调查，结果显示，92.4% 的人上过微博，其中 45.3% 的人“经常上”，并且有 94.3% 的青年表示微博已经改变了自己的生活①。

进入这一阶段后，各种“微叙事”形态都得到了全面发展。以“微文学”为例，2011 年新浪第二届微小说大赛共收到作品 140 余万条，全国各类媒体针对此次活动的发稿总数近 250 篇。在这一火热态势下，由各个媒体、机构举办的“微小说”“微散文”“微诗歌”大赛在网络上风生水起，如由浙江省嘉善县联合新浪浙江共同主办的“全国首届善文化微散文大赛”（2012 年 3 月）、由腾讯微博主办的“中国首届微博微诗大赛”（2012 年 10 月）等。与此同时，2011 年微电影的创作也进入了高潮，被称为“微电影元年”：3 月，由中国高校文化创意产业联盟主办的“中国国际微电影节”拉开帷幕，共收到了来自全国各地百余所高校和电影社团的共 500 多部作品；4 月，专业微电影网站“微影网”（www.weiying.com）正式上线；6 月，华影盛视宣布开启微电影 M 计划，面向网络草根征集故事创意，打造“原创者定制微电影”；12 月，新浪在中国电影博物馆举行了“2011 首届微电影节”，历时半年，覆盖了中国 31 个省、直辖市、自治区以及香港、澳门、台湾等地区，参与者多达 71 766 人，参赛作品共 1 904 部；进入 2012 年之后，各种类型、性质的微电影作品更是如雨后春笋般涌现。时至今日，各大门户网站、视频网站、微博网站等都将微电影视为自身的拳头产品，也都先后推出了自身的微电影拍摄计划。

值得一提的是，随着微博的迅猛发展，其对社会舆论造成的巨大影响也逐渐显现出来，这也引起了我国政府的高度重视。自 2010 年年底起，政府机构开始大量介入微博，并在 2011 年达到高潮，成为媒体和网民眼中的“政务微博年”。当年的全国“两会”期间，人大代表和政协委员纷纷通过微博征集网民意见和建议，一系列关系社会民生的热点焦点问题在微博上被广泛讨论。“微博问政”自此成为我国的一大热词，各级政府的微博也逐渐成为各种“微新闻”“微事件”的集中反映平台。

2011 年，微信成为继微博之后另外一个迅速崛起的“微媒体”，在不到

---

① 王聪聪 . 民调：94.3% 青年表示微博已改变自己的生活 [N/OL]. 中国青年报 .2010-8-24[2015-3-15]. http：//zqb.cyol.com/content/2010-08/24/content_3388131.htm.

两年的时间里，就凭借着各项应用功能的开发与升级，成为网民的“新宠”。在微信的全面挑战下，2013 年到 2015 年，微博开始遭遇寒流，无论是活跃度还是影响力都大为下降，用户分流现象越来越明显。虽然微信的核心卖点是语音通讯，文字发布也并没有严格的字数限制，但是基于“微媒体”的本质属性和技术特征，以及人们业已成形的使用习惯，微信中的绝大部分内容依然延续了微叙事“短、平、快”的基本特征与各种叙事形态，不仅如此，其在语音、熟人群体传播等方面的优势也在一定程度上弥补了微博的不足，在叙事手段及效果等方面更好地推动了自媒体微叙事的发展。2016 年之后，微博通过不断升级内容的呈现模式、提升用户体验等多重手段，再度迎来了第二次发展高峰，用户规模和活跃度直线攀升。

2011 年以后，伴随着移动互联网终端的普及和网络的提速以及流量资费的降低，更加贴合用户碎片化内容消费需求的短视频，凭借着“短、快”的内容传播优势，迅速获得了包括各大内容平台、粉丝以及资本等多方的支持与青睐。2011 年，快手 APP 诞生，初期主要以制作 gif 为主，2012 年转型为短视频。随后的几年时间里，小影、腾讯微视、秒拍、小咖秀、火山小视频等一大批短视频媒体纷纷抢滩短视频蓝海。2016 年 9 月，抖音上线，并在短短两年时间里迅速成为短视频媒体中的“黑马”和“爆款”，截至 2020 年 1 月，抖音日活跃用户已达到 4 亿。抖音的时长一般控制在 15 秒到 60 秒内，遵循音乐短视频的调性，有别具特色的“魔性 BGM”音乐。抖音主要以 PGC+UGC 为运营模式，依靠互联网信息技术的算法，在一定程度上提升了用户的参与度。值得一提的是，不同年龄段的人都爱上了在抖音畅快表达。60 喜欢拍摄和观看的内容为舞蹈和婚礼，70 后喜欢拍摄和观看的内容为美食和手工，80 后喜欢拍摄和观看的内容为亲子和风景；90 喜欢拍摄和观看的内容为风景和生活探店，00 后喜欢拍摄和观看的内容为二次元和萌宠①。

综上所述，自媒体微叙事是生成于数字媒体时代的一种新型叙事方式，其根植于 Web2.0，起源于微博，并在当前各个类型的“微媒体”中得以广泛使用。虽然从发展历程来看，如今的自媒体微叙事已经进入了稳步发展阶段，也日趋成熟，但从更宏观的视野来看，由于我国目前的“微媒体”发展仍然处于快速发展时期，无论从技术、功能抑或使用者角度，都时刻处于变动之中，因此上

① 2019 抖音数据报告 [EB/OL].（2020-01-07）[2020-04-10].https://www.sohu.com/a/365408452_262742.

述的各种叙事形态不仅会因为媒体不同而有所差异，而且在内容、质量上也千差万别、鱼龙混杂。然而，这并不会影响“自媒体微叙事”作为当代大众文化叙事重要组成部分的地位与价值。在自媒体的平台上，每个人既是作者也是读者，既是“俗人”也是“雅士”，每个人都可以根据自己的需要和喜好，随时随地自由阅读、参与或创作叙事作品。海量的作品也各自扮演着不同的角色，既相对独立又互为关联，彼此之间均处于一种和谐共存的状态。与此同时，随着“微媒体”使用率与影响力的不断提升，无论是机构还是个人，为了能够更好地融入这一媒介语境中，吸引更多人的关注或扩大自身的社交圈子，都会在自觉或不自觉间提升自身的叙事能力与欣赏水平，这必将会在整体上推动“自媒体微叙事”的实用化、艺术化进程，而这，也正是人类发展与媒介进化的必然路径。

第二章 自媒体微叙事的构成研究

在经典叙事学领域，叙事是一个封闭的文本系统，它所关注的是被叙述故事的结构与话语，试图在不论以何种媒介承载或传播的叙事作品中去探寻“共同特征”。而在后经典叙事学领域，叙事则是一个开放的文化系统，它所关注的是叙事作品与媒介、性别、思维、意识形态等各个方面的关系，认为任何叙事作品都不能脱离独特的社会文化范围而独立存在。这一点，我们可以在米克·巴尔（Mieke Bal）对“叙述学”这一学科概念所给出的界定中得以证明：在1985年原版的《叙述学：叙事理论导论》一书中，巴尔认为叙述学是“关于叙述文本的理论”[①]，而在1997年该书的第二版中，她给出的界定是：“叙述学是关于叙述、叙事文本，形象，事像，事件，以及‘讲述故事’的文化产品的理论”[②]。与此同时，在新版的著作中，巴尔还从媒介的角度扩展了叙事文本的概念，她认为“叙述文本是叙述代言人用一种特定的媒介，诸如语言、形象、声音、建筑艺术，或其混合的媒介叙述故事的文本”[③]。

进入数字媒介时代以来，比特叙事的融合性与交互性特征，不仅加大了媒介在叙事过程中的作用力，增加了叙事的复杂性与多元性，更使得叙事的社会文化属性进一步增强。也就是说，我们在研究“作品如何说”的同时，必须进一步探索“作品为何这么说”。基于此，笔者将通过叙事交流过程中所涉及的作者、读者、故事、符号等四个层面，深入分析与探讨自媒体微叙事的构建过程及其大众文化表征。

---

① 巴尔．叙述学：叙事理论导论[M]．谭君强，译．北京：中国社会科学出版社，1995：1.

② 巴尔．叙述学：叙事理论导论（第二版）[M]．谭君强，译．北京：中国社会科学出版社，2003：1.

③ 巴尔．叙述学：叙事理论导论（第二版）[M]．谭君强，译．北京：中国社会科学出版社，2003：3.

第一节　作者：显性的“叙述者”

在传统的文学批评领域，关于“作者”的观念主要可分为两大类型：“作者中心论”与“文本中心论”。前者赋予作者以无上的地位，认为作者的人格心智决定了作品的品质；后者认为在写作过程中，是“语言”而非作者在说话，作者是文本的产物而非文本的生产者。然而随着时代的发展，人们逐渐认识到，无论是作者中心论还是文本中心论，都存在着先天性的缺陷，过分夸大哪一方最终都会陷入理论与实践的悖论之中。因此，20 世纪 90 年代以来，越来越多的学者开始有意识地将作者放在更为宏观、具体的社会、历史、文化层面上进行考察，将其视为一个不断变化的场域。这种对作者物质文化背景的研究大大拓展了人们的视野，丰富了人们对作者的认识。

在自媒体时代的叙事文本中，“作者”无论在数量、性质还是身份、作用上都发生了前所未有的拓展与变革，成为一个多重的、显性的存在：他既可以是个人，也可以是机构、组织和团体；他既是文本的生产者，也是作品的发布者、传播者和维护者；他所创作出来的文本意义不再是固定的、唯一的，而是在与其他人、其他文本的交互中不断流动、变化的……正如巴黎第三大学学者皮埃尔·莱维（Pierre Levy）所说的：“就网络艺术而言，作者对作品的控制已经被消解，作品因此成为某种动态的、流动的、不断变化的环境，‘艺术家’与‘接受者’在上述环境中不断进行交感互动。突破关于作者身份的传统观念，将带来文化转型。”①

当前，微博、微信等自媒体已进入稳步发展的成熟阶段，几乎每一个用户都会或多或少地通过这些媒体发布信息，成为自媒体微叙事的“作者”。依据人数的多寡及其构成状态，我们可以将其分为个人和组织两大类。

一、个人

自媒体的出现，让每个人都拥有了自由“言说”的权力，因此，以个人

---

① PIERRE L. Collective Intelligence：Mankind’s Emerging World in Cyberspace[M].New York：Plenum，1997：3.

为主体的作者是自媒体微叙事中数量最多的作者。无论是明星、官员，还是行业精英、普通百姓，每个人都可以在这一平台上展示自我，与他人交流。一般而言，我们可以将这些个体分为两类。

（一）名人

名人，一般指的是著名学者、知名企业家、政府官员、媒体人士、行业精英、文体明星等，他们人数虽然不多，却是自媒体微叙事中的亮点，他们所带来的名人效应，让各个“微媒体”效仿跟风：比如新浪微博，在 2009 年内测开始就邀请了大量的名人参与造势，到 2010 年 7 月就有超过 2 万名人获得了认证；又如腾讯微博，专门设置了“名人微博”专栏，并细分为娱乐、体育、财经、文化、媒体人等十几个版块，并每天针对个别明星进行重点推荐。除此之外，很多微博网站还会根据时间或地区，评选并发布“名人影响力榜”，以此增强自身的影响力与竞争力。

（二）草根

虽然国内的各大自媒体纷纷采用“名人策略”来提升自身的知名度和影响力，但是其根本目的仍然是吸引更多的普通百姓，即所谓的“草根群体”的加入与参与，也正是因为大量普通用户的存在，自媒体平台上的叙事文本才真正拥有了价值与意义。

据新浪微博数据中心发布的《2018 微博用户发展报告》，当前微博活跃用户中 30 岁以下的群体超过八成，是微博的主力人群①。百度发布的 2019 内容创作年度报告显示，短视频应用用户规模已经达到 5.94 亿，占整体网民规模的比例高达 74.19%，其中，30 岁以下网民的短视频使用率为 80%②。

这些年轻人热情活跃、善于表现自己、喜欢参与讨论，他们往往热衷并习惯于随时随地记录生活点滴、发表意见观点或发泄个人情绪，有不少人因此也成为“草根明星”，这在很大程度上推动了自媒体微叙事的创新和流行。与此同时，随着这些“微媒体”的发展成熟及其他应用功能的不断拓展，它们在其他年龄层人群中的渗透率也越来越高，2018 微信年度数据报告显示，截止

① 微博报告中心：2018 年微博用户发展报告 [EB/OL].（2019-03-22）[2020-04-11]. https://www.sohu.com/a/303116238_483389.

② 短视频用户规模接近 6 亿 业内：应以科技赋能内容创作行业 [EB/OL]. 杜希萌 . 央广网 .（2019-01-25）[2020-04-11]. http://www.tibet.cn/cn/Instant/domestic/201901/t20190125_6489205.html

2018 年第三季度，每个月有 6 300 万位 55 岁以上的用户保持活跃[①]。

二、组织

除个人作者之外，组织机构也是当前自媒体微叙事中较为活跃的作者类型，其中最具代表性的主要有企业、政府部门及媒体集团。

（一）企业

微博、微信等自媒体的庞大用户群以其即时性、互动性特征，获得了众多企业的青睐，“微营销”成为当前的一大热词。据统计，截至 2016 年年底，微博企业账号已达 130 万个，广泛覆盖 IT、服饰 / 户外、工农贸易、房产家居、文化体育、商务服务、食品饮料等 60 多个行业。这些企业账号在 2016 年共发布博文 1.14 亿条，其内容主要包括产品促销、行业新闻、公关广告、消费感受、主题活动、博文转发等[②]；截至 2019 年年底，企业微信已服务超过 250 万家真实企业，活跃用户突破 6 000 万，渗透超过 50 个行业[③]；据 2019 抖音企业好生态大会上发布，抖音从 2018 年 9 月到 2019 年 10 月，企业号数量增长了 40 多倍，发布视频数量增长 200 倍，平均每个视频播放量高达 15 000 次，用户在抖音所看视频中，平均每天有 9 条来自企业号，企业号的内容已经成为抖音上重要的内容组成部分[④]。

（二）政府部门

自 2011 年开始，我国的政务微博进入了爆发式发展阶段，经过近 7 年的发展，当前国内绝大多数的政府机构或部门都开通了微博、微信账号，并将它们作为自身与公众对话、交流及提供服务的一个重要平台。2017 年 5 月，国务院办公厅政府信息与政务公开办公室发出了《关于进一步做好政务新媒体工

---

① 2018 微信年度数据报告：每天 10.1 亿用户登陆微信 [EB/OL].（2019-01-10）[2020-04-11]. http://media.people.com.cn/n1/2019/0110/c40606-30513560.html.

② 新浪微博数据中心 .2016 微博企业白皮书 [EB/OL].（2017-1-18）[2020-04-11]. http：//www.useit.com.cn/thread-14454-1-1.html.

③ 企业微信活跃用户数破 6000 万 [EB/OL]. 新浪财经 .（2020-01-09）[2020-04-11]. https://baijiahao.baidu.com/s?id=1655227854578692861&wfr=spider&for=pc.

④ “INV 制胜”2019 抖音企业号生态大会内容分析 [EB/OL].（2020-01-24）[2020-04-11]. http://www.pinlue.com/article/2020/01/2412/289925191558.html.

作的通知》，明确要求各个政务新媒体要继续加强平台建设，做好内容发布、加强审核管理、建立协同机制、完善考核监督等。人民网舆情监测室发布的《2019 政务指数·微博影响力报告》数据显示，截至 2019 年 12 月 26 日，经过微博平台认证的政务微博达到 179 932 个，其中政务机构官方微博 138 854 个，公务人员微博 41 078 个。而因为国家对于 政务新媒体监督管理工作的聚焦，2019 年被称为政务新媒体管理元年①。

一般而言，政府部门发布的自媒体微叙事文本主要有两大类：一类是对某些热点、焦点或突发性新闻事件（如两会期间的政府微博）进行告知，以描述式叙事为主；另一类是与网民一起探讨一些热点话题，或发表自身的观点看法，或答疑解惑，以对话式叙事为主。

（三）大众媒体

在自媒体微叙事的组织类作者中，大众媒体是至关重要的组成部分。在微博、微信等自媒体的强势裹挟下，本应处于竞争地位的大众媒体也纷纷来此攻占领地，利用微媒体信息发布的快捷性与广泛性来扩大新闻信息的传播面，进而提升自身的舆论影响力。据北京大学新媒体研究院发布的《媒体微博发展白皮书》显示，截至 2017 年 11 月 30 日，微博平台已认证媒体蓝 V 数量达 3.3 万个，同比增长 1 149 个。2017 年媒体微博累计发布博文 1 659 万，阅读量达 13 724 亿，较去年提升 81%；获得转发超过 10.6 亿，评论 6.1 亿，点赞 18.6 亿。②2018 年微信媒体公众号虽然数量占比不足 1%，但粉丝量却高达 23 亿，充分展示出主流媒体在传播领域的权威性和影响力③。2018 年抖音上经过认证的媒体账号超过 1 340 个，累计发布短视频超过 15 万条，累计播放次数超过 775.6 亿，累计获赞次数超过 26.3 亿④。

除了以上这三类相对固定的组织机构外，还有一些相对松散、非正式的组织，如朋友、同事、同学、家人等，他们往往因为某种目的临时组建一个团

---

① 2019 年政务指数·微博影响力报告 [EB/OL].（2019-12）[2020-04-11]. http://yuqing.people.com.cn/NMediaFile/2020/0117/MAIN20200117172200026125l830504.pdf.

② 2017 年媒体微博阅读量过万亿 踩稳社交+内容风口 [EB/OL].（2018-01-13）[2020-04-11]. https://new.qq.com/omn/20180113/20180113A0JUSG.html.

③ 微信媒体公众号粉丝总量近 23 亿 媒体号数量占比不足 1%[EB/OL].（2018-09-10.）[2020-04-11]. https://www.admin5.com/zmt/article/20180910/875436.shtml.

④ 首份媒体抖音年度报告发布 主流媒体内容年播放量近 800 亿次 [EB/OL].（2019-01-22）[2020-04-11]. https://baijiahao.baidu.com/s?id=1623360019740957798&wfr=spider&for=pc.

体，在特定的时间段内根据相关主题进行叙事创作，例如在某些微电影大赛中，不少参赛者就属于这种类型的团体。

媒体所带来的话语解放，不仅使得作者的数量与类型不断攀升，也使得传统意义中“作者”的身份与角色发生了巨大的改变。这主要体现在两个层面：第一，自媒体微叙事中的作者突破了传统意义上作品“创作者”的单一身份，转向了发起者、修改者、维护者、出版者等多重身份，这与自媒体微叙事文本的交互性特征紧密相关。第二，自媒体微叙事中的作者不再是固定的、职业的“作家”“艺术家”或媒体机构，他们可能是学生、上班族、农民工，可能是警察、教师、官员，还可能是集体作者，他们可以随时转换角色和视角，对同一个故事进行完全不同的表述，并根据叙事环境的变化做出快速反应。

20 世纪 90 年代初期曾经流传过一句俗语，“在互联网上，没人知道你是一条狗”，这是对当时网络作者匿名性的生动写照。几年后，随着对互联网的深入了解与使用，人们逐渐认识到，“有人（政府 / 企业）知道你是一条狗”，各种监控与把关手段让普通人几乎不可能以完全隐匿的身份进行书写。而到现在，随着 Web2.0 理念的提出和自媒体的普及，整个社会已然变成了一个人与人彼此监控的“全景监狱”，只要大家想知道，那么“人人都知道你是哪条狗”。因此，在当前的媒介语境下，传统叙事中隐身于幕后的“作者”越来越多地步入聚光灯下，转变为显性的“叙述者”。形成这一现状的原因，除了媒介技术的发展进化以及政府、企业的推动之外，更多的则是源于大众自身的需求。首先，随着改革开放和市场经济体制的建立，个人主体意识逐渐觉醒，这必然会使个人对自身感受与经历越来越重视，而自媒体则正好迎合了这一需求，让每个个体或组织都成为公开的叙述者，以“草根”或“百姓”的身份和视角发出声音。这种展现个人不同立场的叙事方式，不仅契合了当代中国对主体意识的强调，也增强了作者的写作快感。换句话说，在自媒体微叙事作品中，“我”或者“我们”是最常见的叙述者，而这些叙述者通常就代表着真实作者，这既是他们提升作品可信度与感染力的叙事策略，也是彰显其独特个性与身份的有效途径。其次，无所不在的网络监控使得当代人的隐私范围大大缩小，大众对隐私的探求和保护意识也随之减弱。同时，社会价值观的多元化以及社会开放度、自由度的日益提升，也使得人们乐于将自己的形象、生活、情感等各个方面展示出来，“表演、披露、公开、曝光”等已经成为当代最流行的大众文化现象。

由此可见，作者的多重身份与显性存在，是自媒体微叙事作为一种大众文化存在的必要前提。在这些叙事文本中，作者的身份不再局限于精英人士或官方媒体，也不仅仅是主流意识形态或商业机构的代言人，而是还有作为普罗大众的"百姓"或"草根"。在中国传统社会，"集体"往往比"个人"具有更重要的地位，个人尤其是普通民众在历史叙事中往往处于缺席的状态。自媒体的诞生，让每个普通民众都有机会参与公共叙事，有机会以个人的身份书写出对精英文化、主流文化的认同、疏离或者抵触。他们的显性存在彰显了大众的意识形态，在很大程度上促进了个人主体性的觉醒与构建。但与此同时，这一现状也导致了大量无意义、非理性叙事文本的产生，以及享乐主义、民粹主义等不良思潮的滋生与蔓延。

第二节　读者：游牧的"参与者"

传统的文学理论历来偏重作者与文本的分析与研究，而仅将读者视为被动的接收器。20 世纪 60 年代，西方文学理论发生了一次巨大变革，几批不同取向的研究者开始不约而同地关注"读者"在文学生产与消费过程中的作用，积极的、能动的读者逐渐成为文学研究与文化研究所关注的重心。著名文化研究学者约翰·费斯克就从接受而非生产的角度来界定与评价大众文化。他认为，大众文化是一个意义的生产过程，而实际决定和控制这个过程的不是文化工业生产部门，也不是它们生产的"文本和作品"，而是"读者、观众、听众"对于文本的接受和消费过程。[①]

数字技术及其应用的不断发展，带来了信息生产与接受环境的巨大变革，尤其是伴随着自媒体的产生，我们进入了一个具有更多参与权的新媒体时代，媒介内容生产和接受两端的对立也逐渐消失，由上而下的单向发布也转向了上下互通的双向分享。如果说传统叙事中的读者只是被动接受既定的故事与意义，那么自媒体微叙事的读者则每时每刻都在主动选择故事的类型，并参与文本的构建、影响意义的生成。这不仅使得读者看待作者、作品的方式及审美理念发生了巨大的变化，更塑造出了一种以大众分享、参与、串联与自我呈现为特色的"参与式文化"。而在这种参与的过程中，读者也时刻变换着角色与身份，

① 费斯克. 理解大众文化 [M]. 王晓珏，宋伟杰，译. 北京：中央编译出版社，2006：9.

他们就如同一群在网络世界中快速移动的“游牧民”，总是不停地在寻找新的文本、挪用新的材料、制造新的意义。

一、消费者

作为一种大众文化产品，自媒体微叙事的读者最显著、也是最重要的身份之一就是“消费者”。这主要体现在三个层面。

第一，所有的自媒体微叙事都必须借助某一个网络信息平台存在并传播，因此每一个读者都必须向数字网络运营商缴纳一定的（流量）费用才能获得阅读的权力。这与其他众多类型的大众文化文本类似，如看电影要收取门票、看电视剧要缴纳有线电视费，等等。

第二，虽然迄今为止大部分自媒体平台都是免费向大众读者开放的，但随着用户的不断增加及功能的日益完善，一些自媒体平台开始面向用户开设收费项目。例如优酷早在2010年10月就推出了付费频道，新浪微博在2012年6月正式实行会员收费制，微信也开始尝试在表情符号、会员卡、公众平台等部分服务项目中收费。这些做法都可视为自媒体平台为未来“全面商业化”发展所做出的尝试，这就意味着读者可以享受的“免费午餐”将越来越少，而越来越多的人将会自觉或不自觉地成为自媒体微叙事文本的“消费者”。

第三，自媒体平台巨大的传播力和影响力使得众多企业、商家趋之若鹜，各式各样的“微广告”“微营销”层出不穷。对于传统大众媒体而言，受众是一个沉默、模糊的群体，虽然可以通过一些订阅率或收视率的调查对他们的数量或构成进行大致了解，但这些数据却永远无法做到精确、及时，更无法迅速直接地与其进行沟通。而对于自媒体，受众却是一个个鲜活、明确的个体，他们的数量、活跃度，甚至身份，都相当精准，而且能够随时随地进行沟通交流。这一优势使得越来越多的企业、商家纷纷将自媒体微叙事作为其广告营销与客户服务的重要平台，通过它们寻找、挖掘潜在消费者或服务既有消费者。除此之外，随着电子商务的蓬勃发展和网络支付的日益完善，以推销产品或服务为核心的自媒体微叙事方式与内容也将越来越多，读者作为“消费者”的意义和价值将会越发凸显。

二、把关人

美国社会心理学家、传播学家库尔特·卢因（Kurt Lewin）在1947年发表的《群体生活的渠道》一文中首先提出了“把关”一词，他认为，在群体传播过程中，存在着一些“把关人”（gatekeeper），只有符合群体规范或把关人价值标准的信息内容才能进入公众视野。1950年，怀特（D.M.White）将这个概念引入了大众传播领域，认为传媒组织中的记者、编辑等人是实际中的“把关人”，他们掌握着信息的生杀大权，决定着哪些内容最后与读者见面。然而随着互联网的诞生，信息急速膨胀与传播的迅捷性大大增强了“把关”的难度，海量涌现的网站不仅使得“把关人”的数量急剧增加，还不得不借助众多的“把关”软件来对信息进行筛选。这也使得传统意义上“把关人”的角色与作用发生了根本性的转变。

但在自媒体中，“把关”的权力则属于每一位普通读者。如果将自媒体视为一个巨大的超市，里面充斥着各式各样的微叙事文本，那么每一位读者都是这个超市的顾客，他们可以随意在此寻找、发现自己喜欢的内容。不仅如此，他们还可以通过“转发”的形式将这些文本复制到自己的自媒体账号中，与所有关注自己的粉丝一起分享。由此可见，在这一过程中，读者已不仅是文本的搜索者和阅读者，还是文本的推荐者和传播者，因而从这个意义上而言，每一位读者都是“把关人”。

当然，读者作为自媒体的“把关人”，同样会存在由自身原有经验、看法、兴趣等因素构成的预设立场，也会受到一些客观环境的影响，但与传统大众媒介中把关人所面对的“普泛化”受众不同，读者推荐文本的目标对象是关注他们的家人、朋友或粉丝，他们之间必然存在着一定的同质性，这在很大程度上保证了文本的传播效果。

三、盗猎者

美国文化研究学者亨利·詹金斯（Henry Jenkins）受到米歇尔·德塞都（Michel de Certeau）的影响，在1992年出版了《文本盗猎者》一书，用创造性的读者论颠覆了被动的读者论，用读者中心论颠覆了作者中心论。他认为，在正统的作者中心论中，“读者是被假定为作者意义的被动的接受者，任何偏离文本中明确标出的意义的解读都是负面的，是未能成功理解作者意图的失败表现”[①]。詹金斯将其视为是一种阶级压迫，是掌握了文化资本与语言权力的统治阶级对被统治阶级实施文化权威的方式，因而在他眼中，大众的阅读其实是一种“盗猎”行为，是一系列“前进和撤退，玩弄文本的战术和游戏”，或是“某种类型的文化拼贴，在拼贴的时候，读者先将文本打成碎片，然后再根据自己的蓝图将其重新组合，从已有的材料中抢救出能用来理解个人生活经验的只言片语”[②]。这一观点在当今自媒体的舞台上得到了完美的印证与阐释。

Web2.0 所带来的交互性叙事革命及自媒体平台的开放性特征，使读者拥有了更为直接、便捷的“盗猎”方式与渠道，每一个读者都可以从任何的既有文本中寻觅可“盗用”的资源，通过阐释、改编、拼贴、伪造、恶搞等各种方式进行加工处理，并通过自媒体传播，与他人分享。例如在 2010 年的“李刚案”中，当事人的一句“我爸是李刚”就迅速在微博上掀起了一场轰轰烈烈的“盗猎”行动，无数读者将这句话截取出来，改造、拼贴成各式各样的文本形式：诗歌（如“桃花潭水深千尺，不及我爸是李刚”）、歌曲（如将《我是小沈阳》改造成《我是小霸王》，并制作了 MV）、传记（如《史记 · 李刚传》）等。类似的事情在自媒体平台上几乎每天都在发生，每一个网络热词的产生，都是无数读者作为“盗猎者”参与解构与重构的过程。而对于那些还没有成为“热词”的词语而言，被“盗猎”的可能性也广泛存在。这些经过盗猎改造的文本不仅体现了读者的思想情感与审美趣味，也在某种程度上瓦解或改变了原材料的意味，使之成为一种更具抵抗性、戏谑性的大众文化叙事。与此同时，正如德塞都所言，与作者不同，大众读者的意义生产是临时性的、短暂的，是读者从一个地点游荡到另一个地点的过程中匆忙生产出来的，因此，作为“盗猎者”的读者不会永远或长期关注。尤其是在当前这一信息爆炸的时代，读者更是加快了游牧的速度，不断寻找并变换着可盗猎的目标，这一行为在自媒体平台上早已是常态，也成为当代大众文化中最引人注目的现象之一。

在费斯克的大众文化理论中，大众生产自己的文化产品是不可能的，他们只能在消费环节发挥自己的主体性和创造性，从事另一个意义的生产。因此，

① JENKINS H. Textual Poachers： Television Fans and Participatory Culture [M] .New York： Routledge，1992：126.

② JENKINS H. Textual Poachers： Television Fans and Participatory Culture [M] . New York： Routledge. 1992：128.

他将大众文化与大众文化产品区分开来，认为真正的大众文化是大众从文化工业提供的产品中，按照自己的意愿“改造”或“创造”出来的。在此基础上，他提出了著名的“粉丝文化理论”，认为粉丝文化是大众文化的一种强化形式，两者的区别主要在于：所有的受众都能够从文化工业提供的产品中创造出与自身相关的意义和快感，从而不同程度地从事着文化生产，但是“粉丝们却经常将这些符号生产转化为可在粉丝社群中传播的符号，并以此来帮助界定该粉丝社群的某种文本生产形式。粉丝们创造了一种拥有自己的生产及流通体系的粉丝文化”[①]。亦即，一般大众在消费文化产品的时候，往往止于个人解读，但粉丝却能够在此基础上创造出可以在自己的圈子内进行交流的文化产品。

借助费斯克的这一理论，我们可以将自媒体时代的读者视为“扩大及强化”的粉丝，他们不仅在数量上大大超越了传统意义上作为“过度的读者”存在的粉丝群体，而且在产品（文本）生产过程中的参与度也大大加强。他们在消费别人创作的故事的同时，还能将自己喜欢的部分作品推荐给他人，甚至通过盗猎的方式进行文本的“再生产”，并以此作为寻找社会认同、维护或扩大自身社交圈子的重要方式。“在这个过程中，个人的阐释经过和其他读者的不断讨论而被塑造和巩固”[②]，那些被生产出来的意义更加完整而深刻地融入读者的生活，并在很大程度上模糊了读者与作者、生产者与消费者之间的界限。

读者多角色的积极参与，是自媒体微叙事作为一种大众文化存在的坚实基础。正是基于他们的解读、传播与创造，众多的自媒体微叙事文本才拥有了更为强大的影响力与生命力。与此同时，由于自媒体微叙事的读者绝大多数也是作者，且对这一叙事方式的复杂性与多元性有着清晰的认知，因此他们并不会像对待文化工业产品那样，或进行强烈地“抵抗”，或简单地被“收编”，相反，他们总是努力在碎片化的文本中不断地转换角色、身份以及立场，强调自己作为大众在叙事过程中的能力、态度与自主性，而这也成为当代大众文化向“参与性文化”范式转型的重大推动力之一。

① FISKE J.The Cultural Economy of Fandom. The Adoring Audience：Fan Culture and Popular Media［M］. London：Routledge，1992：139.

② JENKINS H. Textual Poachers：Television Fans and Participatory Culture［M］. New York：Routledge，1992：136.

第三节　故事：开放的类型文本

“故事”是西方传统文学批评与叙事学研究的核心内容之一，是“从叙事文本话语的特定排列中抽取出来的、由事件的参与者所引起的或经历一系列合乎逻辑的、并按时间先后顺序重新构造的一系列被描述的事件”[①]。在这一定义中，“事件”与“构造”是故事的两大构成元素，其中，“事件”是故事的基础，是叙述的核心内容；“构造”是故事的结构性语法，是推动事件发生、发展与改变的“规则”。

在自媒体微叙事中，“话题”是叙事构建的前提，一个事件是否具有“话题性”，决定了该故事是否具有吸引力与生命力。在叙事结构层面，自媒体微叙事虽因其创作的随意性与即时性而显得更为丰富多变，但作为一种大众文化文本，其“类型化”的结构模式特征依旧十分明显。

一、话题

每个有价值的故事总是源于一个有意义的“主题”，这些主题既可以是现实的，也可以是虚构的，它们是故事中角色塑造、环境安排、情节发展的核心与主线。在自媒体微叙事中，一方面，作者的大众化与草根化使得以日常生活和个人情感为主题与内容的“小叙事”得到丰富与强化；另一方面，自媒体微叙事本身的时效性特征与社交性功用，也使得作者往往将叙事主题设置为当前流行或热门的“话题”，以此来吸引“人气”。以新浪微博为例，每天都有数以万计的人在此发起“话题”，并通过各式各样的叙事文本吸引他人的参与，这其中的主题大到国际时事，小到衣食住行；深到历史人文，浅到柴米油盐，可谓琳琅满目、包罗万象。而在这些“话题”中，有几个类别最为引人关注，它们往往比较容易成为网络乃至全社会的“热门话题”，在短时间产生数量众多、类型各异的叙事文本。

（一）热点新闻

从自媒体最初的定义中我们可以看出，它首先是作为一种新闻媒体诞生

① 谭君强．叙事学导论：从经典叙事学到后经典叙事学 [M]. 北京：高等教育出版社，2008：21.

的，它可以让人们在最短的时间内将身边正在发生的事情记录并传播出去。因此，新鲜热辣的新闻事件往往最容易成为自媒体微叙事的热门话题。这其中可分为两个主要类别：一类是国内外的重大新闻事件，主要包括各国的政治、经济、文化动向，或一些突发的重大事件，这类话题活跃周期短，但受关注程度较高，例如在新浪微博 2016 年上半年社会新闻类热门话题榜中，高雄 6.7 级地震、阜宁强龙卷风、英国脱欧公投、2016 两会等话题阅读量都在 8 亿以上；第二类是社会热点事件，主要是一些与老百姓生活息息相关的民生话题，以及各种新近发生或流行的热点、焦点话题，如在新浪微博 2016 上半年社会新闻类热门话题榜中，和颐酒店女生遇袭、帝吧出征、六小龄童节目被毙等当年轰动一时的社会热点事件均榜上有名。[①]

（二）娱乐资讯

尼尔·波兹曼（Neil Postman）在其著作《娱乐至死》中以警世之笔写道，随着电视的出现与普及，现实社会的一切公众文化日渐以娱乐的方式出现，并成为一种文化精神。“我们的政治、宗教、新闻、体育、教育和商业都心甘情愿地成为娱乐的附庸，毫无怨言，甚至无声无息，其结果是我们成了一个娱乐至死的物种”[②]。由此可见，娱乐化是大众文化的本质特征，而随着时代的发展，人们对娱乐的需求也日渐增多且呈现出多样化趋势。在自媒体平台上，各式各样的娱乐资讯常常高居热门话题榜的前列，这其中又以两类内容为主：一类是文体娱乐明星的八卦消息，另外一类是娱乐作品的推介与讨论，如新浪微博每年公布的 Top20 热门话题阅读榜，上榜的绝大多数是综艺、明星、剧集等娱乐话题。

（三）日常生活

约翰·费斯克在《理解大众文化》中明确阐述了大众文化文本与日常生活之间的关系，他认为，“如果一个文化资源不能提供切入点，使日常生活的体验得以与共鸣，那么，它就不会是大众的”[③]。在他看来，与日常生活的相关性是评判大众文化文本的核心标准。与其他大众媒体相比，自媒体具有更加

① 新浪微博：2016 年（上半年）热门话题盘点 [EB/OL].（2016-11-10）[2017-10-12]. http：//www.useit.com.cn/thread-13824-1-1.html.

② 波兹曼 . 娱乐至死 [M]. 章燕，吴燕莛译 . 桂林：广西师范大学出版社，2009：6.

③ 费斯克 . 理解大众文化 [M]. 王晓珏，宋伟杰，译 . 北京：中央编译出版社，2001：154—155.

鲜明的草根性、大众性特征，绝大多数的用户都将其视为一个展示生活细节、分享心情感悟的平台，因而自媒体微叙事的大部分内容是与日常生活密切相关的话题，如家庭小故事、生活小幽默、工作小体悟、旅游小心情等。这些看似日常生活中极其平常甚至无聊的小事，却在微博、微信上比比皆是，它们往往以整体而非个体的姿态，成为自媒体微叙事经久不衰的热门话题，它们从来都不缺乏作者，也永远不会失去读者。

二、结构

“一种重要的新媒介会改变话语的结构”[①]，叙事结构的独特多变是自媒体微叙事的鲜明特征之一，因受到篇幅与阅读环境的限制，它不得不打破传统叙事对结构严谨性、完整性、稳定性的要求和习惯，而选取一些更为简约、灵活的方式进行情节的选择与安排。与此同时，作为一种大众文化叙事方式，自媒体微叙事在叙事结构上采用模式化的情节类型是非常普遍的。大多数作者倾向于刻意模仿那些业已成熟并获得成功的结构模式，以此来增加文本可读性与大众认同度。笔者将在下文中总结几个当前自媒体微叙事最常见的叙事结构模式。

（一）单线模式

叙事最初被定义为一系列事件的一个线性组合序列，通常而言，一部叙事作品中可贯穿一条或多条“情节线”，而自媒体微叙事因受到篇幅的制约，大多只能选择一条“情节线”，即单线型叙事模式（简称“单线模式”）。

单线模式是传统文学作品，如童话故事、民间传说或短篇小说中最常用的结构模式，它的突出特征是围绕一条情节主线，按照人物活动和事件发生发展顺序展开，有较为明晰、完整的结构线索。这种叙事模式往往比较简单，且符合人们的逻辑思维和日常叙事习惯，易于理解和接受，所以一直以来都是大众文化文本中最常见的叙事类型。

对于自媒体微叙事而言，单线模式除了具备上述特征之外，还显现出自身的独特性：首先，它打破了传统单线叙事中所囊括的开端、发展、高潮、结局的经典叙事结构与节奏，呈现出一种更为简练、快速推进的特征。也就是说，

---

① 波兹曼．娱乐至死 [M]. 章燕，吴燕莛，译．桂林：广西师范大学出版社，2009：33.

自媒体微叙事往往只会选择传统叙事结构中的某一部分进行拓展叙述，而将其他部分进行压缩甚至省略，不同类型的自媒体微叙事因自身性质与功能的差异，会有不同的选择偏向性。以自媒体微电影为例，为了能够在短时间内完成叙事并保持对大众的吸引力，大部分自媒体微电影都将重心放在最能激发兴趣的“高潮”部分，通过激烈的冲突和夸张的细节保持戏剧张力，让观众时刻处于紧张状态。例如自媒体微电影《一触即发》，就将高潮部分的“追逐戏”作为整部影片的重心，打斗、跳伞、追逐、爆破、男主角与黑衣人的殊死较量等让观众在短短几分钟时间里享受了一场惊心动魄的视觉盛宴。与此同时，对其他环节的压缩和省略也大大增强了电影叙事结构的开放性，让观众能够充分调动自身的想象力和主动性，来填补和完善整个故事。其次，由于受到体量的严格限制，自媒体微叙事尤其注重运用“突转”技法来增强单线叙事的效果。所谓突转，指的是剧情向相反方向的突然变化，是通过人物角色、命运或情感的根本转变来加强戏剧性的一种技法。以网友“甲斐文”所创作的一篇自媒体微小说为例：“我曾经与一个姑娘擦肩而过，当时雪花从路灯的光柱里飘落，缀在她的长发上，她可真美丽。我忍不住回过头，想把她的身影好好收藏在记忆中，却发现她也转过身在看着我，两个人的手里，握着彼此的钱包。”

读者在初读这一作品时，大都以为是一个浪漫的爱情故事。然而正当大家都在期待美好结局的时候，故事情节却突然发生了根本性的“逆转”——男女主人公原来都是盗贼，这只不过是一个被美化了的盗窃过程。在短短的92个字符中，作者不仅营造了一个充满想象的美丽世界，还通过一个完美的转身，给读者增加了一种“意料之外”的惊喜。

自媒体微叙事的单线模式不仅与其篇幅要求和阅读条件有直接关系，也与当代大众的信息需求与审美心理有关。在信息高速膨胀的现代社会，注意力成为最稀缺的资源，人们越来越难以长时间地集中注意力去观看或阅读线索复杂、意味深长的故事，尤其是在“微媒体”中，海量的信息以极快的速度流动，读者只能通过快速浏览来抓取他们所需要或感兴趣的内容，并时刻处于思维和兴趣的跳跃变动中。他们更为看重的是文本的易读易懂及其所能带来的阅读快感，这也正是如今人们对于大众文化文本最基本的要求和期待。

（二）范畴模式

范畴模式指的是“用为数不多的具有指代意义的概念或短语去规范、统辖情节。在这一类型中，序列之间的关系是一种逻辑集合，情节被视为某一范畴的繁衍”[①]。如“灰姑娘型”就属于情节范畴，其基本语义是某个人经过奋斗或机遇获得了认可或实现了自身的价值。这一模式大多运用在虚构类的叙事作品中，纵观古今中外，属于这一范畴的小说戏剧、影视作品，可谓数不胜数，长盛不衰。范畴模式的产生，从本质上而言，是生活现象与人生经验的总结和艺术化体现，因而叙事范畴的变化往往折射着一个时代社会与文化的变迁。

范畴模式意味着一种叙事成规，精英文化根据美学标准认为范畴型文本是缺乏想象力和创造力的表现，对此往往表示抗拒或不屑一顾，但大众文化却恰恰相反。在当代众多类型的大众文化文本（如通俗小说、影视剧）中，范畴模式是最为常见的情节模式，正如南帆所言，“大众文学的作坊里面存放了许多制作故事所习用的‘文学模式’：灰姑娘加白马王子模式、多角爱情与有情人终成眷属模式、蒙冤与复仇模式、血缘纠葛模式、孤胆英雄与美女相助模式、落难书生与风尘女子聚散模式，等等，这些模式内部包含了人物的位置、行动起讫与冲突程序的大致规定。尽管不同的故事之中人物各异，但是，一旦投入这些模式运行，这些人物所产生的功能就会十分相近。如果说，经典体系对于僵固的模式怀有高度的戒备和厌恶，那么大众文学却常常利用这些模式将人们所关注的材料组织成熟悉的故事”[②]。这一结构模式的好处是，一旦读者或观众确定了其范畴，就能轻松地对作品的情节、人物、场景等各方面做出具体的设想，并产生明确的期待，这在很大程度上满足了当代大众的娱乐化需求。但与此同时，随着大众文化产品的不断增多，竞争日益白热化，为了能够避免范畴型情节所带来的乏味感和审美疲劳而持续吸引大众，这些文本的创作者也不得不在这些既有的情节范畴中寻求突破，不断通过新的亮点来赢得大众的喜爱。不过，在因袭与创新二者的博弈中，绝大多数的大众文化文本都不约而同地选择了前者。所谓创新，也只是在因袭主体基础上的有限超越。

自媒体微叙事同样广泛采用范畴模式，以便充分利用大众的熟悉感来减少不必要的铺垫与陈述，满足其在篇幅上的要求。但与其他类型的大众文化文本不同的是，自媒体微叙事文本因创作与阅读主体的不同，更为注重的是对传统范畴的创新和突破，这主要体现在三个层面：第一，在人物形象上，自媒体微叙事往往刻意避免传统范畴型情节中过于理想化、完美化的类型人物，取而

① 胡亚敏 . 叙事学 [M]. 武汉：华中师范大学出版社，2004：139.

② 南帆 . 大众文学的历史涵义 [J]. 文艺理论研究，2001（4）：6–7.

代之的是一些更为现实化、草根化、个性化的人物形象，使之更为贴近大众；第二，在情节设置上，自媒体微叙事往往更为注重某个部分的“出乎意料”，也就是说，故事的绝大部分基本上是依照既定范畴推进的，但是在高潮或结局部分却忽然变成了一个截然不同的情节，给读者带来新的惊喜；第三，自媒体微叙事往往会在相对固定的叙事范畴内增强情节结构的开放性，通过“留白”“省略”等各种方式设置许多需要读者去思考、分析的内容，鼓励读者参与情节的设想与构建，这在很大程度上能够增强读者的阅读乐趣，也能够更好地诠释当代大众文化“正以有力的新方式磨炼着人们的大脑”①。

（三）散文模式

如果说单线模式和范畴模式都是以情节为结构中心的叙事模式，那么在自媒体微叙事中，还存在着另外一类最常见的、以人物情绪或背景氛围为结构中心的叙事模式：散文模式。这一模式的叙事结构主要有三大特征：一是对封闭结构的突破与颠覆，也就是通过“割裂”或“打散”情节来使故事的线性结构碎化，以增强“形散而神不散”的叙事味道；二是淡化处理矛盾冲突，将情节式结构中追求冲突“激化”的方式转为“渐变”的方式；三是线索由明转暗，主旨含蓄化以及情感的显化、强化。

“散文化叙事”自新文化运动以来便在中国文学、艺术领域广泛流行，在精英文化的视野中，散文模式是一种突破传统情节模式、提高艺术品位、表现艺术个性的叙事结构。这一模式同样存在于自媒体微叙事文本之中，比如由华侨大学在校生创作的一部自媒体微电影《我在泉州遇见你》，就运用了散文式的手法来讲述两对年轻男女在泉州相遇相恋的美好故事。影片采用了时空交错的叙事方式，形成了多时空跳跃的结构，并在叙述过程中不断插入人物的回忆、想象等，带来叙述形式的变化和内容的扩充，兼有客观叙事性与主观抒情性双重作用，获得了众多网友的认可与赞赏。然而从整体上来看，在大众文化的视野中，自媒体微叙事中大量存在的散文式文本，绝大多数并非基于艺术的追求或创新，而是源于现实语境下的必然选择：第一，自媒体微叙事的大部分作者都是普通百姓，且基本上都是即时、随意地记录与发表作品，因此叙事的内容绝大多数都是平凡、琐碎、重复的日常生活，而散文模式正是展示与描绘

① 约翰逊．坏事变好事——大众文化让我们变得更聪明［M］．苑爱玲，译．北京：中信出版社，2006：XXVIII.

这些生活细节和过程的最佳选择；第二，自媒体是一个彰显自我个性的平台，以凸显个人情感与感觉为核心特征的散文模式最能满足当代大众的创作与阅读心理，如何在纷繁的世界和平凡的生活中书写出不一样的感悟与体验，成为众多散文型自媒体微叙事所追求的目标。这一模式不仅意味着中国大众主体意识的不断强化，更体现出当代社会文化对“日常生活”与“当下感受”的重视与肯定。

第四节　符号：混合媒介的快感编码

所谓符号，就是“信息的外在形式或物质载体，是信息表达和传播中不可缺少的一种基本元素”[①]。叙事从根本上而言是一种信息交流行为，从这一意义上来说，实现自媒体微叙事功能的载体正是其符号系统。

通常，人类在交际传播活动中使用的符号可分为语言符号和非语言符号两大类，不同的符号承载着不同的文化信息。“语言符号是人类特有的传递信息的形声符号的集合与系统，包括书写符号（文字）、声音符号（语言）两大系统；非语言符号是指信息传播不以有声语言和书面语言为载体，而借以打动人的感觉器官的各类符号自身。”[②]我们可依此来对自媒体微叙事的符号体系进行划分。

一、语言符号

语言符号是自媒体微叙事中最普遍的符号，它主要包括文字及视频中的声音语言部分。作为一种网络文本，自媒体微叙事既具备网络语言的一般性特征，也因其媒体的规定性而呈现出自身的独特性：首先，在内容快速更替的微媒体语境中，信息从发现到撰写、从编辑到发布，所允许的时间越来越短，篇幅的限制也要求作者必须用最通俗和直白的语言来叙述事件，因此，语言的概括性与简练性取代了艺术性和思想性，成为自媒体微叙事的第一要求；其次，独创型与缩略型词汇在自媒体微叙事中的使用频率极高，而且更新速度极快，时效性强，如“躺枪”（躺着中枪）、“肿么了”（怎么了）、“酱子”（这样子）、“1314”（一生一世）、“FB”（腐败）等；最后，多种语言的混合运用，最常见的是中文与英文的混合应用、

---

① 郭庆光 . 传播学教程 [M]. 北京：中国人民大学出版社，2011：43.
② 黄匡宇 . 当代电视新闻学 [M]. 上海：复旦大学出版社，2010：106.

普通话与方言的混合应用，如“学习 ing”“中国雄起”等。除此之外，自媒体微叙事中对于谐音字、生僻字的运用也颇为常见，前者常用于对某些社会常见事物或现象的讽刺或调侃，如“霉体”（媒体）、“GDP”（搞地皮）等；后者则是利用了汉字的表意功能，突出某些文字的象形意义，如“槑”“丅”“嘦”“巭”“嫑”“忈”“靐”等。

二、非语言符号

“现代社会生活的某种特殊情境，不能使用或不满足使用语言（有声语言或书写语言）作为交际工具，常常求助于能直接打动（刺激）人的感觉器官的各种各样的符号，以代替语言，以便更直接，更有效，并能更迅速地做出反应。”① 在自媒体微叙事中，非语言符号占据着非常重要的角色，它们可独自，也可与语言符号一起共同完成意义的传达，其形象性、直观性、多维性等优势，在自媒体微叙事这一寸字（秒）寸金的世界中得到了淋漓尽致的体现。

自媒体微叙事的非语言符号主要包括以下几个类别。

（一）图像（图片、视频画面）

詹姆逊在《后现代主义或晚期资本主义文化逻辑》一文中曾说过，大众文化是后现代社会的文化模式，其特点是从现代主义的语言中心文化转向后现代的视觉中心文化，当代社会在转变为一个视觉文化、影像文化社会。这一特征在自媒体微叙事中更加鲜明地体现了出来，所谓“无图无真相”已经成为大多数自媒体用户所奉行的“信条”。比起文字，大众更愿意去接受并相信图像所传达的信息。因此，当前绝大多数的自媒体微叙事离不开图像的运用，它们往往成为吸引读者关注或表达作者情感最重要的工具之一，尤其是当手机、平板电脑等成为最常使用的自媒体终端之后，其即时拍摄与录制的功能使得图片与视频的制作变得更加简单、便捷，这也是造成自媒体微叙事中图像应用广泛的重要原因之一。

（二）动画表情（物品）

动画表情（物品）是自媒体微叙事中使用非常广泛的一种表达方式，它

① 陈原 . 陈原语言学论著 · 卷三 [M]. 沈阳：辽宁教育出版社，1998：154.

们大部分是由媒体自身或相关机构提供的，少部分是用户自己创作的，如微信、微博中就自带了大量的动画表情（物品）符号（如图 2–1）：

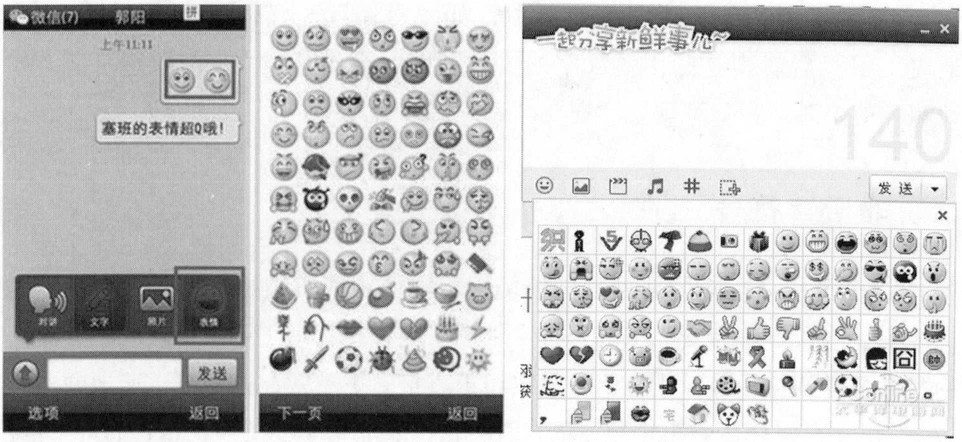

图 2–1　微信、微博中的动画表情符号

这些表情（物品）符号往往比较可爱、夸张，且带有动态效果，它们每个都具有约定俗成的含义，通常都会夹杂在语言中出现，这不仅使得自媒体微叙事文本呈现出生动多变的视觉效果，而且更加直观、形象地传达了信息，表达了自身的情感与情绪。新浪微博还曾经专门发布了一个“常用表情”排行榜，统计了 100 万条微博中出现次数最多的 10 个表情（如图 2–2）。

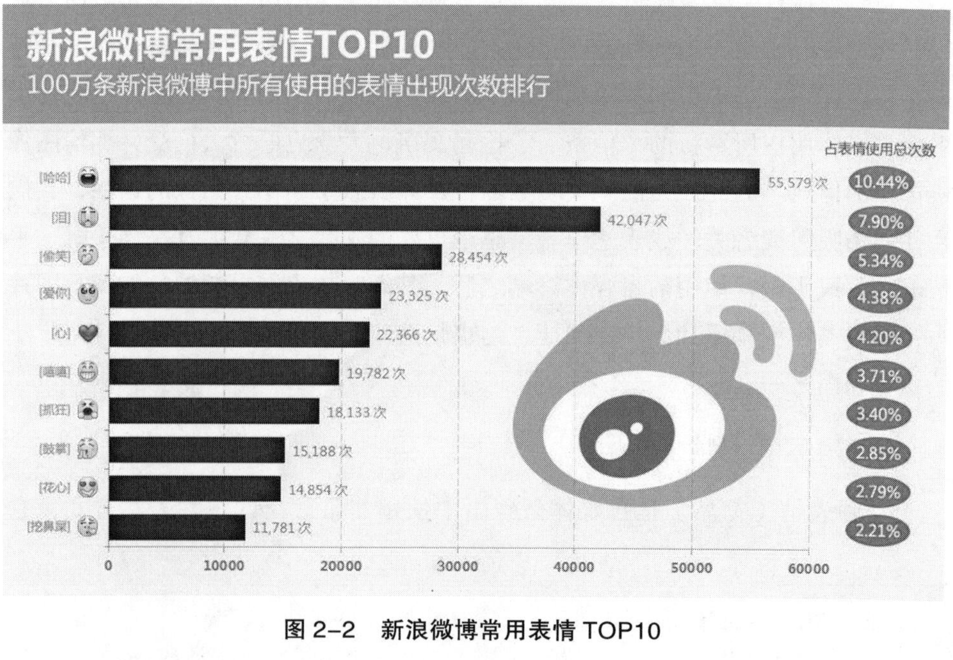

图 2–2　新浪微博常用表情 TOP10

（三）特殊符号

特殊符号主要指的是由标点符号、图形符号、表格符号、数字符号等组成的非常规符号。在自媒体微叙事中，特殊符号与动画表情（物品）一样，都是作者用来传递信息或表达情感的一种重要手段。但与动画表情（物品）不同的是，特殊符号大都是由网民自创的，并逐渐在交流过程中被认知与模仿。这类符号主要分为两种类型：一种是借用符号的形象性组合而成的表情符号，以标点符号为例，最常用的一些表情符号主要包括：“：-）”“￣﹏￣”“>▁<”等，它们可以被视为动画表情的“静态版”或是“抽象版”，是自媒体微叙事中重要的辅助性符号之一；另外一种是借用符号的功能性组合而成的情感符号，同样以标点符号为例，在正规的汉语书面中，标点符号是不能连用、混用的，但是在自媒体微叙事中，这类现象却极为普遍，例如：“？！”“～～！！”“？？？”等。这些变异的标点符号大多表达的是一种情感的宣泄，是符号既定功能上的叠加或综合，它们之间的组合往往很随意，且时刻处于变动之中。

数字媒介以前所未有的包容性，融合了所有传统媒介形态，集文字、图像、声音、影像为一体。借助这一多媒体功能，自媒体微叙事的文本符号呈现出多样化的形式，其中既有单一符号文本，也有多符号组合而成的文本。尤其是后者，已成为当前自媒体微叙事的常态，例如在微博、微信中最常见的“文字＋图片”“文字＋视频”“文字＋表情”等各种形式的混合符号文本，它们往往通过图文并茂的方式来完成叙事，这样既满足了“微叙事”在形式上的要求，又实现了符号间表意的交互、转换与融合，提供了比传统叙事更为丰富的表现手段和审美旨趣。

巴赫金曾经说过：“一切文化都可称为符号，因此，一切文化总是表现为各种各样的符号，文化的创造在某种意义上说就是符号的创造。”[①] 由此可见，人类文化是在符号与符号的创造中产生的，符号并不是僵死的，而是灵活的、不断变化的。自媒体微叙事中各种符号的运用与创新，既反映了当代大众文化的性质与特征，同时也推动了大众文化的创新与变革。

学者周宪在《视觉文化与现代性》一文中曾经谈道：“近代以来，无论是西方文化还是中国文化，似乎都有一个越来越明显的发展趋向：视觉符号正

---

① 萧净宇．超越语言学 [M]．上海：上海人民出版社，2007：179.

在或者已经超越了语言符号，转而成为文化的主导形态。换言之，形象或图像正取代语言成为文化的主因。”① 这一巨大的变迁在中国的大众文化文本中得到了最鲜明的体现，无论是以视觉符号为核心的漫画、电影、电视剧，还是将视觉符号加入传统小说而形成的“绘本小说”“多媒体小说”，都昭示着作为非语言符号存在的图像符号已逐渐取代语言符号，在大众生活中占据着最主要的位置。在自媒体微叙事中，图片、影像、特殊符号、动画表情等的广泛运用，都可视为这一趋向的产物。

然而，图像的“转向”并不是单纯的“取代”，而是一种媒介文化对另一种文化的“补充”。正如米歇尔（W. J. Thomas Mitchell）所言，图像转向的意义在于“观看行为（观看、注视、浏览，以及观察、监视与视觉快感的实践）可能与阅读的诸种形式（解密、解码、阐释等）是同等深奥的问题，而基于文本性的模式恐怕难以充分阐释视觉经验或视觉识读能力”②。也就是说，非语言符号与语言符号并不是非此即彼的敌对关系，而是相互补充与完善的合作关系，它们通过不同的形态来进行叙事，并通过文本的内互文性增加了叙事的厚度，形成了一种意义上的扩散。在自媒体微叙事中，想要在极其有限的篇幅或时间内完成故事的讲述并具备一定的艺术性，充分利用各种符号的优势以增强其叙事效果是一种必然选择：一方面，语言符号的简易性、结构性与普及性优势使其成为自媒体微叙事中最基本也是最核心的符号类型，尤其是文字语言符号，更是叙事文本中不可或缺的元素。同时，自媒体微叙事对于语言凝练性与艺术性的要求，在一定程度上重新提升了人们对语言符号的重视程度，促进了其在大众文化中的回归；另一方面，非语言符号的形象性、创新性与个性化优势大大满足了人们在自媒体微叙事创作与阅读过程中的需求，它们具有自身的叙事语法，是语言符号的有效补充、延伸或诠释。

多媒、多元符号的综合运用，毫无疑问是基于数字媒介技术而兴起的新型叙事方式。如果说在自媒体产生之前，人们能够从这类文本中获得更多新鲜、愉悦的阅读感受，那么在自媒体产生之后，则直接将这种符号的运用及创作权力下放到每一位普通民众的手中，让人们享受到自由创造的快感。在费斯克的大众文化理论中，快感是大众文化产生与形成影响力的核心要素与心理基础，

① 周宪．视觉文化与现代性 [C]// 陶东风，等．文化研究（第 1 辑）．天津：天津社会科学院出版社，2000：124.

② 米歇尔．图像转向 [C]// 陶东风，等．文化研究（第 3 辑）．天津：天津社会科学院出版社，2002：17.

他将这种“快感”划分成两种类型：一种是躲避式的快感，它们围绕着身体，而且在社会中的意义倾向于引发冒犯与中伤；另一种是生产诸种意义时所带来的快感，它们围绕的是社会认同与社会关系，并通过对霸权力量进行符号学意义上的抵抗，而且在社会的意义上运作。[①] 毫无疑问，自媒体微叙事所带来的，正是一种“生产式”的快感，它往往比“躲避”所获得的快感更为主动、积极，也更为符合当代中国语境与大众需求。人们以日常生活中的事物为对象，通过各式各样的符号对其进行编码，并在这种符号的创造、修正与交流过程中获得“符号保障”与“解放”（费斯克）的双重快乐。正因为如此，自媒体微叙事变成了各种符号的狂欢场，这既是媒介技术发展的必然结果，也是大众在时代背景下的主动选择。

① 费斯克．理解大众文化[M]. 王晓珏，宋伟杰，译．北京：中央编译出版社，2001：58.

第三章 自媒体微叙事的传播研究

任何叙事，都必须经由传播才能产生意义，传播的媒介及其方式、过程等对叙事的内容、表达和效果都具有决定性的影响。20 世纪 50 年代，美国的传播学研究出现了两种不同的范式，一种是以拉扎斯菲尔德（Paul Lazarsfeld）为代表的效果研究模式；一种是以詹姆斯·W. 凯瑞（James W. Carey）为代表的文化研究范式。这两者分别代表了理解“传播”的两种不同观念，用凯瑞的话来说，是传播“传递观”与传播“仪式观”的区别：“传递观”是西方传播学研究的传统观念，它将传播视为信息的传递，强调的是信息在地理空间的传递和扩散，重视的是信息传播的效果和功能；“仪式观”则将传播视为一个共享文化的过程，强调的是成员的集体参与和信仰，重视的是传播在时间上对一个社会的维系。在凯瑞的眼中，“传播是一种现实得以产生（produced）、维系（maintained）、修正（repaired）和转变（transformed）的符号过程”，“传播的起源及最高境界，并不是指智力信息的传递，而是构建并维系一个有秩序、有意义、能够用来支配和容纳人类行为的文化世界”。[①] 在此之后，英国的传播研究学者丹尼斯·麦奎尔（Denis McQuail）也曾经对传播技术与文化变迁两者之间的关系进行过论述与阐释，他认为技术并不能对文化产生直接的作用，但是技术却可以通过一个中介——大众媒介来对文化发生重要作用。[②] 他通过下面的图来展示这一过程。

① 凯瑞 . 作为文化的传播——“媒介与社会”论文集 [C]. 丁未，译 . 北京：华夏出版社，2005：7.

② MCQUAIL D：Mass communication Theory：An Intreduction［M］.3rd ed. Sage Publieations，1994：108.

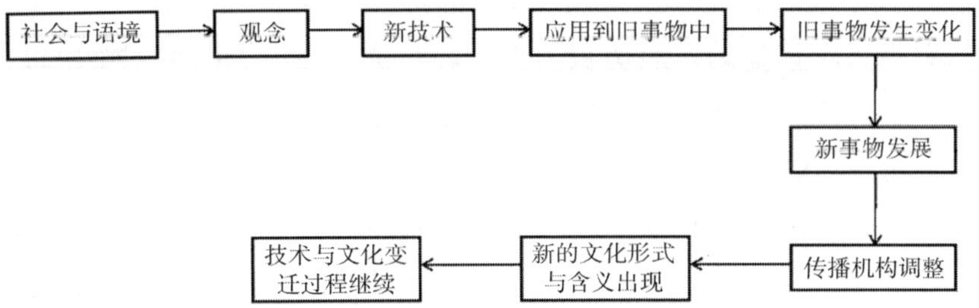

图 3-1　麦奎尔的传播技术与文化变迁关系图

如图所示，传播技术与文化，尤其是大众文化变迁之间互为因果，传播不再是大众文化之外的存在，而是直接参与到了其发展进程之中，扮演着至关重要的角色。当今，我们正经历一场由自媒体掀起的传播革命，它不仅带给我们全新的叙事表达与体验，还颠覆了传统的大众传播理论与模式，为我国大众文化领域注入了全新的动力因子。

第一节　当代传播语境与媒介图景

“人类正在步入一个真正的媒介化社会。”① 在经济与文化全球化的时代背景下，我国亦不例外地被深度卷入媒介化的时代漩涡中，大众早已习惯借助无所不在的媒介来认识与评价这个世界。因此，分析我国目前的大众文化，必须以当下的传播语境为坐标。所谓的“媒介图景”，则可以理解为从媒介角度对某时、某地的社会文化环境进行审视与概括。这既是我们认识与探索自媒体微叙事传播特征、模式与效果的基础，也有助于我们更全面、深入地探寻与审视影响这一传播过程的诸多因素。

一、从“大众门户”到“个人门户”

大众文化的网络化传播，是 20 世纪末以来我国大众文化领域发生的最引人注目的变革之一。互联网的出现与普及，不仅催生了一大批新型网络媒体，也使得传统大众媒体的网络化成为潮流和趋势。海量的叙事文本通过比特流的

---

① 孙少晶 . 媒介化社会：概念解析、理论发展和研究议题 [C]// 马凌，蒋蕾 . 媒介化社会与当代中国 . 上海：复旦大学出版社，2011：1.

方式汇集并相互转换、流通，网络逐渐成为大众文化传播的主要平台之一。

从网络大众传播的发展历程上来看，其主要经历了以下三个阶段，也可以视为三种模式。

第一阶段：以综合性网站为代表的“大众门户”。

门户网站是20世纪90年代伴随着互联网的第一次浪潮而诞生的，其英文原词为web portal，意为“网络的门户、入口”。在这个阶段，以雅虎、新浪、搜狐等为代表的综合性门户网站作为“内容提供商”充当着信息采集者与把关人的角色，向所有网民提供信息服务。它们不仅突破了传统媒体的版面、时间限制，让读者拥有更自由、便捷的阅读方式，而且极大地拓展了媒体信息服务的内容。除了新闻以外，文学、娱乐、商务等只要是能够数字化、网络化的信息，都可以成为门户网站搜集的内容，只要有足够数量的网民需求，它们就可以提供相应的服务。门户网站的诞生，带给大众全新的媒介体验，他们不仅可以随时随地免费进入任何一个门户网站去获取信息、阅读文本，还能够在上面进行休闲娱乐、互动交流。从这个意义上来说，门户网站已不再只是一个单纯的信息传播媒体，而成为一个丰富多彩的大众生活平台。

然而，随着网民数量的不断增多和信息服务的爆炸性增长，门户网站的弊端开始暴露。首先，随着信息的高速膨胀以及大众对网站内容及服务的需求日益多样化，作为“信息超市”的门户网站开始不堪重负。其次，信息内容的过度庞杂与拓展，使得用户的阅读和使用成本增加，信息的传播效果急剧下降。最后，门户网站并没有改变传统大众媒介的信息生产与传播模式，从生产角度来看，门户网站依然采用的是信息综合、编辑把关的模式；从传播模式上而言，它们依然是以一对多的单向性传播为主。因此，随着媒介技术的快速发展及大众需求的日益多样化，传统门户网站纷纷开始思考其改版及转型之路，除了更加鲜明地突出自身的特色产品或服务之外，无一例外地朝着更加简洁化、个性化、互动化的方向变革。就目前来看，大部分人依然将综合性的门户网站当作获取资讯的主要渠道之一。

第二阶段：以搜索引擎为基础的“定制门户”。

搜索引擎是根据一定的策略、运用特定的计算机程序从互联网上搜索信息，在对信息进行组织和处理后，将用户检索的相关信息展示出来的系统。那些以搜索引擎为基础的网络媒体并不生产信息，却能够最大限度地聚合信息，它们就如同一个个巨大的“信息过滤器”，能够根据用户的需求，从海量的信息中将那些被定制的部分准确而快速地汇集起来。这一传播模式打破了传统信息的组合与筛选模式，将内容定制与筛选的权力交给了大众，这不但增强了大众的主动性，也大大提高了内容获取的效率与针对性。例如“百度”就将“让人们最平等、便捷地获取信息，找到所求”作为自身的使命，致力于为用户提供“简单、可依赖”的互联网搜索产品及服务。

但与此同时，搜索类网站在不断发展的过程中也面临着诸多瓶颈，如关键词搜索信息过载，准确率低，商业化重，更新速度慢，搜索结果中广告、垃圾网站与死链接较多，内容仅仅局限在网页信息等。这其中既存在着技术原因，也存在着经济、版权等多方面原因。随着大数据时代的到来，搜索引擎的作用必将日益凸显，因而对于搜索引擎类网站或服务而言，智能化、专业化、个性化也成为其发展的必然趋势。

第三阶段：以自媒体为核心的“个人门户”。

目前，以微博、微信为代表的自媒体成为大众传播的新宠，这种新型媒介以“个人门户”为基点，通过个人的社会关系网络进行裂变式的双向信息传播。这不仅从根本上改变了传统大众文化的传播模式，更好地实现了信息生产与消费的自由化和个性化，而且使得大众的身份与角色发生了革命性的改变：首先，自媒体平台为每个人（组织）提供了一个开放、公平的“个人门户”，具备了自我表达与展示的权利；其次，每个人都可以根据自己的喜好和需求与他人的“个人门户”建立联系，从而建立一个属于自己的信息交流与社会交往网络；最后，自媒体平台自身也提供众多信息服务与社交功能，并向其他网络服务开放，全方位满足用户的多元化需求。

上述三种媒体形态虽然在出现的时间上有先后之别，但是就目前而言，它们同时并存于网络世界，各自发挥着不同的功能和作用，并不存在谁完全取代谁的情形。从本质上而言，这三个阶段出现的三种模式的根本区别就在于信息生产与传播主体的不同：第一种模式是以网络编辑为主体，第二种模式是以工具为主体，第三种模式是以用户为主体。我们可以从这一变迁过程中看出，大众的个性化、主动化需求得到了越来越多的关注与尊重，相对于“搜索引擎”所带来的影响而言，“个人门户”对“大众门户”所带来的冲击更为巨大且深远，它代表着网络传播模式的变革与发展方向。用马克·波斯特（Mark Poster）的话来说，这是“第二媒介时代”，这个时代的突出特征是没有传播中心，人人都可以参加散点的双向交流，制作者、销售者、消费者之间的界限不再泾渭分明，这是对“交往传播关系的一种全新构型”，而这种构型正影响着当代社会生活的方方面面，当然也包括人们最为熟悉的叙事过程。

二、从“媒介竞争”到“媒介融合”

1978年，尼葛洛庞蒂（Nicholas Negroponte）首次图示的方法道出了计算机、出版印刷和广播电影三者的融合趋势，并指出：“所有的传播技术正在遭受联合变形之苦。”[①]1983年，美国马萨诸塞州理工大学的伊契尔·索勒·卜（Ithiel De Sola Pool）首次明确提出了“媒介融合”概念，他认为，数码电子科技的发展导致历来泾渭分明的传播形态的聚合，如报业、广电业、电信业的边界将慢慢消失，而各种媒介呈现出多功能一体化的趋势。由此可见，媒体融合的概念与内涵最初源于媒介的技术变革，且更多地着眼于产业层面。后来，随着媒体实践与研究的深入，它开始逐渐向内容、组织、技能、规制等各个方面扩散，形成了一个多层次、多角度的概念范畴。2003年，美国西北大学的李奇·戈登（Rich Gordon）教授对不同传播语境下媒介融合所表达的不同含义进行了阐释，将其归纳为五种类型：技术融合（Convergence in Media Technology）、媒体所有权融合（Convergence of Ownership）、媒体战术性联合（Convergence of Media Tactics）、媒体组织结构性融合（Structural Convergence of Media Organization）、新闻采访技能融合（Convergence of Information Gathering）、新闻表达形式融合（Convergence of News Storytelling）。[②]

与理论研究相比，媒介融合的实践则显得更加活跃，尤其是在新闻与产业领域，如较早进行新闻融合探索的美国媒介综合集团，就在佛罗里达帕坦市设立了新闻中心，将旗下的报纸、电视台和互联网集中在一起办公，以便进行跨媒介的合作采访和信息资源共享，其中还有部分“背包记者”可同时担负各种媒体的综合采访任务。我国的媒体融合实践源于20世纪90年代中期：1995年，《中国贸易报》网络版创办；2000年，《北京日报》、北京电视台等九家媒体共同成立了“千龙网”新闻网站，上海多家媒体联合创办了“东方网”新闻网站。此后，各个层级、类型的媒介融合实践在我国传媒领域轰轰烈烈地

① STEWART B. The Media Lab：Inventing the Future at MIT[M]. New York：Viking Penguin，1988：11.

② KAWAMOTO K，CARLSON D，et al. Digital Journalism：Emerging Media and the Changing Horizons of Journalism [M].New York：Rowman& Littlefield，2003：57-73.

展开，无论是技术上的融合、组织结构上的融合，还是不同媒介形态的合作，合作方式都日益多样化与深入化。自媒体的诞生，则更进一步拓展了媒介融合的范围与意义：首先，从所有权层面来看，各大传媒集团开始争相进驻自媒体领域，纷纷注册官方微博、微信等，并将其作为扩大集团内部其他媒体品牌知名度与影响力的重要渠道之一；其次，在策略与结构层面，传媒信息内容的采集与共享范围已扩大到传媒集团之外的个人、组织或机构，彼此间的信息流通变得常态化、即时化，其结构方式也更加多样化；最后，在技能与素养层面，多媒体的信息采集与内容表达已经从专业的记者、编辑层面拓展到普罗大众，个人媒体的专业性与影响力日益增强。

当前，我们已经跨入一个新的媒体时代，以往的单一媒介或单一媒体长时间占领信息生产与传播绝对主导地位的现象已经不复存在。在数字技术与网络技术的作用下，已经没有任何一个媒体或一种媒介能够做到完全独立、封闭，更无法做到面面俱到、人人满意，大众更倾向于从各种不同类型的媒介中获取不同的信息与服务。因此，从“竞争”走向“融合”既是媒介发展的必然趋势，也是人类社会发展的必然要求。正如亨利·詹金斯在《融合文化：新媒体与旧媒体的冲突地带》一书中所描述的那样，在当代社会，“融合”已不仅包括技术，还包括了产业、文化与社会变化，因为这其中既涉及多种媒体平台的内容流动、多种媒体产业间的通力合作，更依赖于大众的迁移习性与积极参与。因而，在这一融合趋势下，无论是政府、媒体、机构，还是个人，都必须要思考并学习如何更好地利用媒介技术，推动叙事文本的跨媒介流动与交互。

三、从“E 时代”到“U 时代”

U 时代，即“无所不在的网络时代”（Ubiquitous Time），它的核心理念是创造一个随时、随地、任何人都可以上网的环境，这一环境是一个网络、信息装备、平台、内容和解决方案的融合体，这一概念源起于 20 世纪 90 年代。进入 21 世纪以来，从“E”到“U”的升级转化便成为世界各国在 IT 发展战略甚至国家战略层面所关注的重点，如 U-Korea、U-Japan 等，都是 U 时代理念与实践的具体体现。就中国而言，虽然因存在经济、科技发展水平差异和区域、城乡差距的限制，这一理念目前还未上升到国家战略层面。但近年来我国对信息传播事业与产业的高度重视和大力扶持却是显而易见的，例如在由中共中央办公厅、国务院办公厅联合发布的《2006—2020年国家信息化发展战略》中明确指出，要“推动网络融合，实现向下一代网络的转型。优化网络结构，提高网络性能，推进综合基础信息平台的发展。加快改革，从业务、网络和终端等层面推进‘三网融合’。发展多种形式的宽带接入，大力推动互联网的应用普及”。这里所提及的“综合基础信息平台”“三网融合”等概念，都包含了U网络的基本特征与要素。

“泛在网络”与“移动互联”是U时代的两大典型特征。

2009年，国际电联在发布的Y.2002标准提案里将“泛在网络”阐释为“5C”和“5Any”，其中“5C”指的是融合（Convergence）、内容（Contents）、计算（Computing）、通信（Communication）、连接（Connectivity），强调的是其功能特征；“5Any”指的是任意时间（Any Time）、任意地点（Any Where）、任意服务（Any Service）、任意网络（Any Network）、任意对象（Any Object），强调的是其传播特征。由此可见，“泛在网络”不仅体现在技术层面的突破，也体现在观念层面的革新，即普罗大众追求自由、平等的信息获取、发布与传播权力，“这是人类历史上第一次真正对改变信息不平衡现状表现出足够的智慧、信心和能力”[①]。而随着Web2.0技术的发展及微媒体的产生，这种权力不仅得以实现，更得以强化。“泛传播”（Pan-communication）[②]，正作为一种新的传播理念、传播方式与传播行为，成为当代新的社会现实。

美国著名的国际金融服务公司摩根士丹利（Morgan Stanley）在其2009年12月发布的《全球移动互联网研究报告》中指出，移动互联网是近50年来的第5个技术周期（五个技术周期分别为：20世纪60年代的第一代主机计算、70年代的微型计算、80年代的个人计算、90年代的桌面网络计算以及21世纪第一个十年的移动互联网计算），这一新周期的特征主要包括：提升处理能力，降低使用摩擦；改进用户界面；缩小外型尺寸；降低价格；扩展服务。他们指出，移动互联网的增长曲线显示，它的增长速度是桌面互联网推出时的12倍，未来5年内，手机上网用户规模将超过PC上网用户规模。有专家直言，当全球共有17亿人在使用互联网时，使用手机的人就达到了50亿，这才是一场“我

① 蔡文之．网络传播革命：权力与规制[M].上海：上海人民出版社，2011：50.

② 杜骏飞．泛传播的观念——基于传播趋向分析的理论模型[J].新闻与传播研究，2001（4）：1.

们前所未见”[①]的革命。

由此可见，一个无时不在的“移动互联”时代已经到来，小小的手机终端将成为汇集所有资讯、娱乐、交流功能的移动便携式平台，这也意味着，人类与媒介将更为紧密地捆绑在一起，人们的意识与思考方式、交流与交往方式将最大程度地被媒介“中介化”，“大众文化”将进一步演化为“媒介文化”，真实世界与虚拟世界之间的界限也将日渐模糊。

第二节　自媒体微叙事的传播方式

一、自我传播

自我传播，也称人内传播或内向传播，指的是在自我认知过程中发生在“主我”与“客我”之间的信息交流和相互对话。[②]因而，原始意义上的自我传播，仅仅是个人的自我意识和思维的活动过程，没有除了传播者自身之外的受众，其传播也是为了个体自身的信息选择、理解和记忆等。然而，随着媒介的发展，自我传播的过程和形态开始发生了变化，媒介开始介入“主我”与“客我”之间，充当起了“接力棒”的角色。在媒介的作用下，自我传播不仅实现了时空上的延伸，也使得原本无形的“内省”过程外化为文字、图像等各种有形符号，因而经由媒介实现的自我传播，无论是对生活琐事的记录，还是对情感思想的抒发，都可视为一种“外化的独白叙事”。

自媒体的出现，为人们提供了一个新型的、更为高效便捷的自我传播途径，尤其是微博、微信等微媒体的出现，就是为了方便个人随时随地记录日常生活中的点滴，将所思所想表达出来。因此从这个意义上讲，当前很多自媒体微叙事文本，尤其是大众的个体创作，都是以自身传播作为原始目的的，它们更像是一种“自言自语”，一种自我表达和自我宣泄。调查资料显示，52.17% 的微博用户就是出于“记录自己心情”的目的而使用微博的。在用户行为分析方面，64.9% 的女性用户、48.3% 的男性用户喜欢用微博记录自己的心情；不论学历

① 连线：移动互联网最大商机不在手机程序 [EB/OL].（2013-4-10）[2015-8-25]. https：//club.1688.com/article/31471637.html.

② 董天策 . 传播学导论 [M]. 成都：四川大学出版社，1995：96.

高低，各种学历层次均有约 50% 的用户都更关注“记录自己的心情”[①]。

相比于传统的纸质日记与博客日志，自媒体微叙事的自我传播最突出的特点就是文本的小容量与高频率。从作者的角度而言，这一特点不仅大大降低了叙事难度，也推动他们进行更多的“自省”；但是从内容的角度而言，它们也导致了叙事内容的碎片化与大量无意义文本的生产。与此同时，由于自媒体是一个完全公开的网络空间，因此当作者在进行“独白”叙事的时候，虽然在很大程度上是基于“自我传播”的需求和意愿，但是也会基于平台的开放性特征，有意或无意地考虑到自身或读者对自我的定位和评价，对叙事内容进行一定的修整、隐藏或者美化。例如高晓松 2011 年在酒驾出狱之后，就曾发表了一篇非常感性的微博，全文如下：

除必须出门被展览的偶尔，所余时光全部宅在家里。摘菜弄饭，含饴弄儿，有朋来居家以待之，有工作会所里谈之，不见鸿儒，不理白丁，不再格物致残。至于世道，惟胜之不武，输之不文，避之不及，由他去吧。家中尚有米五斗，宅之欢乐尚浓，妻尚如玉，女且如花，冬尚浅，秋正浓，日已尽，夜未央，真正好宅！

这篇自媒体微叙事文本可以视为高晓松对于自身生活状态与心态的一种独白，然而由于他明确知道自己的公众人物身份，因此无论从内容还是形式上看，都难以掩饰其中的“美化”之意。而对于一般的普通百姓而言，这样的现象和心态亦同样存在。

应该说，自媒体从诞生之日起，就带着浓郁的个人主义色彩，它给予了普罗大众一个可以“自说自话”的平台，也缔造了一种新的以“独白叙事”为特征的大众文化现象。虽然在实际的叙事过程中，这样的“独白”并不可能完全与思想、纸质日记等私密性的自我传播相等同，但是毋庸置疑，自媒体的出现，使得媒介化的自我传播发展到了一个新的阶段，它不仅改变了人们的思考与表达方式，也由此形成了一种以个人化思想、个人化意趣、个人化表达为特征的原生态大众文化。

① DCCI 互联网数据中心 .2010 微博与社区调查数据 [EB/OL].（2010-6-9）[2015-8-27].https：//wenku.baidu.com/view/4804164ce45c3b3567ec8b77.html.

二、人际传播

人际传播指的是个人与个人间的信息交流活动，是由两个个体系统相互连接组成的信息传播系统，它是人类交往最初、也是最基本的形式。从最初的面对面即时传播，到以简牍、书信为媒介的异地延时传播，再到以短信、QQ、微博、微信等自媒体为媒介的异地即时传播，人际传播的方式、符号与内容都伴随着媒介技术的进步不断地发生着变革。

自媒体的出现，将人们从以往的“点对面”大众传播时代推入了“点对点”的人人传播时代，无论是通过“+ 关注”的方式获得关联的微博粉丝，还是通过手机通讯录或“摇一摇”等方式获得关联的 QQ 或微信好友，无论是留言、评论，还是私信、聊天，其最基本的传播原理都是一对一的人际传播，也就是说，以个人关系网络为基础和渠道的人际传播已逐渐成为当前信息传播的主流方式之一。比如说微博中的“@”功能，就是最为常见的“点对点”人际传播工具，它的主要作用就在于向特定的人“喊话”，以保证对方能够看到。以微博女王姚晨在 2015 年 1 月 30 日所发出的一条微博为例。

去年年初，老封放下笔拿起锄头，隐于云南山中做起了农民伯伯。当时以为他只是一时兴起，不曾想，春去秋来又一年，老封获得了大丰收，专程寄来了自产年货，有山猪肉，有丑苹果，还有沉甸甸的山泉水。此时此刻，我只想问：能入股不？ @封新城

这种类型的叙事文本在微博中大量存在，我们既可以将其看成是对某一事件的描述，也可以视为与某个特定的人所进行的交流与对话。

与传统的人际传播方式相比，以自媒体为介质的人际传播具有以下几个突出特征。

首先，它突破了时空界限，实现了跨地域的即时交流，这种快速、便捷的交往方式最大程度地满足了现代人的需求，因而，人们的交往过程也越来越多地从现实的物理空间跨越到了虚拟空间。在这一空间里，人与人之间的关系和交往也变得虚拟化和符号化，人们可以根据自己的需求和喜好来建立与他人的关系，并选择交流的方式，交流双方的自主性和平等性得到了极大的增强。

其次，自媒体实现了叙事符号的多样化与可选择性。在人际传播中，人

总是有选择地展现自我，正如戈夫曼（Erving Goffman）所言，“个人表演的目的是要强调自身的某些方面而隐藏某些方面”[①]。但是在面对面的交流中，叙事符号的使用是相对确定、公开的，交流者往往难以进行选择或控制，在书信、电话、邮件等交流方式中，叙事符号则往往相对单一、固定，无法达到更好的传播效果。而在自媒体中，传播者不仅拥有丰富多彩的叙事符号，还能够自由选择及组合，从而塑造出更为理想的“自我”。

再次，自媒体的人际传播不仅是对人际关系的维护，更是对人际关系的扩展。以微信为例，在其若干个与人际传播密切相关的功能中，我们可以将其分为两类：一类是以维护既有关系为目的的功能，如对讲、视频聊天、私信、朋友圈等；一类是以建立关系为目的的功能，如摇一摇、漂流瓶、二维码、查看附近的人等。当然，不同的自媒体平台对于这两者的侧重都有所不同，比如微信致力于前者，而微博、陌陌等则倾向于后者。但无论如何，对人际关系的维护与拓展是自媒体的核心功能与竞争力所在。

最后，自媒体的即时性、网络化传播特征也大大提高了人际传播的范围与效率，使得传统意义上传播能力极其有限的人际传播通过裂变效应达到“群体传播”甚至“大众传播”的效果。

正是基于以上的传播特征，自媒体成为当前最为流行的移动社交工具，“虚拟交往”成为当代大众文化的新症候之一。美国社会学家马克·格兰诺维特（Mark Granovetter）根据时间跨度、情感强度、亲密程度和相互帮助的不同组合，把人际关系区分为强关系和弱关系。其中强关系最可能产生于个人与核心家庭成员、朋友、工作搭档、事业合作伙伴和主要客户之间，表现在生活和工作中有较多的互动机会；而弱关系范围则更为广泛，与同学、朋友、亲友、邻居之间都有可能产生，表现在互动次数少、感情较弱、亲密程度低、互惠交换少而窄。格兰诺维特指出，“强关系”构成了一种虽十分稳定但传播范围却非常有限的社会认知，而“弱关系”虽没有那么稳固，却能够达到极快的、低成本和高效能的传播效果。在自媒体的强大作用力下，人们不仅可以将现实空间中的“强关系”网络平行转移到虚拟空间中来，还可以利用自媒体的各种功能为自己建立起一个庞大的“弱关系”网络，在这里，个人的身份和角色可以不断转换，

---

① 姚劲松．新媒体中人际传播的回归与超越——以即时通讯工具QQ为例[J]．当代传播，2006（6）：55.

也可以根据不同的目的选择不同的关系网络进行叙事的传播，人际间的强弱关系也时刻处于变化之中。因而，我们可以将自媒体微叙事的人际传播视为现实人际交往在虚拟空间中的延伸和拓展，也可以视为虚拟人际交往对现实人际交往的突破与超越。

三、群体传播

所谓群体传播，是人类以群体形态进行的非制度化、非中心化、无管理主体的传播行为，具有自发性、平等性、交互性等特征，它是介于人际传播和大众传播之间的一个信息交流层次。从信息扩散方式上来看，群体传播有“点对多”和“多对多”两种形式。

从传播主体与人员关系上来看，群体传播可以分为两种不同类型：一种是“初级群体”或“小群体”传播，这类群体指的是有亲密的、面对面交往与合作特征的群体，主要由家庭、邻里和朋友组成，群体成员有限，相互交往亲密，在传播过程中，群体内的各个成员既是传播者也是受众，交流互动频繁。虽然这种传播方式一直都存在于人类社会生活中，但是由于传统的群体传播需要现实的物理空间，如广场、餐厅、校园等，在传播效果、频率和手段上都存在较大局限。另外一种是“小众传播”或“分众传播”，这是相对于大众传播而言的概念。早在20世纪70年代，阿尔文·托夫勒（Alvin Toffler）就曾预言传媒未来面临着分众化、小众化的趋势。这一预言随着社会的发展逐渐成为现实，尤其是进入20世纪90年代以来，随着现代化进程的加快和消费主义浪潮的到来，人们日益失去了对政治民主、理性价值及人类整体命运的关注，而将注意力和时间更多地转移到了日常生活与身体欲望层面上，并彼此疏离，形成以不同利益或价值观为依归的各种小圈子、小团体，“大众越来越难以找到共同关注的焦点和彼此沟通的话题，小众化传播便适时而生”[①]。应该说，这种“小众传播”最早体现在大众媒体自身的分化。在大众传播的最初阶段，受众被看作一个庞大的、同质的群体，他们只能被动地去接受大众媒体传播的内容。而随着经济社会及媒介技术的发展，信息产能的严重过剩和媒体间竞争的日益加剧，导致大众媒体不得不将受众进行细分，并依据他们的需求提供内容，

① 刘瑛．手机短信的崛起与小众化传播[J]．当代传播，2005（3）：54.

这也是大众媒体不断派生出新的专刊、子报、频道等的原因所在。随着网络媒体的诞生和普及，这种大众传播分化的局面和趋势更甚。在这类群体传播中，传播主体依然是媒体本身，传播模式依然是单线模式，受众依然只是作为具有类似价值取向或兴趣爱好的整体性的概念而存在，他们大多数相互间并不认识，是一个松散的、数量较多但缺乏互动与联系的群体。

自媒体的诞生，为群体传播提供了一个成本低廉却无时不在的“虚拟空间”。在这里，既有相对私密、稳定的“初级群体”，如“亲人圈”“朋友圈”或“同事圈”等，也有相对公开、松散的“小众群体”，如“话题圈”“粉丝圈”或“兴趣圈”等。每个人都可以随时随地创建、加入或者退出某个群体，还可以在各种不同的群体中快速穿梭，针对不同的话题进行叙事交流，个体的主动性和成员间的互动性大大增强，这不仅能在很大程度上满足当代大众的多元化信息需求，而且能给予他们更多的社会参与和生产、传播文本的权力，同时还有利于个人集体归属感与社会归属感的建立。与此同时，自媒体中群体的自发性、即时性与互动性等特征也吸引了众多大众媒体、组织机构将此当成一个分众传播的最佳平台，它们往往会通过不同的话题来汇聚不同的群体。在这些群体中，传播已不再追求受众的多少，而是着眼于为每个成员提供符合其需求和口味的信息与服务。以新浪微博为例，2010年，新浪微博族群功能产品——新浪微群开始推出，它具备了通讯与媒体传播的双重功能，在微群状态中，用户可以创建自己的微群，或选择自己感兴趣的微群，并且为未加入微群的用户随机推荐热门微群；在微群的发言界面中，用户可以相互交流，还可以同步发布至微博。而曾经风靡一时的移动社交网站陌陌则更是将“群体文化”作为提升自身品牌竞争力的有效手段，例如2014年，陌陌就推出了一系列品牌形象广告，将当下年轻人的喜好和需求进行剖析，分别从运动、音乐、爱好等角度鼓励人们勇于打开内心，去结识志趣相投的人，去探索不一样的人生（如图3–2）。

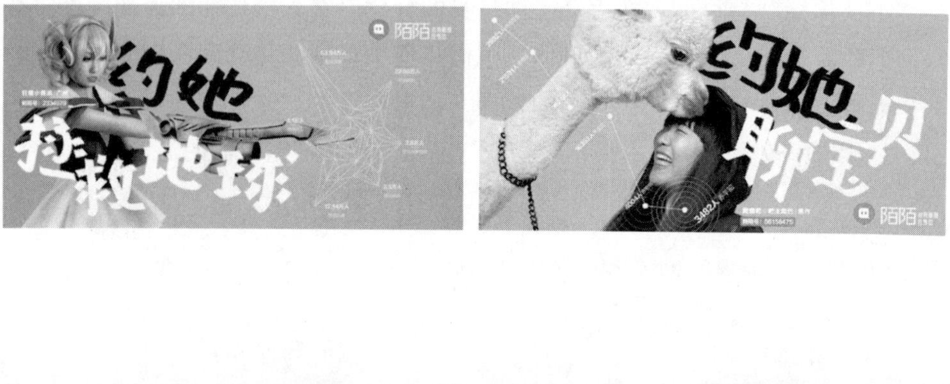

图 3-2　陌陌品牌平面广告

截至 2014 年 9 月 30 日，陌陌总注册用户突破 1.803 亿，月活跃用户 6 020 万，陌陌用户已经建立了基于不同地理位置和兴趣的群组 450 万个。在这样的组群中，用户因共同的兴趣爱好或者关注的问题集合在一起，针对某些话题进行交流，各式各样的微叙事文本在这里生成与传播。据统计，2014 年 9 月，陌陌平均每天产生 6.55 亿条点对点消息，这些消息中 63.5% 是相互关注好友之间的消息，组群平均每天发送的信息量达 2.224 亿条。①

社会的转型和经济文化的发展，使人们有了更多的闲暇时间和更强的消费能力，不同类型的群体传播提供给人们相互交流的机会，实现理解、沟通的愿望。除此之外，在小众群体中，人们更容易找到志同道合的伙伴，形成与大众媒体未必一致的观点和意见，这种空间的自由度和群体的认同感也成为吸引人们在此流连忘返的主要原因。正是因此，群体传播成为自媒体微叙事最为活跃也最具生命力的传播方式，而由此形成的分众文化、小众文化等也成为可与大众文化相媲美的文化形态之一。

四、大众传播

在传统的传播学研究中，大众传播是“由一些机构和技术所构成，专业化群体借助这些机构和技术，通过技术手段向为数众多、各种不同而又分布广泛的受众传播符号内容”的一种主要形式②。自媒体的出现，不仅使大众传播的主体和客体变得更加多样化和复杂化，也将传统大众传播的单向性信息传递过程转变成一个循环式的互动交流过程。

---

① 陌陌也要上市了：详细用户数曝光 [EB/OL].（2014-11-08）[2015-10-12]. http：//news.mydrivers.com/1/327/327680.htm.

② 麦奎尔，温德尔 . 大众传播模式论 [M]. 祝建华，武伟，译 . 上海：上海译文出版社，1990：7.

自媒体微叙事的大众传播主体和途径可分为三种：（1）网络大众媒体。网络大众媒体传播可视为传统大众媒体的网络化延伸，它们大多是报纸、电台、电视台、杂志等开设的各类自媒体账户，或是自媒体服务提供商本身自设的账户，内容以新闻类、生活类信息为主，信息发布数量多，并具有一定的持续性和规律性。通过网络大众媒体传播的叙事文本具有较强的权威性，因此，大众往往将其作为获取信息的主要渠道。（2）传统大众媒体。自网络媒体诞生以来，传统大众媒体从中寻找题材与内容已经成为常态，而随着自媒体微叙事的流行与影响力的不断扩散，传统大众媒体参与传播过程的热情与程度也与日俱增。传统大众媒体将自媒体微叙事的传播范围从“网众”扩大到了“受众”，实现了更大意义上的“大众”传播，并且通过传统大众媒体的“精筛选”和“深加工”，自媒体微叙事文本的作用与意义也得到了放大。（3）个人媒体。个人媒体主要指的是由明星、企业家、官员、媒体人、专家学者、草根意见领袖等人所开设的各类自媒体账号，他们往往拥有庞大的朋友与粉丝资源，成为能够实现大众传播的个人媒体平台。另外，还有一些人可能会借助某一事件或某些内容实现自媒体微叙事文本的大范围传播。如在舟曲泥石流报道中的网友王凯，因为掌握了第一手资源而成为整个事件报道和传播过程中的主体参与者。与专业媒体的大众传播相比，通过个人媒体传播的叙事文本往往较为随意，在形式和内容上也更为丰富，且常常带有很强的主观性。作为个人传播者，他们与读者间的互动也更为频繁，甚至很多的叙事内容都会因读者的反馈而发生变更或修正。由此可见，自媒体给予了每个人信息发布的自由，这也意味着，每个人都有可能成为“大众媒体”，但是相对而言，个人媒体传播的力量和范围依然薄弱，必须要借助其他更多的媒体力量，才能实现更大范围的大众传播。

由此可见，依靠自媒体平台进行的大众传播，是超越传统大众传播的，且是带有共享、参与、民主等文化特征的新型传播方式。传统的大众传播理论认为，现代社会的大众传播是一种单纯的专业媒体机构的运作过程，而自媒体的出现，则带来了一种去中心化和权威化的传播结构及一个机会更为均等的传播环境，传播主体与叙事话语的草根性与平民化特质将会日渐凸显。

第三节　自媒体微叙事的传播模式

麦奎尔曾经在他的著作《大众传播模式论》中说过，“模式不可避免地具有不完整、过分简单以及含有某些未被阐明的假设等缺陷。适用于一切目的和一切分析层次的模式无疑是不存在的”[①]。但模式又是一种阐发思想和理论的必备工具，也是认知复杂事物运行机制与发展趋势的有效途径，尤其是对传播而言，由于传播行为总是在特定的社会环境和关系结构中发生的，且存在一定的复杂性与可变性，因此传播模式的意义就在于它可以形象地展示社会关系结构、人类行为的某些可预见或可重复的形式，以及结构与行为的互动。

麦克卢汉曾指出：“大众媒介所显示的，并不是受众的规模，而是人人同时参与的事实。”[②]从这个意义上来说，自媒体才是真正的大众传播媒介，它为人们提供了一个“可读、可写、可交互”的叙事空间，使得大众文化不再只是被表现或模仿的对象，而是成为一个言说的主体，开始获得了充分表达自身的权力和能力。自媒体微叙事的传播彻底颠覆了传统大众媒体以传者为中心的线性模式，形成了一种以文本为中心，将自我传播、人际传播、群体传播与大众传播融为一体的层级扩散模式（如图 3–3）。

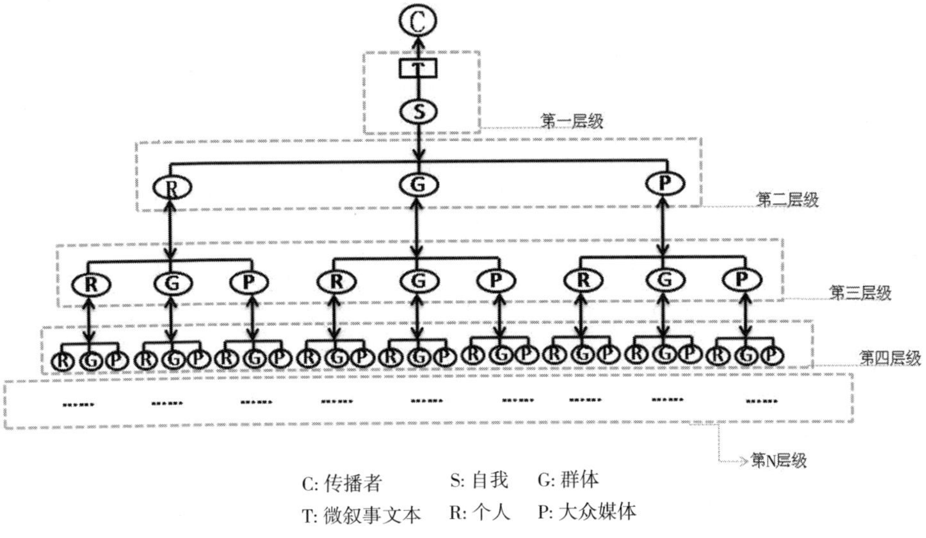

图 3–3 自媒体微叙事的层级扩散传播模式图

如图所示，自媒体微叙事的传播是一个传播面不断扩大、影响力不断提升的层级发展过程，它的传播机制源于自媒体用户间的层层叠加与裂变。在这

① 麦奎尔，温德尔. 大众传播模式论 [M]. 祝建华，武伟，译. 上海：上海译文出版社，1990：4.

② 麦克卢汉. 理解媒介：论人的延伸 [M]. 北京：商务印书馆，2000：4.

一传播模式中，除了第一层级的自我传播之外，其他各个层级都是人际传播、群体传播和大众传播三种传播方式相互作用、并行共进的过程，它们共同组成了一个非常复杂的网络传播系统。而这不仅改变了大众文化的传播路径，也使得大众文化的媒介偏向与运行机制发生了转变。

一、层级扩散——改变了大众文化的传播路径

在文化研究的范畴中，大众文化是一个特定的范畴，它主要指的是兴起于当代都市的，与现代工业密切相关的，以现代传媒为介质的，带有文化产业性质的一种文化形态。由此可见，媒介对大众文化的形成、性质及其传播过程都具有非常重要的意义。在传统的大众媒体时代，任何大众叙事文本，或者说大众文化产品，都是经由某种大众媒体直接到达大众，传播路径是固定的、单一的，并由此形成了“一对多”的单向性、扁平化传播模式（如图 3-4）。在这种传播模式中，大众媒体作为文本与受众间的唯一中介，具有绝对的文本控制权。

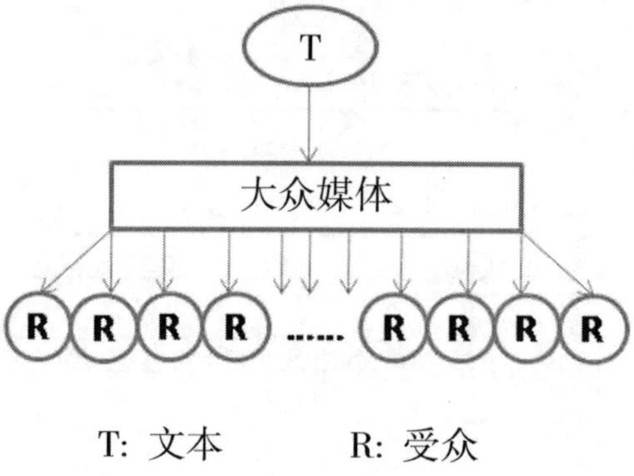

图 3-4　传统大众媒体叙事文本传播模式

到了自媒体时代，多媒体的融合趋势与多层级扩散的传播模式，使得每一条微叙事文本都会因创作主体、类型、内容等各方面的不同而拥有各不相同的传播路径，而传播过程的多节点性更使得它们的传播范围及其效果往往无法估算或预测。以新浪微博网友“程序员幽默”发布的一则自媒体微叙事文本为例，2011 年 1 月 3 日的 21 点 42 分，该网友发布了这样一条微博：

据说在每个互联网公司里，都有一个扫地的老太太。很偶然地，当她经过一个程序员的身边，扫一眼屏幕上的代码，会低声提醒对方说：小心，栈溢出了。

微博还附上了一张金庸《天龙八部》中少林扫地僧的图片。此后该条微博被网友疯狂评论转发，还以各行业为背景，演绎出数种版本的“扫地老太太”。截至 2011 年 1 月 5 日下午 4 时，“扫地老太太”话题迅速蹿升至新浪话题榜第二位，以“扫地老太太”为主题的造句活动也火热展开。作者“程序员幽默”随之成立了以“扫地老太太”为名称的“微群”，短短几个小时，微群成员数便突破两千。很快，《南方都市报》《深圳晚报》等传统大众媒体纷纷对“扫地老太太”微博内容及其爆红的现象予以报道。到 2011 年 1 月 15 日时，新浪微博关于“扫地老太太”的微博已有 59 770 条，“扫地老太太”成为 2011 年的第一位虚拟网络红人。

由此可见，这条自媒体微叙事文本发布之后，在短短的几天时间里，就经历了多个层级的人际、群体及大众传播过程。就是这样一条看起来并没有太大意义和价值，甚至有点无厘头的虚构故事，竟然能够达到这样大的传播效果，这也许是作者及很多人都始料未及的。

当然，从空间上来看，并非所有的自媒体微叙事文本都会经历多层级的、多方式的传播过程，它们有可能会在某一层级上戛然而止，也有可能仅仅在人数极少的人际或群体间流动，传播范围极其有限；从时间上来看，并非所有的自媒体微叙事文本的传播都遵循同样的时间轨迹，有些文本可能一经发布就引起关注，并保持长时间的持续发酵，而有些可能会在经历一段时间的“静默”之后才忽然“爆发”，在极短时间内形成大规模的传播。与此同时，自媒体微叙事的传播总是处在不可逆的演化过程中，虽然有一些类型、功能相同的文本在一开始会遵循同样的传播路径，但是从长远来看，它们的走向依然是不尽相同的。

除此之外，自媒体微叙事的传播过程，融合了自我传播、人际传播、群体传播和大众传播四种传播方式，这也造成其叙事文本不再以传统的私人化或大众化为界限。有很多微叙事文本，虽然可能其初衷只是单纯的自我传播或小圈子传播，但是网络的开放性及传播的层级性使任何人都无法控制它们是否会流入大众传播渠道，成为大众文化文本。反之，一些原本以大众传播为目的的叙事文本，也可能因为信息的流动速度过快或涉及敏感内容等原因，反而逐步走入更为私密、狭窄的传播渠道。

由此可见，较以往的“大众文化产品”来说，自媒体微叙事的传播过程具有鲜明的“随机性”与“脱控性”，这也就意味着，在自媒体平台上生成的大众文化拥有更为复杂的传播路径，它们已经不再像以往那样轻易地被少数媒体集团或组织机构所控制与筹划，“过程控制”已经成为“内容控制”之外大众文化传播所需要关注的核心问题。

二、节点互动——改变了大众文化的传受逻辑

从自媒体微叙事的传播模式图中我们可以清晰地看到，它是一个由众多“节点”组成的网络结构，每个用户都是一个“节点”，是信息的接受者、加工者和再次传播者，他们能够按照自己的信息组织、处理和发布方式，参与自媒体微叙事文本的生产过程。每个节点之间，都是一个双向的文本互动。这从根本上颠覆了传统大众文化与传播学研究中的受众理论，模糊了原本泾渭分明的传受双方的位置与关系，使得“读者”与“作者”的身份时刻处在变动与转化之中，这也意味着，受众已经从“被动接受者”变成了“主动参与者”，其作用与影响力日益凸显。

从叙事学的角度来看，这种主动参与至少在三个层面上对大众文化产生了影响。

首先，在文本阐释层面。与传统的大众文化文本相比，自媒体微叙事在形式上最大的特色就是单条信息的容量有限，这使得自媒体微叙事文本不能像一般的小说、电影、电视剧那样，有充分的空间来表现情节、刻画人物，因此它们展现的往往仅仅是故事的一个方面，或者事物发展的一个阶段。打个比方，每条自媒体微叙事文本就如同一张拼图的碎片，受众如果想看到整幅图画，或者想进一步看清图画后面的真相，他就必须通过这一文本的传播网络，寻找每个与其相关的节点信息，然后再重新整合成为一个完整的故事。换句话来说，当我们对某条自媒体微叙事文本产生兴趣的时候，往往会对其作者或传播者加以关注，阅读他（们）所发布的其他相关内容，甚至对他（们）的身份、职业、生活轨迹、思想脉络等都进行了解，从纵深方向完成碎片信息的拼图过程。又

或者，当我们对某件事情产生兴趣的时候，也可以通过点击链接关键词的方式，聚合同类叙事文本，从而更清晰地了解事件的来龙去脉及其演进过程。例如在2014 年 3 月马航客机失联事件发生之后，各大微博网站、机构、个人等纷纷通过加标签（“#”）的方式，将关于客机失联过程、搜寻调查情况、各方应对灾难的行为表现等众多文本横向联系起来，作为整体性叙事文本考察，从而更好地帮助自身和他人多角度立体掌握事件全景。与此同时，读者还可以通过转发、链接等功能与自己的观点、看法形成互文性叙事，更进一步拓展原文本的信息容量和意义空间。这种大众主动搜索、分析、组合与再创造的过程，不仅使聚合起来的自媒体微叙事文本形成了一种新型的“拼图结构”，也使得原本只有单一或少数阐释维度的大众文化文本展现出更加立体、丰满的形象。

其次，在话语权力层面。在自媒体微叙事的传播过程中，转发功能使得读者不仅可以将作者发布的文本一键转发到自己的自媒体账号上,成为传播者，还可以加上自己的观点和看法再转发出去，成为原文本的阐释者，甚至是新文本的作者。也就是说，自媒体微叙事文本的组织、再生产与传播路径的选择权在每一个自媒体用户的手中，而不是集中在极少数的主流媒体或权威机构的手中。当然，在自媒体微叙事的多层传播体系中，也存在着“专业媒体”和“意见领袖”，相对于普通用户而言，他们依然掌握着较强的话语权，在很大程度上影响着自媒体微叙事文本的内容及大众的态度走向。但是从整体层面上来看，相对于大众媒体时代而言，自媒体的出现，使得大众文化的话语权力开始从集中走向分化。

最后，在媒介偏向层面。麦克卢汉曾经根据媒介的清晰度及参与度的差异，将媒介分为冷热两种，其中“冷媒介”指的是“低清晰度、高参与度”的媒介，“热媒介”指的是“高清晰度、低参与度”的媒介。根据这一理论，由于“冷媒介”提供的信息非常少，要求接收者拥有较高的参与能力，比如对传播内容的文化背景有深入的了解、对媒介符号使用的熟悉程度等，所以它们往往更为精英文化所青睐，例如书籍、论坛。而“热媒介”则由于提供的信息非常完整，并不留下太多空白让接受者去填补或完成,在很大程度上便于人们接受和理解，因此它们更多地为大众文化所偏倚，例如电视、电影。而自媒体的双向互动性特征，则大大增强了大众用户在文本生产与传播过程中的主动性与参与度，虽然这种参与并不是整体性的，也不是绝对性的，但是它已经在很大程度上动摇了麦克卢汉关于冷热媒介的界定方式，使得“参与度”与“清晰度”不再是一组对立的指标，也就是说，具有高清晰度的“热”媒介同样可以拥有高参与度。换句话说，在自媒体时代，一种以高清晰度、高参与度为特征的大众文化形态正在形成。

三、自组织性——改变了大众文化的运行机制

20世纪70年代，德国理论物理学家哈肯（H. Haken）首次提出了“自组织”概念，他认为，从组织的进化形式来看，分为他组织和自组织两类。如果一个系统靠外部指令而形成组织，就是他组织；反之，如果不存在外部指令，系统按照缔结默契的某种规则，协调、自动地形成有序结构，就是自组织。从严格意义上来说，“自组织”与“他组织”是不能完全割裂的，它们往往共存于一个组织系统中，最终表现为哪种组织状态，主要看二者之中谁的主导能力更强。一般而言，组织或系统的结构和功能越简单时，他组织往往更有优势；反之，则自组织更具优势。由此我们不难判断，他组织是现代工业化、机械化生产中最为典型的一种组织形态，世界上绝大多数的大众媒体机构，如报纸、电视、广播、杂志等都主要遵循他组织的形态来进行运作，因而传统的大众文化研究也正是在这种组织形态基础之上进行的。而自媒体作为一个复杂的网络系统，“自组织”在其中发挥着主导性的作用，这种新型的组织形态构建了一个开放的、多元的大众传播平台，并改变了大众文化的运行机制。

首先，在平台层面。平台的开放性是系统实现自组织的前提条件之一，自媒体的开放式平台主要表现在两个方面：其一，自媒体的绝大多数应用形式，如博客、播客、微博、微信等，都打破了由专业大众传媒机构提供信息的模式，倡导普通大众用户创造与贡献内容。其二，版权开放，软件代码免费提供，更多用户可以参与到软件产品的合作开发中，共同完善媒体功能与服务类型。也就是说，在这一开放的平台上，每一个用户都有可能成为信息交流的中心，每一个个体都能够深度参与到大众文化的创造与传播过程中，并在自我体验的基础上形成新的自我需求。

其次，在动力层面。哈肯认为，自组织系统的演化动力是系统内部各个子系统之间的竞争和协同，不同思想、方法和概念间的相互交流、批评与观点之争是系统演化永恒的主题。[①] 以Wiki为例，它以“共同创作”为手段，鼓励

---

① 吴彤. 生长的旋律：自组织演化的科学[M]. 济南：山东教育出版社，1996：1–2.

并支持大众进行协同创作与交流。Wiki 中的内容是集体智慧创作的成果，大批用户聚合在这里进行合作生产，条目一直处于不断丰富和完善之中，直至被大多数用户所认同，最终使内容达到一个新的高度。除此之外，在那些热点社会事件与网络舆情生成过程中，自媒体上不同观点间的竞争与协同所产生的作用与效果也十分显著。自媒体用户间的这种相互作用，使得信息成为“围绕着如何使信息系统稳定而聚合、倍增与意义的自创生”[①]。换句话说，在大众媒体时代，大众文化的生成和运行基本上都依赖于大众媒体自身的推动，大众处于一种被动的“获取共知”状态。而在自媒体时代，大众文化的生成动力更多地源于个人与个人之间、群体与群体之间的竞争协同，大众处于一种主动的“创造共识”状态。

第三，在过程层面。自媒体传播系统是一个由普通百姓、传统媒体、网络媒体、舆论领袖、机构组织等各个子系统共同组成的整体，他们彼此之间相互依存、相互影响，共同推动叙事文本的传播与大众文化的形成。自组织理论认为，涨落是系统进化到有序状态的动因，驱动了系统中各个子系统在获取物质、能量和信息方面的非平衡过程。在临界点附近，微涨落会被放大为巨涨落，从而使得系统发生突变。[②] 例如，微博上每天上传的叙事文本可谓数不胜数，且千差万别，但是总会有一部分因为某个人的转发，或者某个事件的引用，或者某个群体的高度关注而形成特定的主题，集聚到一定数量，然后引发突变，使这些文本具有了更广泛的社会意义和文化价值。因而，这种由“突变”所生成的大众文化往往呈现出显著的阶段性特征与极端化倾向，也就是说，当叙事文本进入到自媒体传播系统的初期，用户因受到自身文化背景、意识形态与心理因素等的影响，往往会对文本产生不同的反应和解读，传播过程也会处于一种散乱的、无序的状态。而随着文本的进一步传播，人们的思想和看法开始在交流与互动的过程中产生了一定的偏向性，尤其是受到舆论领袖或大众媒体的影响，大多数人的意见和态度就会快速集中靠拢到一起，并开始进行有意识、有组织的传播，从而影响大众文化的演化方向。

① 李宏轩 . 信息自组织理论探讨 [J]. 情报科学，2000（2）：109.

② 吴彤 . 生长的旋律：自组织演化的科学 [M]. 济南：山东教育出版社，1996：8.

第四章　自媒体微叙事的本质与效应研究

尼尔·波兹曼曾经从媒介变迁史的角度，提出“当一种有很大影响力的媒介进入一个文化时，结果并不是旧文化和新媒介的简单混合，而是产生了一种新的文化”[①]。今天，自媒体不仅广泛而深远地改变着人们的生产、生活和社会交往方式，而且强烈撼动着人们固有的价值观念、审美趣味和思维模式，引发了日益深刻的文化变革。叙事作为社会文化语境中一种最基本，也是最容易被激活的言语和文本方式，必将介入自媒体时代文化的生成与演变过程中，映射并形塑着这一文化形态。因此，对自媒体微叙事的研究，应该也必须从价值论的角度去思考与发掘它的存在本质，并由此揭开它给当代中国大众文化带来的影响。

第一节　平民叙事与大众话语狂欢

在谢因波曼和克里斯威里斯最早提出的“自媒体”概念中[②]，自媒体的主体是 ordinary citizens，也就是普通民众，他们通过私人化的书写来分享和传递自身经历或收集到的（新闻）信息。也就是说，自媒体的革命性意义在于引爆了一场大众传播的信源革命，它终结了传统大众传媒的话语霸权，代之以张扬个人主义和大众立场的众声喧哗。因此，自媒体微叙事从本质上而言，是一种平民叙事，它蕴含并传达着平民阶层展现独立意识、彰显个性以及反抗传统秩序的强烈需求与愿望。

如今，无论我们登录的是微博、微信，还是陌陌、优酷，扑面而来的无

---

① 波兹曼．娱乐至死 [M]. 章艳，译．南宁：广西师范大学出版社，2008：15–16.

② 原文为“We Media as a way to begin to understand how ordinary citizens，empowered by digital technologies that connect knowledge throughout the globe，are contributing to and participating in their own truths，their own kind of news.”

不是平民化的文化景观，数以亿计的自媒体用户用群体“微叙事”创造出了当代大众文化的一种“新话语”。这种简约却不简单的话语模式，“表达着被强势媒体忽视的草根人群的喜怒哀乐，表达着被主流媒体不屑的社会生活的细枝末节，表达着传统媒体无法出现的对公众人物的戏谑”①。

一、公共空间里的草根狂欢

Web2.0 的核心理念，是要让用户参与内容的创造和生产，全民织网，每个人都能够成为信息的发布者、价值的创造者。如果说早期的自媒体，如 SNS、维基、博客等，作为探索者和实践者，为“全民书写”打开了一扇窗户的话，那么后期的微博、微信等则真正将人们带入了一个“草根叙事”的世界：一方面，移动终端和网络的普及，极大地拓展了“微媒体”用户的数量。中国互联网络信息中心（CNNIC）发布的第 44 次《中国互联网络发展状况统计报告》显示，截至 2019 年 6 月，我国网民规模达 8.54 亿，其中手机网民规模达 8.47 亿，网民使用手机上网的比例达 99.1%。② 另一方面，“微媒体”操作的简便性、篇幅的有限性等，都大大降低了叙事的门槛，让原本处于“沉默的大多数”的普罗大众找到了可以施展拳脚的舞台。

（一）开启第二世界

改革开放以来，中国现代化进程的加快以及西方现代性思潮的冲击，使得中国人陷入了文化逻辑的混乱状态中。东方 / 西方文化、传统 / 现代文化、精英 / 大众文化、主流 / 非主流文化、现代 / 后现代文化的对立共存与交杂互渗，使得人们的价值观日益多样化与复杂化，人们开始迫切希望能够按照自身的价值取向和审美情趣来选择与阐释文化，个人的主体意识和文化权力意识开始觉醒。然而，在大众媒体时代，电视、报纸、广播等媒体基本上都是官方文化和精英文化的表达工具，草根大众极少有机会通过这些渠道发出自己的声音，他们的需求和欲望无法得到满足。

自媒体的诞生，使广大民众拥有了一个简单、便捷、低成本的展现和参

① 黄少华. 闪客：另类娱乐文化的涂鸦与解构 [N/OL]. 中国青年报.（2006-3-27）[2015-04-20]. http：//news.sina.com.cn/c/edu/2006-03-27/08448537533s.shtml.

② CNNIC 发布第 44 次《中国互联网络发展状况统计报告》. [EB/OL].（2019-08-30）[2020-04-11]. http://www.cac.gov.cn/2019-08/30/c_1124939590.htm

与空间，每个人都可以在这里享受无禁锢、无等级界限、无压迫的话语释放，感受狂欢式的诉说愉悦。正如巴赫金（Бахтинг,Михаил МихаЙлович）所言，狂欢现象代表的是民间文化对官方和主流价值观的颠覆，它开启了人类生活的“第二世界”。在这里，被现实世界中的等级秩序束缚着的平民阶层可以获得充分的主体话语权，大胆地宣泄情感、表达诉求。

作为“第二世界”存在的自媒体空间对于大众而言具有现实的精神价值：首先，交替与反抗。如上所述，自媒体的诞生，使得原本掌握话语霸权的传统大众媒体失去了既定的身份和权威，叙事的主体变成了草根大众，这是大众对传统与现实体制和范式的一种颠覆和反抗，就如同欧洲传统狂欢节上给国王加冕和脱冕的仪式一样，“（仪式）是狂欢式的世界感受的核心所在，这个核心便是交替与变更的精神，死亡与新生的精神。狂欢节是毁坏一切和更新一切的时代才有的节日”①。正是因为如此，戏谑、调侃、嘲讽式的表达在自媒体微叙事文本中可谓比比皆是。其次，平等与民主。中世纪的狂欢节是一年一度民众放纵身心、宣泄情绪的日子，这一天，受到严格等级束缚的人们暂时摆脱了世俗社会的禁锢，以平等的身份进行表达和交流。自媒体平台就如同一个虚拟的、全天候的狂欢节广场，每个来到这里的人都是平等的个体，只要你愿意，可以随时随地地嬉笑怒骂，随心所欲地聊天交友，毫无顾忌地倾诉交心。最后，娱乐与快感。狂欢的世界是最接近于原始状态的世界，在这里，人们可以暂时摆脱一切束缚，放下一切事务，尽情地娱乐和欢笑。自媒体的多重功能及应用完美地契合了这一需求，人们可以综合运用文字、图像、视频、声音等多种符号手段来进行叙事，各式各样的生活自拍、恶搞视频、搞笑段子让人目不暇接，人们在阅读和书写的过程中收获了心灵的愉悦和生活的乐趣。

（二）凸显生活本真

人是一种价值性的存在，因而价值也必然存在于人的日常生活中，肯定日常生活中的意义和价值，就是肯定人自身的意义和价值。除此之外，日常生活也是个体通向社会外界的渠道之一，个体的生存常态往往能够更真实和普遍地折射出时代的命运和变迁。在西方的大众文化研究中，大众文化文本与日常生活之间的联系曾经得到过充分证明，例如理查德·霍加特（Richard Hoggart）

① 巴赫金．陀斯妥耶夫斯基诗学问题[M]．白春仁，顾亚铃，译．三联书店，1988：177-178.

就曾经对 20 世纪 30 年代的工人阶级文化进行了细致入微的观察，他详细描写了工人阶级生活的方方面面，包括他们经常光顾的俱乐部、小酒馆，经常阅读的期刊、电视剧，以及喜欢的体育活动，等等。他认为，那些期刊和电视剧之所以能够在工人阶级中广为流行，正是因为它们“非同寻常地忠实于读者生活的细节”，因而“我们首先需要欣赏的是故事在平淡中表现出来的稳固而亲切的生活方式”[①]。

费斯克在《理解大众文化》一书中曾经说过，大众文化是通过切入日常生活体验来与人们产生共鸣的，而由于人们的日常生活体验是不断变动的，因此这些切入点也必定是多元而短暂的。自媒体作为一个开放化、即时化的个人叙事空间，它向用户提供的，正是一种无所不在的、可以随时展现变动的日常生活体验平台。从这个意义上来说，自媒体微叙事就是当代大众文化展现“多元化”日常生活的最佳切入点。在这里，个人的“日常表演”和故事的“即时分享”成为一种常态，自媒体微叙事就如同草根大众公开出版与传播的“生活志”，从吃喝拉撒到生老病死，从喜怒哀乐到悲欢离合，各式各样的生活细节和日常琐事都在这里展露无遗，生动具象。人们在这种日常生活“小叙事”的创作和阅读过程中，既满足了自我表演的欲望，也满足了窥探他人的欲望；既感受并创造出自己作为“个体”在这个时代、这个世界的生活乐趣，也从中得到了一定的情感宣泄与心理补偿。正如费斯克所言：“大众文本必须提供大众意义与大众快感。大众意义从文本与日常生活之间的相关性中构建出来，大众快感则来自人们创造意义的生产过程，来自生产这些意义的力量。”[②]

（三）表征艺术平权

在经典叙事学中，叙事由两大部分组成：一是叙事的内容，即故事；二是叙事的方法，即话语。托多罗夫将话语分为三个部分：“表达故事时间和话语时间之间关系的叙事时间；叙事体态或叙述者观察故事的方式，以及叙事语式，它取决于叙述者为使我们了解故事所运用的话语类型。”[③]从这个意义上说，叙事是一种修辞性的存在，它包含美学意义上的创造，是关于“叙述的艺术和

① 霍加特．人民的“真实”世界：来自通俗艺术的例证——《派格报》[M]// 罗钢，刘象愚．文化研究读本．北京：中国社会科学出版社，2000：119-121.

② 费斯克．理解大众文化 [M]. 王晓珏，宋伟杰，译．北京：中央编译出版社，2001：153.

③ 托多罗夫．叙事作为话语 [M]// 张寅德．叙述学研究．北京：中国社会科学出版社，1989：234.

实践”[①]。

远古时代“劳者歌其事，饥者歌其食”的民间叙事和表达是人类艺术的发轫。当时，艺术的话语权属于每一个普通人，每个社会成员都可以成为诗人、画家或演员，享受着机会的均等与创作的自由。后来，随着社会分工的出现，叙事艺术在逐渐走向成熟的同时，也开始变得专业化与贵族化，并逐步走向权力和垄断，艺术创作与欣赏逐渐成为知识分子、掌权者或精英贵族的特权，与普通民众及其日常生活渐行渐远。自媒体的诞生，在这一道厚厚的壁垒上砸开了一扇门，它先验性地昭示着叙事艺术的民间回归。这个开放而自由的平台，借助数字技术的力量缔造了一个“人人都是艺术家”的平权空间，重新燃起了普罗大众的艺术热情，掀起了一股蔚为壮观的创作浪潮。

当前我们可以看到，随时随地运用手机或其他移动终端进行文字、图像或视频创作，并借助微博、微信进行传播与分享已经成为大多数现代人的生活方式，“微小说”“微电影”“微广告”等新型艺术形态随之诞生。而随着自媒体功能和服务的日益完善及数字软件的不断开发升级，这些工具和技术将会被越来越多的人所掌握，对于那些原来没有机会或能力进行艺术活动的平民阶层而言，他们第一次拥有了一块属于自己的“艺术园地”，上面可以随意张贴自己或他人创作的诗歌、小说、戏剧、视频，也可以随意参观别人的园地，并参与到他们的创作中去。在这里，艺术不再是特权阶层的精神盛宴，而是平民阶层的实践生活方式。

作为一种新型的大众话语模式，自媒体微叙事的平民立场消解了经典艺术所秉持的价值典范和审美趣味，将长期以来被膜拜的“艺术”拉下了神坛，开创出一个艺术普泛化、个性化的空间。在这里，任何人都可以染指艺术，创造新的艺术作品，无论你是文学大师还是网络写手，是明星达人还是无名小辈，都可以自由创作、平等对话、相互评价。虽然这有可能会导致艺术审美性的缺失，却满足了大众对于艺术创作、鉴赏和交流的需求，反映了芸芸众生的生活状态，拓展了艺术的发展空间。

二、众声喧哗下的集体焦虑

话语的转换反映着社会的变迁，折射着人类的精神状态与心理格局。当下

---

① 关于对“叙事”的解释，参考《韦氏词典》［M］. 世界图书出版公司，1996：488.

的中国正处于“三千年未有之大变局”意义上的转型阵痛期，多元文化的渗入、社会矛盾的多发、生活压力的激增，价值观的紊乱等，使得人们普遍处在一种焦虑不安的状态中。这是“社会中的不确定因素在民众中产生的压抑、烦躁、不满、抑郁、不安全感和非理性冲动等紧张心理的集合，当它集聚到一定程度时就会形成社会张力，最终会以社会冲突或其他方式释放出来”[①]。通常而言，民众宣泄焦虑的方式主要有两种：一种是行动表达，通常表现为群体性事件；另外一种是语言表达，也就是所谓的民间话语。无疑，自媒体作为当前中国民众进行话语宣泄的一个重要渠道，在一定程度上化解了现实社会的结构性压抑，避免了更为激烈的社会暴力或冲突。但与此同时，这种过度的“话语狂欢”也造成了民众普遍性的理性缺失与行动力的削弱，导致新的社会压力与问题的产生。

（一）弱势群体泛化：大众的心理认同

2015 年全国两会上，全国政协委员、中国建设银行行长张建国在提到利率市场化改革所伴随的问题时，将银行称为“弱势群体”，现场哄堂大笑。如果说掌握着现代社会金融命脉的银行都是弱势群体的话，那么谁会是“强势群体”呢？语言其实是社会背景和人们心理的暴露，当实际处于社会利益链条上端的行业和群体都认为自己处于“弱势”时，那就证明这个社会存在着某些机制或氛围，使得他们有意识或者无意识地认同与实践。因而更准确地来说，当代中国不是“弱势群体”在扩大，而是“弱势心态”在蔓延。

这种泛化的“弱势心态”正是人们焦虑情绪的鲜明映照。从客观上来讲，这是社会变革的加速以及公平正义的相对缺失造成的。改革开放三十多年来，从物质条件上来看，人们的生活水平有了极大的改善和提升，但是幸福感却急速下降，其中最主要的原因是社会发展的不平衡所带来的人们控制感的缺乏。当人们发现，在越来越多的事情与境况中，无论个人怎么努力，始终无法改变现状和结果的时候，弱势心理就会产生。从主观上来讲，在当前各个场域复杂的利益格局中，将自己说成“弱势群体”，反而可以让自己在利益的博弈过程中占据一个道德制高点，从而在心理上获得更多的安全感。

自媒体因其平民性、匿名性、低门槛、多受众等特征，已成为社会各个阶层释放压力、宣泄情感的重要渠道，也成为他们表达诉求、抵抗权威、展现

---

① 邱敏．社会焦虑——一个微观层面的社会问题 [J]. 社会，2003（3）：8.

自我的利器。在这里，人人都是焦虑的“草根”，都有各自的烦恼和忧愁，都需要倾诉并希望得到认同和理解，因而在这感性化的叙事空间里，为了能够更大限度地获得他人的关注与自我的安全感，人们总会自觉或不自觉地运用“弱势”心理和想象进行书写，也就是说，用“心理”代替“大脑”进行思维，理性思考在很大程度上让位于感性体验。因而，在自媒体刚刚兴起初期，人们为获得新的话语空间而兴奋不已，期待着新一轮的思想大解放的到来，然而实践却证明，话语的众声喧哗并不一定走向思想的百家争鸣。大众叙事的感性化特征使得每个人在疯狂言说的同时，也在大量制造着“噪音”，将他人和自己有限的时间和关注力消解在无穷无尽的情绪宣泄中，既无法诉说那些更有价值和意义的故事，也无暇聆听那些理性的、迫切的声音。而更为严重的后果是，这种弱势心理的泛化及其叙事运用极其容易造成对真正弱势群体的遮蔽。那些真正的社会底层，如“商业服务人员阶层，产业工人阶层，农业劳动者阶层和城乡无业、失业、半失业者阶层”[①]等，往往由于经济能力、技术能力、闲暇时间、文化素质等各个方面的缺失，无法更多地在自媒体空间中发出自己的声音。这种遮蔽在很大程度上使得社会底层真实的生活状态和诉求无法得到正确的反映和有效的回应，从而进一步加深他们的焦虑和抵抗情绪。

（二）庶民文化逆袭：大众的精神胜利

按照索绪尔的说法，每一种语言符号都由“能指”和“所指”构成，两者的结合有任意性，但是也不能脱离语言的社会约定性，它是现实的写照、提炼和投射。古今中外的不同历史时期，普遍存在一个群体，他们被冠以不同的名字，如古希腊的“第欧根尼”，欧美等西方国家的“朋克”“嬉皮士”“垮掉的一代”，我国五四时期的“零余者”，等等。从本质上而言，他们都是一个亚文化群体，遭受社会挤压而无力把握自己的命运，是被排挤、被损害的弱者。当前也存在这样一个亚文化群体，他们对现实生活不满意，处在极度焦虑的状态中，却无力反抗，因而只能借助网络来宣泄自己的不满和无奈，通过自嘲和自贱来释放压力：他们以“矮矬穷”作为自己的形象标签，将“给跪了”“求别说”“天亮了”“跪舔”作为口头禅，以一种自我降格、矮化，主动认输、认错的话语姿态，表达着对主流话语和价值观的抵抗。

然而与以往不同的是，随着自媒体影响力的不断扩大以及弱势心态的泛

① 陆学艺. 中国社会阶级阶层结构变迁60年[J]. 北京工业大学学报（社会科学版），2010（6）：7-8.

化，这些“能指”符号体系和意义结构开始被各个领域、阶层的人们接受和挪用，并大量应用在文艺创作、社会交往、经济评论、文化产业等各式文本中，一个缘起于特定虚拟社会亚文化群体的“庶民文化”逐渐演变成为席卷整个中国的大众流行文化。这可视为当代社会大众利用互网络和自媒体进行“话语革命”的一种方式，他们用草根的视角和调侃的话语叙述着自己和他人的故事，评论着政治、经济、文化等诸多话题，在自我解嘲的过程中宣泄着内心的压抑和焦虑，表达着对经济、社会、文化现状的不满和无奈。从积极方面而言，这一带有鲜明民间叙事特征的话语体系是人们进行心理调节的重要机制，是一种自我保护的精神策略。更重要的是，这是一次中国民众进行新的自我认知的过程，他们通过自我嘲讽的方式确认了自己的社会身份和地位，在自娱自乐的过程中完成了对自身价值观念和社会诉求的公开传达。

可以说，庶民文化狂欢现象的背后，隐藏的是普通民众心理上的焦虑和行为上的抵抗，但是无论从本质上还是效果上，这种抵抗都是消极的、无力的。首先，从文化心理上看，这些话语自虐源于一种阿 Q 式的精神胜利法，一种现代式的犬儒主义，他们把对现有秩序的不满转化为一种不拒绝的理解、不认同的接受，把对世俗的全盘否定变成了照单全收，把愤世嫉俗变成了玩世不恭。因此，尽管不少自媒体叙事文本上带有极强的影射和嘲讽意味，充满着草根式的黑色幽默和“逆袭”想象，在一定程度上消解着主流和精英的文化叙事，但是这种抵抗也往往被稀释在这种躲避现实的态度和泛娱乐化的话语狂欢中，缺乏实际的行动力与自我提升的意愿。其次，从文化生态上看，在安东尼奥·葛兰西（Antonio Gramsci）的文化霸权理论中，文化并不是一种简单的、赤裸的压迫和支配关系，而是统治阶级和被统治阶级之间的彼此“斗争”和“协商”而产生的混合物，是平衡着“抵抗”与“收编”两股力量的不稳定的“场”。庶民文化是一种自下而上的大众文化现象，其本身就蕴含着反主流、反传统的价值取向。然而这种反抗却不是绝对的、彻底的，原因在于这些人对待反抗的对象时是一种以退为进、欲拒还迎的态度，对于他们而言，“高富帅”就是一个遥远的目标，达不到的时候就抵抗，但是一有机会，他们非常愿意成为其中的一员。除此之外，这一文化生成并流行在虚拟的网络空间里，在现实世界中的能量极其有限，因而它的抵抗更像是一种象征或仪式，随时随地都有可能被主流意识形态所打压，或者被商业机构所利用。

总体而言，无论是弱势心态的泛化还是庶民话语的狂欢，都是当代中国贫富差距不断扩大及社会集体焦虑情绪不断蔓延的结果，也是庶民文化抵抗与协商的表征，但由于数字鸿沟的存在，这两者都在很大程度上遮蔽并异化了社会阶层矛盾，使得那些真正的弱势群体、底层民众在当代中国语境下，而且跌出了经济版图，也跌出了文化版图。

第二节　即时叙事与大众社会重构

早在20多年前，尼葛洛庞帝就曾断言："只有那些能以最快的速度回应大众并最聪明地运用比特的人，才能成为大众最好的服务者。"[①]"微媒体"的产生与盛行正好印证了这一说法。如今，微博、微信等新型数字媒体正是利用终端的便携化和网络的普及化，将"即时性"的特征和功能发挥到了极致。有人曾对新浪微博做过计算，一条微博文本发表之后，仅仅30秒，即可抵达世界的每个角落；18分钟时间，就可获得200万人的观看。自此，人们进入了一个可以"随时随地"发布与接收信息的时代，"即时叙事"成为各类"微媒体"争相宣扬的经营和服务理念。譬如，Twitter的"分享和发现世界各处正在发生的事"，新浪微博的"随时随地分享身边的新鲜事"，优酷的"快者为王"等。

从这个意义上来说，自媒体微叙事就是一种即时叙事，这不仅生发出新的叙事内容、符号与情境，使得人们的生活、交往与思维方式发生根本性的改变，也演化出了新的社会群体、社会机制及社会关系，推动着传统大众社会及其文化的消解与重构。

一、"在场化"与社会权力格局革新

即时意味着当下，意味着在场。在自媒体微叙事中，"在场"的形式可以分为两种：一种是真实意义上的"在场"，即民众通过微博、微信等自媒体平台，实时记录并发布身边正在发生的事情。自媒体不仅为大众在"在场化"叙事提供了记录与传播平台，还为他们提供了丰富的叙事符号和手段，例如文字、图像、影像、表情等。其中，图像叙事本身所具有的"在场性"特征，更

① 尼葛洛庞帝.数字化生存[M].胡泳，范海燕，译.海口：海南出版社，1997：70.

使得“图说”或“图文说”成为当代自媒体最重要的叙事策略与表意原则。另外一种是哲学意义上的“在场”，即存在或发生作用，这在自媒体微叙事中一般通过大众的即时创作与参与（反馈、评论、转发）来实现。无论是哪种意义上的“在场”，它都意味着对时间和空间的占有，是作为“权力”的一种存在，自媒体开启了平民叙事与传播的时代，它极大地削弱并分割了传统大众媒体的权力，使得原先被动的、原子状存在的“乌合之众”变成了主动的、聚合状存在的“媒介公民”。

大众社会是伴随着西方国家工业化进程而生发出来的新概念，一般认为，大众社会存在于从传统社会走向现代社会的过程中，是大众文化生成的现实语境。所谓大众（Mass），是与人民（People）不同的一个概念，Mass 在英文中具有“乌合之众”之意，指的是同质性极高但彼此间却缺乏紧密联系的一个群体。大众媒介是大众社会形成与发展的一个必要前提与核心环节，它通过不同的叙事与传播方式，在各个层面上对大众社会的结构及其运行方式产生着巨大的影响。

作为一种新型大众媒介，自媒体的出现，极大地撼动了原有的媒体格局，使得原本在社会历史语境中长期缺席的“大众”摇身一变成为一个掌握着话语权的在场的“公众”，这些改变对大众社会的权力格局和运行机制等方面都带来了巨大的影响。具体而言，首先，自媒体的出现，大大削弱并分享了原先高度集中在传统大众媒体中的媒介权力。所谓的媒介权力，指的是媒介以特殊的方式将世界呈现给我们的能力和力量，它包含两个因素：一是报道事件或问题的选择能力；另一个是通过特别结构或特别观点告诉我们这些事件的能力。[①] 在大众媒体时代，媒介权力牢牢掌握在少数的媒体集团手中，它们决定着什么内容能够以什么样的方式呈现在大众面前。而自媒体则将这种权力稀释了，它的即时叙事功能使得每个人都成为一个独立的媒体，并且都有可能达到理想的传播效果。正如网友们如此形容微博：当你的粉丝超过一百，你就是一本内刊；超过一千，你就是一个布告栏；超过一万，你就是一本杂志；超过十万，你就是一份都市报；超过一百万，你就是一份全国性报纸；超过一千万，你就是电视台；超过一亿，你就是 CCTV。

其次，媒介权力分化所带来的直接效果就是公众权力的强化。长期以来，

① 麦克莱．传媒社会学 [M]. 曾静平，译．北京：中国传媒大学出版社，2005：23.

我国的公众权力大多数都是通过媒体、制度或法律等方式体现的，是一种典型的“委托—代理”关系，这也使公众权力在整体的社会权力格局中往往处于弱势地位。自媒体微叙事的即时反馈与转发功能，大大强化了公众的参与意识和能力，他们终于可以从幕后走向台前，以独立的“在场”言说宣扬自身观点和态度，在社会事务中发挥作用。在早期的大众社会研究中，大众开始从缺席走向在场，对社会发展而言是危害极大的，因为“当文明赖以建立的道德因素失去威力时，它的最终解体总是由无意识的野蛮群体完成的，他们被不无道理地称为野蛮人。创造和领导文明的，历来就是少数知识贵族而不是群体”①。在此，大众被视为一个无知而野蛮的群体。但随着社会的发展，尤其是进入 20 世纪中后期，大众媒介逐渐兴起、精英阶层不断衰落，“大众”的概念与内涵较工业社会初期有了极大的变化，“乌合之众”开始以崭新的姿态登上历史舞台，成为现代社会中塑造大众文化，甚至是政治民主实践的重要力量之一。然而我们也应该清醒地意识到，这种建立在媒体平台之上的公众权力带有很强的虚拟性和欺骗性，它往往给大众营造出一种美丽的错觉，将极少量的偶然事件当成必然和常态，将依然集中在少数网络名人手中的权力当成了全民的权力。更深层次的问题是，建立在虚拟平台之上的公众权力实践极少可以转化为现实生活中的民主政治运作，反而推动了日益严重的网络暴力与政治娱乐行径，为民粹主义的滋生提供了土壤与养料。

最后，自媒体所带来的媒介权力与公众权力的变化，不可避免地会对政府（行政）权力与商业（经济）权力产生影响，形成新的权力生态。比如对政府而言，信息公开、政务微博、发言人等，都是为了应对新的媒介权力而建立起来的制度；而对于商业而言，大大小小的商家纷纷缩减在传统大众媒体上的广告投放份额，纷纷抢滩自媒体空间，各式各样的广告、营销、公关手段几乎无孔不入，层出不穷。这也意味着企业面临着比以往更多的风险和挑战，而在公众权力的制衡下，商业为追求利润而不择手段的行为在一定程度上也会受到制约。

由此可见，自媒体微叙事是现代人符号化在场的突出表现，它放大了大众的社会实践效能，使得他们不仅能够在网络社会的“异托邦”运行中发挥至关主要的作用，还可以通过媒介的巨大影响力对现实社会发生作用。以微博

---

① 勒庞 . 乌合之众：大众心理研究 [M]. 冯克利，译 . 北京：中央编译出版社，2015：5.

为例，一直以来由用户发起并进行的轰轰烈烈的打假、反腐、打拐、救助等活动，相比传统的社会运动而言，往往更加繁荣活跃，也更加有效。人民网舆情监测室发布的数据显示，2016 年上半年，400 个热点事件率先由网络披露的占 53%，其中信息源明确来源于“两位一端”的事件为 91 件，占总数的 22%。微博、微信以及知乎、分答、网络直播等新媒体逐渐成为信息传播的主要工具、舆论的策源地，并逐步影响舆论的走势。[①] 这也意味着，在当前乃至可预见的未来，自媒体微叙事将成为改变中国社会生态的重要方式，它不仅使当政者在做任何决策的时候不得不考虑民众的意见和反映，也推动着社会自组织机制的形成与完善。

二、“感性化”与社会认同力量彰显

随时随地的故事记录和情感表达，是自媒体微叙事最核心的功能与目的之一。这种以普罗大众为主体，以日常生活为主题的即时性、随意性的叙事表达，决定了自媒体微叙事的感性化叙事本质与特征。与此同时，在信息爆炸的现代社会，快速浏览与瞬间快感成为大多数人的阅读需求，比起那些逻辑性、系统性很强的理性化表达，那些富有体验性、生活性的感性化符号往往更容易吸引人。因而随着微博、微信等自媒体的广泛应用，“微叙事”逐渐成为当前普罗大众在感性意识基础上构建社会认同的重要渠道。

社会认同作为一个概念，最早由心理学家亨利·泰弗尔（Henri Tajfel）和特纳（R.M.Turner）提出，他们从“个体”角度出发，认为社会认同是“个体认识到他属于特定的社会群体，同时也认识到作为群体成员带给他的情感和价值意义”[②]。后来，这一概念被广泛应用在社会学领域，他们从“集体”的角度出发，将社会认同定义为：“社会成员共同拥有的信仰、价值和行为取向的集中体现”“与利益联系相比，注重归属感的社会认同更加具有稳定性。”[③]

在《认同的力量》一书中，曼纽尔·卡斯特尔（Manuel Castells）论述了三种社会认同的类型：合法性认同、抗争性认同和规划性认同。其中，合法性

① 廖灿亮.2016 年上半年网络舆情分析 网民心态渐趋冷静理性 [EB/OL].（2016-07-06）[2017-08-18]. http：//yuqing.people.com.cn/n1/2016/0706/c209043-28530486.html.

② TAJFEL H. Differentiation Between Social Groups：Studies in the Social Psychology of Intergroup Relations. London：Academic Press，1978.

③ 范红霞.社会认同与传媒使命 [J]. 当代传播，2009（06）：卷首语.

认同指的是由“社会的支配性制度所引介，以拓展及合理化它们对社会行动者的支配，它是权威与支配理论的核心主题”①。这是传统社会最具代表性的社会认同类型。而随着网络时代的到来，统治阶层的信息优势不复存在，合法性认同遭遇了前所未有的危机。抗争性认同指的是“由那些在支配的逻辑下被贬抑或污名化的位置/处境的行动者所产生的。他们建立抵抗的战壕，并以不同或相反于既有社会体制的原则为基础而生存”②，例如宗教激进主义、文化民族主义、地域性社群主义等，都是常见的抗争性认同，从本质上而言，它们大多是一种“防卫式”抵抗。规划性认同指的是“当社会行动者不管基于哪一种他们能获得的文化材料，建立一个新的认同以重新界定他们的社会位置，并借此而寻求社会结构的全面改造”③。而这正是网络时代的社会认同方式。卡斯特认为，互联网信息技术的普及和应用，标志着信息拥有了更大的权力，这种“新的权力在于信息的符码与再现的意向，社会据此组织其制度，人们据此营造其生活并决定其行为。这个权力的基础是人们的心灵。不管是谁，不管怎样，赢得了人们心灵的战斗才能统治”④。也就是说，网络时代的社会认同是通过信息符码构建出来的，是建立在固有的文化特质与人们的感性意识形态基础之上的。

自媒体微叙事的即时性与感性化特征，将这种符号传递与认同构建过程变得更加快速且便捷。当某个事件或信息通过自媒体平台进行快速扩散之后，某种蕴含着感性意识形态的象征符码及叙事文本就会生成，它们迅速在一大批分享共同生活场域和经验的人群中传播，将现实中趋于“原子化”的个体吸附在一起，并通过他们的积极参与，形成一种“集体行为”。例如在“郭美美事件”发生后不久，一种以“没心情”为象征符号的微叙事文本就横空出世，网友们纷纷加入这一阵营，一时间，各种各样的“没心情”迅速在自媒体平台上以“接龙”的方式疯传，蔚为壮观，如“郭美美的事没弄清楚，没心情上班”“在没搞清楚郭美美是谁之前，没心情捐款”“搞不清郭美美背后的人，没心情爱国”，等等。显然，这些象征性的符码并不是通过理性化、系统化的说教方式来获得大众认同的，而是通过一种感性化的叙事方式来唤醒人们的“情感共鸣”

① 卡斯特.认同的力量[M].夏铸九，黄丽玲，等译.北京：社会科学文献出版社.2003：4.
② 卡斯特.认同的力量[M].夏铸九，黄丽玲，等译.北京：社会科学文献出版社.2003：4.
③ 卡斯特.认同的力量[M].夏铸九，黄丽玲，等译.北京：社会科学文献出版社.2003：4.
④ 卡斯特.认同的力量[M].夏铸九，黄丽玲，等译.北京：社会科学文献出版社.2003：415.

与“集体意识”的。此后，大众会自动地将这些感性化的象征符号与自身的生活理想、价值观念等结合起来，并通过一种自发的简化、抽象过程，形成一套独特的解释框架，从而形成真正意义上的社会认同。

总体而言，这种基于自媒体平台之上的，由普罗大众自己构建起来的社会认同，虽然带有一些具体的利益诉求和基本的价值评判，但更多的是基于社会心理层面的感性认同，而非经过缜密思考而形成的理性认同。我国学者段永朝在论述网络社会主体的时候曾经提及，当前碎片化的主体已不再相信统一的或普遍的理性原则，而是注重个别的感性存在，人们之间的沟通也变成了一种“会意”沟通。而这种“会意”，指的就是没有进入逻辑思维和理性思考的感性意识。“‘会意’的文字完全不理会语法、词法、句法，完全漠视既定的表意逻辑，恣意肢解词语、拼贴画面。这种超越线性语法逻辑的语言，在互联网上比比皆是。似乎有一种新动向：这种新式语言，行走在‘说’与‘非说’的边缘。”① 由此可见，感性意识在网络化时代的功能和作用得到了极大的凸显，尤其是随着自媒体的诞生，叙事主体的草根化和叙事过程的简捷化，更进一步推动了感性意识地位的提升。而正如很多学者所担忧的那样，在数字化和网络化背景下，人们的思维和认知已经变得平面化、浅薄化，难以对社会现象或社会问题形成深层次的理解，因而也就无法对社会整体利益、发展趋势、目标理念等达成共识。

然而我们也应该注意到，在当前很多社会事件中，数以万计的民众正是通过这种感性化的叙事方式形成了广泛的社会认同，并形成了声势浩大的群体活动，直接影响了这些社会事件的进程和结果。这从另外一个层面说明了，感性意识同样具有极强的社会力量，这是因为来自大众的认识和实践本质就是感性化的，这种基于感性层面构建起来的社会认同，不仅反映出当代民众的精神状态和利益诉求，还能够进一步转化成为社会行为，形成社会权力。

三、“流动化”与社会交往方式嬗变

纵观自媒体的发展历程，从聊天室到博客再到微博微信，人们对于话语表达“即时性”的需求日益加强，而这种对时效性的强调，使得自媒体微叙事

① 段永朝. 互联网：碎片化生存 [M]. 北京：中信出版社，2009：152.

从总体上呈现出一种极强的“流动性”特征。《华盛顿邮报》曾在一篇文章中指出，微博客的出现，标志着互联网已经迈入实时信息流时代。① 自媒体微叙事的“流动性”主要体现在利用便携式移动终端来满足人们在运动或迁徙过程中的叙事需求，以及随时随地通过媒体实现自我表达与社会交往的目的。具体而言，首先，叙事者的身份具有广泛性、复杂性与多变性的特征。自媒体微叙事创作的简捷性与虚拟性，不仅极大地扩展了叙事主体的范畴，也让他们能够更为自由地进行多重身份的书写。其次，叙事者的位置具有移动性、不确定性，微博、微信等自媒体与便携式电脑、手机等移动终端的绝妙联姻，让经常处于移动状态中的现代人可以随时随地进行叙事表达。最后，在自媒体微叙事过程中，由于其传播的即时性与可书写性，传统意义上的叙事者和读者经常会出现相互间的身份转换，任何一个读者都能够在阅读和阐释文本的过程中成为作者。

在节奏日益加快、工作和生活压力日益增大的现代社会，人们普遍希望能够有一个即时有效的渠道，可以随时随地抒发情感、与人交流，并且不用占用过多的时间和精力。正如有网友在一篇文章中所写的那样：“当我在某个夜晚或者某个特定的时刻想起某个朋友，很想了解他们的境况，想知道他此时此刻正在做些什么，或者当我被一部电影感动得热泪盈眶时，或者被一些心情所笼罩，同时也很难用打电话的方式与朋友分享时，要是能够有一个平台，能够让大家及时知道此刻的我有怎样的感受，那该有多好。”自媒体微叙事正好满足了普罗大众的这一需求，人们不仅可以通过它们及时表达自己的心情感受，分享所见所想，还能够和好友进行随时随地的交流。而网络平台的虚拟性和隐匿性，也消除了人与人之间的距离感和抵触感，让人们可以真实地释放自己的感受。

自媒体虚拟化、流动化的叙事功能大大拓展了个人的交往机会和范围，也打破了中国传统的社会交往方式，使得中国逐渐从一个强关系社会向弱关系社会转化。“强弱关系”是由美国社会学家马克·格兰诺维特（Mark Granovetter）提出的，他认为人际关系网络分为强关系网络和弱关系网络。强关系网络指个人社会网络同质性较强，所掌握的社会资源基本相同，人与人关系紧密，由很强的情感因素维系人际关系。而弱关系网络特点是个人社会网络

---

① Facebook remark teenager is fired［EB/OL］.（2009-02-27）［2015-08-09］. http: news.bbc.co.UK/1/hi/england/essex/7914415.stm.

异质性较强，社会掌握资源异质，人与人关系并不紧密，也没有太多的感情维系。关系的强弱决定着能够获得信息的性质以及个人达到其行动目的的可能性。中国自古以来就是一个强关系社会，在中国办事，靠的不是因弱关系而获得的信息，而是由强关系所给予的现实帮助。这种强关系实际上催生了众多的社会问题，如权钱交易、裙带关系、家族企业、小圈子文化等。自媒体的出现，直接改变了传统交往的方式，让中国人的社交网络开始从一个封闭的“同心圆”走向了开放的“关系链”，这不仅有利于缓解因强关系而产生的一系列社会问题，也使得中国普通民众较以往有了更多整合社会资源以促成自己目的的机会。以2011年7月23日发生的温州动车追尾事故为例，当晚，一位普通网友在博客上发布了一个倡议：“温州血液库存告急，温州博友们快去温州新城大道41号温州血站献血救人！！！”短短数小时内，这条微博就得到了近十万次的转发，不到十分钟，温州血站外就排起了长队。

由此可见，在传统大众社会中，要想将平行分散的人们组织起来需要花费巨大的人力、物力成本，但是在自媒体时代，一条再简单不过的叙事文本就能够达成目的。正如美国学者霍华德·瑞恩高德（Howard Rheingold）在其著作《虚拟社群》中指出的那样，虚拟社群以参与者的认同、共同利益和价值、需求为核心，虚拟社群发展的力量来源于参与者的不断创造，这种社群关系不但可以使网络中的参与者彼此帮助，还可以延伸至线下，影响并作用于真实社会，成为社会文化和政治变革的积累。①

总体而言，微博、微信等即时移动自媒体使我们能够更便捷地与他人交流，也更容易建立广泛的社会关系，这在一定程度上增强了个人的社会主体意识，缓解了现代人因缺少社会交往而产生的焦虑和孤独感。然而，当前人们对“虚拟交往”过度依赖，进一步加剧了“现实交往”的疏远与缺失，越来越多的人将越来越多的时间、精力和情感投入到网络世界里，“人际对话”逐渐被“人机对话”取代，对交往范围和频次的重视超越了对交往内容和深度的追求。长此以往，不仅会造成大众更深层次的“孤独”与“冷漠”，也使得代际矛盾与数字鸿沟日益扩大。

① 孟盈：论媒介与社会关系在发展中的交互促进[J].复旦学报（社会科学版），2010（4）：139.

第三节　碎片叙事与大众审美变迁

数字媒介对人类审美文化的全方位介入，已经成为21世纪以来最为引人关注的文化现象之一。随着网络覆盖范围的不断扩大的和智能手机等移动通信工具的广泛使用，网络文学、博客写作、数码艺术、程序创作、超文本实验等众多新文艺形态纷纷走进大众的日常生活，给人们的审美带来许多新的选择。自媒体作为当今最流行的数字媒介，不仅为这个时代提供了丰富的审美资源，更凭借创生性的“微叙事”方式打造出新的审美方式和美学形态，带动大众审美文化的变迁。

在詹姆逊的文化研究理论中，后现代文化的首要特征是零散化、碎片化、缺乏连贯性，给人一种拼贴感，与此相应的是情感和历史感的消失，以及内在和外在、本质与现象、隐义与显义、真实性与非真实性、能指与所指等几种深层次模式的消失。自媒体微叙事将后现代文化的碎片化、零散化特征在信息内容、传播方式及意义阐释等层面体现得淋漓尽致。

“碎片化（fragmentation）”一词源自社会学，是由传统社会转向现代社会这一转型期的基本特征，即传统的社会关系、市场结构及社会观念的整一性——从精神家园到信用体系，从话语方式到消费模式一一瓦解了，代之以一个一个利益族群和“文化部落”的差异化诉求及社会成分的碎片化分割。[①]随着我国现代化进程的加快，人们的碎片化生存状态也开始显现，尤其是在自媒体出现之后，海量的叙事文本不断地消耗、分散、转移着人们的注意力，时间、知识、工作与交往等统统被分割成了碎片，人们不得不在“四处飞散的废墟间从容地进行历险旅行”[②]，并努力在技术与艺术、虚拟与现实的博弈中发现并创造碎片叙事的人文价值与审美情怀。

一、文本解构与链接美学

传统的叙事文本是线性的、固定的，读者只能按照既定的结构与顺序进行阅读，而自媒体微叙事文本却大多是非线性或多线性的，阅读的方式是多样

① 喻国明.解读新媒体的几个关键词[J].广告大观（媒介版），2005（062）：12-15.

② 本雅明.经验与贫乏[M].王炳钧，杨劲，译.天津：百花文艺出版社，1999：284.

化的、可选择的。一方面，这是由于单条自媒体微叙事的容量有限，人们不得不借助更多的方式和手段来叙述整个事件的来龙去脉和前因后果；另一方面，这也可以视为网络时代创作者利用媒介技术所进行的一种叙事创新。“链接”是自媒体微叙事创作中最常用的一种修辞手法，按照布尔布勒斯的解释，网络上的链接修辞主要包括“隐喻”（metaphor）、“转喻”（metonymy）、“提喻”（synecdoche）、“同一”（identity）、“反平衡”（antistasis）、“词语误用”（catachresis）等，其主要功能是“以语义关系和事理逻辑为基础，将内容节点予以有目标的链接，以便更好地将文本内容网络结构化，密切各部分之间的联系，扩大欣赏时的审美张力”①。

借由链接技术，自媒体微叙事文本突破了传统文本的线性结构与逻辑关系，使作者可以运用开放式思维来对文本进行谋篇布局，形成交错纵横的网状叙事结构。而读者也不再受知识文化背景的限制，可以从众多的阅读路径中选择自己感兴趣的部分展开个性体验之旅。如果说在传统的叙事作品中，作者大多是通过语言修辞来完成对文本的“整体性”构建的话，那么在自媒体微叙事中，作者则更乐于通过链接修辞来对文本进行“碎片化”解构。“鼠标开启了一个又一个信息门厅，让用户永无止境地游历网络无数节点。这不仅摧毁了故事之中的人物等级，废弃了种种人为的结构，而且彻底地导致了线性逻辑的解体。于是，中心、主题、主角、线索、视角、开端与结局、文本的边界，这些概念统统失效”②。

将链接技术融入叙事文本中，为叙事艺术插上了一双绚丽的翅膀，给人们带来不一样的叙事体验和审美意境。不过技术本身并不是艺术，也不会自动转化成艺术，只有将技术运用在艺术化目的和行为的过程中，才能实现技术的艺术性转换，使得技术成为艺术审美性的表征。换句话说，艺术需要借助技术手段来开拓新的审美空间，而技术也应该以承载与体现人文价值为原点和依归。然而，在当前的自媒体微叙事实践中，人们却往往过于重视技术操作带来的创作快感，而忽略了叙事艺术所应有的审美意蕴和人文价值。究其原因有两点：第一，自媒体微叙事作为一种无等级、去中心、大众化的网络书写模式，其内容本来就带有即时化、日常化、娱乐化的特征，因此人们往往出于对文本意义

---

① 欧阳友权．网络文学对传统诗性的消解 [J]. 中国文学研究，2003（3）：5.

② 南帆．双重视域——当代电子文化分析 [M]. 南京：江苏人民出版社，2001：263.

和价值的挖掘，在相当程度上依赖于形式的多样化和生动化；第二，自媒体为文本的剪切、复制、粘贴等碎片重组提供了更为简易便捷的技术手段，因而人们往往基于随意性和随机性，对网络上的既有文本进行复制、提炼，或抽取部分碎片重新组合成为新的文本，或将它们链接到自己的文本中，使其“重新语境化”，但这种缺乏独特精神创造的文本往往只是苍白无力的文本拼贴，完全丧失了故事的本真性和艺术的光晕。

链接美学可以视为技术美学的一个当代体现。“技术导源于‘求知意志’，人文精神导源于‘意志’的自由。因此在技术时代，人容易沦为‘求知意志’的奴隶；而在信仰的时代，人的自由意志被‘无知’所蒙蔽。”[①] 换句话说，人类的求知意志推动了媒介技术的进步，而媒介技术的进步反过来又提升了知识的价值，使得“知识”取代了“意义”，成为现代人所崇拜和追求的目标。技术美学与知识霸权的扩大，意味着工具理性的膨胀和价值理性的削弱，意味着审美的异化和诗意的消解。早在工业社会发展之初，法兰克福学派的众多学者就曾经对大众媒介及文化工业进行过尖锐的批判，他们认为媒介技术的发展并没有带来人性的解放和意志的自由，相反却铸就了新的技术牢笼，造成了“艺术的标准化”和“虚假的个体主义”（阿多诺）。自媒体的出现，虽然在一定程度上突破了传统大众媒体的局限，使人们拥有了更大的自由度和主动性，但是却依然无法摆脱技术权力的控制，尤其是手机等移动终端的出现，使人们对于媒介的依赖更加深入而广泛。因此，如何在“技术与艺术”之间寻找平衡，树立正确的审美与价值观念，成为当代乃至未来很长一段时间至关重要的人文命题。

二、时间断裂与当下美学

叙事是一种时间的艺术，没有时间，叙事也就不复存在。在传统的小说叙事中，故事往往由一系列按时间顺序发生的、由因果关系连接而成的情节构成，有开头、发展、高潮与结局。在过去很长的一段历史时期里，人们都是通过这些完整的故事来认识世界、传承文明的。正如科幻小说家娥苏拉·勒瑰恩（Ursula K. Le Guin）所说的“从《长发公主》到《战争与和平》，故事是人

---

① 汪丁丁．网络技术与人文精神 [M]// 陈卫星．网络传播与社会发展．北京：北京广播学院出版社，2001：177.

类发明的促进相互了解的一种基本工具。曾有过伟大的社会不使用轮子，但没有一个社会不讲故事”[①]。随着科技的发展与信息社会的到来，一切事物开始步入快速变化的状态，而且更重要的是，这种变化并不是简单的重复，而是一种带有不确定性的转变。这种大规模、超速度的转变，让人们既来不及回忆过去，因为过去转瞬即逝，又无力顾及未来，因为未来根本无法预计，因而他们只能将时间压缩在当下，一切变成了当下的存在、现时的存在。

在现实社会，每个人都无可避免地生活在时间里，时间的本质是整体性的、连续性的。然而数字媒介的出现，却将时间变成了一个碎片化、断裂的存在。在时间坍塌的虚拟空间里，“现在”抛离了过去和将来，变成了一个孤立而高耸的时间点。在这个快速变化的时间点上，人们变得异常紧张：我们每个人都在不停地接收各式各样的信息，随时随地都可能会受到紧急或临时事件的干扰；我们不得不频繁地穿梭于各种类型的故事中，扮演不一样的角色，发出不一样的声音。这种状态很容易让人们产生一种错觉，觉得“但凡不是眼下发生的事，就算不上重要，而对正在发生的一切则要一网打尽”[②]，于是人们总是忙得不亦乐乎，所有事情似乎都在同步进行，“时间”变得尤其珍贵。这也正是自媒体微叙事诞生并流行的最重要的社会心理动因。

时间的碎片化造成了传统叙事观念的崩塌，人们没有时间，也没有耐心去阅读一个由作者精心描绘出来的长篇巨著，或者一条经过记者整合、消化与编辑过的新闻故事，而是更乐意于接受那些碎片化的自媒体微叙事文本。一般而言，这种碎片化的叙事主要体现在以下两个方面：一是“素材化”。在传统的大众媒体中，每一条叙事文本都是经由记者、编辑、主持人等将零散的信息串联、打磨成故事之后，再传达给大众的。但是在自媒体平台上，每个用户都是一个信息源，他们大多没有能力也没有兴趣对这些事情的前因后果进行考究与加工，他们最大的目的就是对这些事情的即时状态进行记录与发布，让读者能够在第一时间看到。于是，媒介叙事就由一个个完整的故事变成了一个个破碎的素材，人们每天都忙着在数以亿计的素材中穿梭，然后再选择自己喜欢的部分以自己喜欢的方式整合成为故事。二是“真人秀”。所谓的真人秀，最早是在电视媒体开始兴起的，这是一种不需要故事剧本的、低成本的叙事方式，节目组只需要找到一些普通人，设置一些容易产生戏剧效果的场景，打开摄像

---

① 罗西科夫．当下的冲击 [M]. 孙浩，赵晖，译．北京：中信出版社，2013：007.

② 罗西科夫．当下的冲击 [M]. 孙浩，赵晖，译．北京：中信出版社，2013：XII.

机拍摄就可以了。这种节目带给人们前所未有的现场感和真实感，并充满了冲突性与意外性，因而广受大众的欢迎。这种叙事方式几乎天生适用于自媒体，在这里，每个人都是一部“真人秀”的演员，他们将自己的日常生活通过自媒体微叙事的方式，全天候地、碎片化地展现在大众面前，既满足了自己的表演欲，也满足了他人的窥视欲。

时间的断裂摧毁了传统美学中的永恒感与深邃感，形成了一种以瞬间化、即时化为特征的“当下美学”。波德莱尔(Charles Pierre Baudelaire)曾经用“过渡、瞬间即逝、偶然性”来定义现代性，对他而言，“现代性不是一个时代或者时段，而是由无数个‘现在’构成的时点，在这个瞬息万变的时点上，永恒与现实、神圣与世俗相接触，每一体验都是无法重复的现在”[①]。因此，他倡导一种现代社会的新美学，即“寻找现时生活的短暂的、瞬间的美”[②]。从表面上看，波德莱尔的这一理论与自媒体微叙事的审美逻辑不谋而合，然而事实上，由于自媒体改变了传统艺术的创作主体和游戏规则，将原本仅仅赋予诗人、作家、画家等艺术家的权力下放给了普罗大众，创造出了一个人人都能进行“艺术创作”的空间，因此对于缺乏艺术素养与审美追求的大部分民众而言，其创作出来的自媒体微叙事文本并非波德莱尔本意上的“使现时英雄化”的现代性艺术，而仅仅是一种“追随时光流逝”过程中的涂鸦之作[③]。更加危险的是，当这些随意、即兴创作的叙事文本不仅得到公开发表还能获得广泛流传的机会的时候，大众的创作热情和欲望也进一步激发出来，他们将随时随地的生活记录与话语表达错误地理解为一种艺术、一种时髦，从而消解了艺术应有的审美价值与社会承担。

传统的大众文化文本在平面化、零散化的叙事基调下依然保留着对人文价值与艺术审美的追求，但是自媒体微叙事文本则绝大多数不再保有经典作品应有之义，它们更像是一种即时的事件记录、情感的随意宣泄或身体的即兴表演，人们在疯狂书写的时候不再思考为什么而写，在细致描述的同时不再关注意义是什么。

---

① 肖伟胜 . 波德莱尔的审美现代性思想及其开创意义 [J]. 学术月刊，2008（08）：117.

② 波德莱尔 . 现代生活的画家 [M]. 郭宏安，译 . 浙江：浙江文艺出版社，2007：131.

③ 福柯认为，现代性有别于时髦，后者只是追随时光的流逝。现代性是一种态度，它使人得以把握现时中的“英雄的东西”。参见汪晖，陈燕谷，译 . 文化与公共性 [M]. 北京：生活 · 读书 · 新知三联书店，2005：430.

三、在线书写与交互美学

数字技术与网络环境改变了艺术的生产规律，使叙事文本成为一种开放的、动态的结构与系统。严格来说，自媒体微叙事是一种“在线”书写方式，它借助数字终端进行创作，在网络空间里进行发布，并通过网众的浏览和参与获得价值与意义，因而就审美体验而言，这是一种新型的交互美学。实际上，任何艺术作品的审美体验都是交互的。在传统的小说、电视、电影等文本中，读者或观众往往通过对作品的阅读观看产生情感上的波动和心理上的共鸣，但这种交互往往带有很强的主观性与私密性，受者并不能对作品产生影响，也甚少能够与作者进行沟通。而自媒体的交互则是公开的、主体间性的，它使得叙事文本、作者、读者与媒介之间的联系成为审美对象，创造了一种大众参与、交互共享的活性美学。这种交互不仅提供了多形式的审美过程及多层次的审美体验，也创造了新的审美价值。如果说大众媒介时代，作品的展示价值替代了膜拜价值的话，那么在自媒体时代，交互价值则取代了展示价值成为作品的核心价值。

自媒体微叙事的交互美学基于数字化技术平台，主要呈现以下两种形态：

（一）人机对话与刷屏美学

人机交互是伴随着信息科学与计算机科学而兴起的一个概念，它指的是人与机器之间使用某种对话语言所完成的信息交换过程。20 世纪以来，以人机交互为基础的艺术形式主要有两种：一种是应用型的人机界面设计，一种是交互性艺术的创作。自媒体微叙事是一种依赖于界面而存在的叙事形式，这些界面一般由专业人士根据用户需要来进行设计，目的是为了增强系统的可用性和与用户的友好性，开放性、易操作性和高智能化是它们的共同特征。“这个由界面形成的‘比喻象征性环境’提供给用户一个关键场所，用来发展新的语言、象征符号、美学、感觉和概念本质，重新定义环境的交互经验”[①]。

屏幕取代纸张，代表着动态美学对静态美学的胜利，这早在电子媒介时代就已经得到过印证，但是当时的“动态”大多停留在视觉与听觉的接受上，大众无法对界面及其文本进行操作。而到了自媒体时代，这种动态性演变成了交互性，读者除了可以根据自己的喜好对屏幕上的各种参数进行调整，对界面

① 童芳. 新媒体艺术 [M]. 南京：东南大学出版社，2006：160.

的部分外观进行个性化设计外，还可以在多个自媒体平台与叙事文本中自由跳跃。这就使得人们在进行读屏、刷屏的过程中感受到一种强烈的“参与感”和“作用感”，产生一种美学愉悦，这是传统的叙事环境所无法提供的。

然而，我们也不能忽视刷屏给人们带来的消极影响。首先，随着智能手机的普及，人们对媒体的依赖性也日益增强。自媒体微叙事已经成为当代人获取信息、交流沟通的最主要手段，随时随地地刷屏已经成为一种习惯，人们每天花费在与机器交互上的时间也越来越多。这就造成了人们对屏幕上所展示的内容的关注大大超出了对现实世界，甚至身边发生的事情的关注，真实世界的故事与情感很多都被屏幕遮蔽了。其次，无休止的刷屏抹去了人们深入观察与思考的环节，淡化了文本阅读时的审美体验。在自媒体的界面上，用户面对的不再是逐页翻开的书本，而是一条条被信息浪潮快速推动着的碎片化文本，用户很难在阅读当下文本的时候无视那些随时随地蹦出来的视窗、链接或其他文本。因而，在机器操作系统的控制下，人们已然失去在深度阅读过程中所能获得的想象空间与心灵体悟，叙事的信息性取代审美性成为当代大众最迫切的刷屏期待。

（二）人际合作与参与美学

在数字媒介时代，叙事艺术的显著特点是叙事主体的多重性，这种多重性既包括作者的多身份书写，也包括读者的多感官参与和多方式介入，以及作者与读者之间的身份转换与对话合作。众所周知，无论是印刷媒介时代还是电子媒介时代，大众文化文本大多遵循的是一种单向性的、线性的叙事方式。故事有始有终、层次分明、意义明确。然而自媒体微叙事却是一种双向性的、非线性的叙事方式，文本一经发布，便处于一种开放的、未完成的状态中，等待着读者的反馈、切割或者重组。换言之，自媒体微叙事的文本是一种“活性”的文本，它消解了绝对的叙述中心，向广大读者发出了审美召唤，请求他们通过主动和积极的参与来完成文本的书写和意义的填充。这与接受美学代表人物沃尔夫冈·伊泽尔（Wolfgang Iser）所提出的“召唤结构”相类似，他认为，文学作品中包含了许多“意义的不确定性”和“意义空白”，它们需要读者通过想象和具体化能力予以填充，从而实现文学意义的成功接受。但自媒体微叙事与传统文学作品不同的是，它向读者发出的“召唤”并不仅仅是意义层面的自我想象，而是一种对叙事文本的全方位的能动介入，正是这种能动性介入给大众带来了参与快感，使叙事文本的人际合作成为现实。对此，尼葛洛庞帝早就有所描述："我们已经进入了一个艺术表现方式得以更生动和更具参与性的新时代，我们将有机会以截然不同的方式，来传播和体验丰富的感官信号。……数字化使我们得以传达艺术形成的过程，而不只是展现最后的成品。这一过程可能是单一心灵的迷狂幻想、许多人的集体想象或是革命团体的共同梦想。"①

自媒体微叙事构建了作者与读者之间的合作关系，也使得自媒体空间成为一个众声喧哗的"论坛"或"广场"。在这里，基于理性、主体性的审美体验和叙事法则分崩离析了，取而代之的是主体间自由的、感性的对话交往。这使得大众在一定程度上摆脱了经典文本与权威力量的宰制，大量的、鲜活的个人经验与审美观念得以展现与汇集，同时增强了人与人之间的沟通交流。然而从另一个角度视之，自媒体微叙事的出现，并没有改变当代大众文化的泛审美特征。在大众媒体时代，中国大众的审美趣味大多被无孔不入的电视剧、电影、广告、杂志等影响或左右。而到了自媒体时代，人们在乐此不疲地给各式各样微叙事文本进行点赞、转发、评论的过程中，也彻底丧失了审美的私密空间。在参与快感的作用下，人们所有的审美体验都需要通过在线的参与和交流方能获得，而这种大多基于情感宣泄与即时表达基础之上的叙事方式必将造成当代大众审美个性的丧失、审美意蕴的削平和审美情感的式微。

① 尼葛洛庞帝 . 数字化生存 [M]. 胡泳，范海燕，译 . 海口：海南出版社，1997：261.

下编

第五章　自媒体微小说叙事研究

第一节　自媒体微小说的界定及其大众文化表征

一、自媒体微小说的界定

（一）“自媒体微小说”的概念

自媒体微小说，是一种伴随着微博而兴起的新型网络文学样式。单纯从名字上来看，自媒体微小说比较容易与“微型小说”（“小小说”）产生混淆，实际上，自媒体微小说与后者存在着本质上的差别。首先，从篇幅上来看，微型小说一般要求在千字左右，虽然也有几十字、几百字的微型小说，但却是极少数，而自媒体微小说则是严格控制在 140 个字之内的文学创作，篇幅的差距造成了两者在叙事内容及手法等各个层面的不同。其次，从性质上来看，微型小说是一种古老的文学样式，虽然在很长一段时间里曾被视为一种“边缘文学”或“模糊文体”，但是后来也逐渐发展成为一种独立文体，并被托尔斯泰称为“训练作家最好的学校”，中国古代的庄子、蒲松龄，现代时期的鲁迅、郭沫若、叶圣陶等作家，都曾经创作过经典的微型小说。而自媒体微小说则是一种新型的网络文学，一经出现便成为“大众文学”“流行文学”，创作的主体不再是专业作家而是普通个人，叙事的目的与评价机制都与微型小说存在着根本区别。最后，从书写与传播媒介上来看，微型小说的书写与传播媒介通常都是书籍、报纸等传统媒体，而自媒体微小说的书写与传播媒介则是网络自媒体。媒介的不同带来了两者在创作理念、叙事时空与阅读体验等多方面的巨大差异。

实际上，将自媒体微小说与其他文学形态做个简单的对比可以发现，它其实与民间广为流传的“段子”更为相似。“段子”本是相声艺术中的一个术语，指的是相声作品中的一节或者一段艺术内容，而随着人们对这一词语的频繁使用，其概念和内涵也逐渐发生了变化，并逐渐泛化为一种独特的文艺样式，深受大众喜爱。后来，随着智能手机和互联网的出现，这种内容诙谐、形式短小的“段子文学”开始大量滋生并盛行起来，各种各样的“红段子”“黑段子”“冷段子”“黄段子”纷纷出现在手机短信、文学网站（论坛）、个人博客中。很多段子在一夜之间传遍大江南北，越来越多人对段子文学有了更高的期待，因而写段子的人也变得热门起来，很多“段子高手”开始以创作段子为谋生手段，“段子阅读”逐渐发展成为一种文化产业。从形式上看，“段子文学”与当前的自媒体微叙事有着极大的相似性与相关性，也就是说，那些曾经出现在手机、论坛、博客中的“小说段子”可以视为最早的自媒体微小说，或者是自媒体微小说的“前身”，只不过当时并没有将其从“段子”中划分出来进行定义，也没有明确的字数与内容层面的要求。这其中很重要的一个原因就在于，早期在手机和网络上流行的“段子”其实大多不具备小说的基本要素和结构，它们更像是一种“语录”或“笑话”，其特点是“短平快、奇趣逗”[①]，仅要求在内容上诙谐有趣、形式上字句工整，读起来朗朗上口、轻松愉悦即可。例如早前广为流传的一个手机段子：

如今，没结婚的像结婚的一样同居，结婚的像没结婚的一样分居；动物像人一样穿上衣服，人像动物一样露着肉；小孩像大人一样成熟，大人像小孩一样幼稚；女人像男人一样爷们，男人像女人一样娘们；没钱的像有钱的一样装富，有钱的像没钱一样装穷；情人像夫人一样到处招摇，夫人像情人一样深入浅出。

与之相比，当前的自媒体微小说显然具有更严格的文体要求与更丰富的内涵意义。

在中国，第一篇自媒体微小说在何时诞生已不可考，但大家公认的最先

---

① 段子阅读正流行 乏味生活的快乐调味品 [EB/OL].（2010-01-10）［2010-06-12］. http：//culture.china.cn/book/2010-06/12/content_20247854.htm.

提出“微小说”这一概念及创作规范的人是作家闻华舰。他创作的长篇微博小说《围脖时代的爱情》于 2010 年 1 月 29 日开始在新浪微博连载，并通过实时在线书写与网友们进行互动，受到了众人的喜爱和追捧。由此，“微博小说”（“微小说”）这一新名词开始走进大众的视野。当时，闻华舰认为“微小说”包含以下几个基本要素：首先，每节都要有包袱、有完整的情节点，要在 140 字里写出张力和内容来；其次，故事情节的发展要围绕着微博发展，比如小说中有微博里正在热议的热门话题；再次，大部分人物是在微博里真实存在的；最后，充分利用微博功能，配上相关图片、视频、音乐。在这几个要素中，第一个是“微小说”叙事的基本要求，即完整的故事情节，140 字以内；第二、三点是故事的内容要求，但这并不符合文学创作的规律，但凡是艺术作品，任何主题和人物都是可以是创作的对象，因此这种对“微小说”内容的限制明显是不妥的；第四点是叙事手段的要求，很显然，作为一种网络文学叙事，图片、视频和音乐等可以成为微小说创作的组成部分或附加条件之一，但是就小说创作而言，文字依然是最主要的叙事符号，其他的符号可用可不用。由此可见，在自媒体微小说刚刚兴起之初，它还仅仅是少数人在小范围内进行的一种文字游戏，其概念和创作规范都是相当模糊、随意且缺乏统一标准的。

真正推动“微小说”概念明晰化、标准化，并使其大众化、流行化的，是新浪微博在 2010 年 10 月 27 日推出的“中国首届微小说大赛”。该大赛以“微小说 @ 大世界”为主题，公开向全社会征集作品，其参赛要求主要有：（1）主题鲜明，内容健康，情节完整，可读性强；（2）体裁为微型小说（140 字内），不得连载；（3）作品系原创，文责自负，如发现抄袭行为将取消参赛资格；（4）编辑 # 微小说 #+ 内容发送到微博或直接在参赛平台发布投稿。[①] 截至 2010 年 12 月 4 日，大赛组委会共收到投稿超过 23 万篇，相关微博讨论量达 1 668 213 条，微小说一时间风靡整个网络世界。自此，对于自媒体微小说的关注和研究也逐渐多了起来，越来越多的人开始从不同角度对其进行定义。如学者李存认为，自媒体微小说“是借助微型博客为传播媒介，以传递信息、表达情感、交流思想为目的，以 140 个字符以内为文本样式，具有俳句体的凝练传神、即时化的个性表达、集聚式的实时互动特质的一种新文体”[②]。而

---

① 2010 新浪微博中国首届微小说大赛 [EB/OL].（2010-10-15）[2015-07-26].http：//weibo.com/zt/2010weixiaoshuo.

② 李存 . 微博文学的定义、发展、类型及特征 [J]. 贵州社会科学，2010（10）：66.

门红丽所界定的自媒体微小说则是“以微博客形式发表的微型小说，是微博客价值延伸的一种生动表现形式。这是一种新兴网络文学形式。它是一种方块文学或曰‘碎片化文学’，这种碎片化体现为形式上的短小与内容上追求瞬间的阅读感受”①。

可以说，上述关于自媒体微小说的界定均具有一定的合理性，也都肯定了自媒体微小说作为一种新文学样式的地位，但是这些说法也都存在着不足之处。例如将自媒体微小说的发布和传播媒体局限在微博上，忽略了其他形式的自媒体；又如将自媒体微小说视为“微型小说”“方块文学”，等等。换言之，这些定义在一定程度上都对自媒体微小说进行了过多的限制和过分的阐释，而且其逻辑思维依然局限在传统的文学理论中，这不仅阻碍了自媒体微小说作为一种新兴事物的健康发展，更无法适应当前数字媒体与社会高速发展对其所产生的影响。因此，笔者认为，自媒体微小说可以定义为“以微博等新型自媒体为创作和传播平台，140 个字以内，具有明确主题与完整故事情节的新型小说样式”。这其中包含了几个关键要素：第一，字数在 140 个字以内，即不超过微博限定的字数范围；第二，主题明确，情节完整，具备小说叙事最基本的要素；第三，基于新型自媒体平台，即有别于以往的“微型小说”“段子”“手机小说”等文学样式，具有即时创作、大众传播与人际互动等特征。

（二）自媒体微小说的发展

自媒体微小说从出现至今，不过短短几年时间，对于一种新生的文化样态而言，它的发展态势可谓迅猛。到目前为止，新浪微博共举办了四届“微小说”大赛。其中，2011 年第二届“微小说大赛”共收到作品 140 余万篇，大赛期间，全国共有几十家广播电台和平面媒体对其进行了集中报道，发稿总量近 250 篇；2012 年第三届“微小说大赛”共收到参赛作品近 90 万篇，组委会特别邀请郑渊洁、蒋方舟、南派三叔、马伯庸、闻华舰、青音等各界知名人士组成权威终审阵容，对网友的微小说进行最终评审，还给出了价值 20 万元的丰厚奖品，可谓强势出击，重磅打造。除此之外，其他媒体也纷纷举办了多种类型的自媒体微小说大赛，例如 2010 年底《扬子晚报》举办的“春运微小说大赛”，《故事会》与新浪微博于 2011 年共同推出的“微故事大赛”，人民微博于 2013 年

① 门红丽 . 电子传媒时代文学的碎片化现象解读 [J]. 学术论坛，2011（8）：163.

10月举办的首届微小说创作大赛，等等。这些征文比赛的举办，一方面提高了主办方的知名度和影响力，另一方面也满足了大众的要求，推动了自媒体微叙事艺术的发展。由此，一股“微小说”创作热潮在大众群体中迅速掀起，并持续高烧不退，人们除了热衷于参加各式各样的“微小说”比赛之外，还纷纷自发地开设了各式各样的以“微小说”为名的微博、微信账号，用以创作和分享优秀自媒体微小说作品。

当前，自媒体微小说发展呈现出以下两大现状与趋势：

第一，工具化。最初的自媒体微小说创作源于网民们的自娱自乐，并不存在任何的功利性目的。然而，随着“微小说热”的兴起，其工具化趋势也日益显现。目前，网络上看最常见的主要有两种类型的自媒体微小说比赛：一类是来自商家的，比如广东移动2013年举办的“爱在心间，美在身边”微作品原创大赛（包含“微小说”），京东商城于2014年11月举办的“寻找京东锐作者”微小说征文大赛，等等；另外一类是由党政机关部门联合媒体共同主办的，比如天津市委宣传部和天津市网信办于2014年6月举办的“美丽天津”网络微小说大赛，广东省纪律检查委员会联合南方日报社、广东省作家协会共同主办的“廉洁广东行”微小说大赛，等等。这两类征文比赛，前者的目的是提升企业自身的知名度和影响力，开拓潜在的客户群体；后者则是将自媒体微小说视为新时期宣传自身形象与工作内容的一种重要手段。因而在这一背景之下，部分的自媒体微小说创作开始走向功能化、功利化。

第二，衍生品。众所周知，小说往往都是其他艺术作品进行改编或再创作的原始资源，自媒体微小说也不例外。当前，各种从自媒体微小说“衍生”出来的艺术作品可谓数不胜数，例如在“新浪微小说大赛”中的一些热门投稿作品被网友改编成广播剧（如《时差》），或者被歌手改编成MV中的故事情节（如阿朵的《一人一花》），一些优秀作品还由专业影视出品集团改编成自媒体微电影，或者由图书出版公司改编成漫画。这些“衍生品”的出现不仅使自媒体微小说具备了更加立体化、生动化的展现形式，同时也扩大了它们的影响力，刺激了大众的创作与再创作热情。

综上所述，作为一种新兴文学样式，自媒体微小说在经过了一段时间的迷乱和争议之后，正逐步走向成熟。无论是作者、读者还是评论者，都已经将“微小说”创作和分享当成是一种网络生活常态。正如担任第二届“新浪微小说大赛”评委的蒋方舟就曾经说过，“今年的微小说，从形式到内容，都让我觉得有很大提升。而且可以明显感受到，围绕微小说是不是文学的争议变少了。这说明，大家开始以冷静的态度，对待这一文学新生事物”[①]。

二、自媒体微小说的大众文化表征

自媒体在当代中国大众文化发展过程中扮演着至关重要的角色，它的开放性、平等性特征不仅为大众文化消费提供了空前便利，也为他们直接参与文化构建创造了绝佳机会。当前微小说的爆发性流行，正是当下社会各界人士利用自媒体广泛参与和推动文化发展的例证。对于这一新兴的文学样式和文化现象，有人认为是“大众文学热情的再次点燃”[②]，是草根民众的集体狂欢，也有人认为这不过是“电子媒介时代文学的碎片”[③]，一种根本算不上文学的雕虫小技。然而，无论人们对其持什么样的态度，一个无法抹杀的事实是每天都有数以万计的原创“微小说”在自媒体平台上生成与流动，它们通过一个个140字以内的小故事演绎着世间百态，表达着普通人的喜怒哀乐。因而，无论它代表的是新时代文学的生机，还是毫无价值的“填字游戏”，这种动辄上万、上百万甚至上千万民众积极参与的文学创作现象本身就是当代大众文化最生动的表征。

（一）表征之一：语言游戏

平面化、娱乐化是大众文化叙事的主要特征之一。按照杰姆逊的说法，平面化所要打破或削平的是四种深度模式，即消除现象与本质、表层与深层、真实与非真实、能指与所指之间的对立。“这实际上是从真理走向文本，从为什么写走向只是不断地写，从思想走向表述，从意义的追寻走向本文的不断代替翻新。”[④]这也许就是自媒体微小说之所以流行和滥觞的重要原因之一。这种对文本娱乐性和新奇性的追求，导致当前绝大多数的自媒体微小说创作者并不是为了如实反映客观现实，而是将其视为一种玩弄现实、娱乐读者甚至是自我表演的语言游戏，他们希望读者能够更加关注文本本身，并期待通过读者的参与获得更多的创作与阅读快感。

---

① 微小说大赛发榜，140字夺走12万元[N]. 华西都市报，2011-12-14（012）.

② 陈静，田晓 . 微小说大赛掀流行潮 专家称文学热情被点燃[N]. 重庆晚报，2010-12-17.

③ 同上。

④ 王岳川 . 后殖民主义与新历史主义文论[M]. 济南：山东教育出版社，2001：105-106.

谑谐与戏仿是自媒体微小说中最常见的语言游戏。自媒体微小说是一种瞬间艺术，它必须在最短的时间内吸引读者的眼球，并能够让他们有转发的意愿，而谑谐则是最容易达到这一目的的方式。这些自媒体微小说大多源于作者的一个念头或者突发的灵感，继而通过口语化、形象化、流行化的语言表达出来。天马行空的题材、诙谐搞笑的语言、幽默智性的表达，常常能够给作品制造众多的笑点。例如：

悟空听说那iPhone4S是件稀罕物，便飞往美国买了，然后天天骚扰师父、师弟："八戒啊，iPhone4S你懂么？""师父，我传张水帘洞高清照给你。不能收彩信？哈哈~"这天又拨打唐僧电话，却猛地将崭新的iPhone4S摔在地上。悟空破口大骂："唐僧你个死变态，彩铃设成紧箍咒！"（网友斑狸banly）

戏仿是一种二次创作的手法，它讲究的是对原作的戏谑性模仿。陶东风曾撰文指出："戏仿不是一般意义上的模仿。如果说一般的模仿把模仿对象当成仿效与学习的楷模，是学习的一种方法与手段，那么，滑稽模仿就是旨在颠覆模仿对象的一种模仿。"[①] 换句话说，戏仿体现的是作者对原作的一种反抗与颠覆，它必须显示出与原作的不同，从而达到一种戏剧化的审美效果，这一手法在自媒体微小说创作中得到了广泛运用。为了能够在140个字内表达最多的内容，达到最好的叙事效果，互文性是最好的选择，因而借用大众耳熟能详的故事文本进行戏仿，往往能够达到不错的效果。除此之外，在传统小说中，戏仿主要是为了达到鞭挞与反讽的功效，但是在自媒体微小说中，这一手法的运用目的则更倾向于娱乐化与情感化。例如第二届"新浪微小说大赛"中一篇获得三等奖的作品，就对童话故事《白雪公主》进行了搞笑化戏仿，读后让人忍俊不禁：

白雪公主逃出王宫，找人问路：请问怎么才能找到七个小个子的人。好心人给她指路。于是她到森林，看到一间小木屋，里面排列着七张小床。白雪公主就躺下睡着了。傍晚七个小人回来了，白雪公主说："你们就是我命中的七个小矮人吧。"七个人面面相觑，然后说："你走错地方了，我们是葫芦娃。"

---

① 龙其林.大众狂欢——新媒体时代网络文化透析[M].杭州：浙江古籍出版社，2014：70.

而下面这篇作品，则是对《西游记》进行了浪漫化戏仿，从另外一个角度为我们讲述了一个让人意想不到的感人爱情故事：

没人知道他大闹天宫的原因。他爱上了观音。就像捣蛋的孩子，想要母亲关注。如果金箍不是她给的，老和尚念咒时，早就被一棒打死。金箍寸寸收紧，痛的不是头，是心。那些妖怪他一根手指就能捏死，假装打不过才能和她亲近。有时南风吹来，八戒问他因何流泪，他说五百年前的烟火熏伤了火眼金睛。（@树下野狐）

自媒体就如同是一个永不落幕的达人秀舞台，任何人都可以在上面秀出自己，崭露头角，这对于那些在现实生活中无法施展自我文学才华的人们而言，无疑是一个绝佳的机会。中国著名作家王海鸰认为，之所以现在有那么多人热衷于写“微小说”，是因为人性中的“语文情结”。一位自媒体微小说创作爱好者也坦言，“字数限制是创作微小说的最大困难，但也是最大的乐趣所在。从某种意义上来说，微小说的写手们都是热衷于挑战极限的一批人，只不过别人可能玩的是蹦极，而他们则安静地坐在电脑前，和文字的极限做着悄无声息的挑战，用最少的文字表现一段社会现实或人生的况味”[①]。而对于大多数读者而言，在时间越来越紧张、信息越来越繁杂的现代社会中，长时间阅读的机会与意愿已经越来越少，而像自媒体微小说这种简洁短小又不失语言乐趣、轻松有趣且蕴含思维智慧的文本往往更容易受到欢迎。然而，问题在于，这种大众化、狂欢化的“语言游戏”既缺乏统一的游戏规则或创作标准，也没有必要的监管与过滤，再加上创作的随意性和对文本娱乐性的过分追求，致使大量自媒体微小说丧失了应有的艺术追求，沦为恶俗化、剽窃化、拼贴化的文字垃圾。

（二）表征之二：趣味分享

脸书（Facebook）的创建者马克·扎克伯格（Mark Zuckerberg）曾经向人们提起过一个在北美洲西北岸印第安人部落中流行的“夸富宴”，在这一宴席上，主人会故意在客人面前毁坏个人财产并馈赠礼物，其目的是为了证明主人的财富和地位。扎克伯格将这种“夸富宴”阐释为“馈赠型经济”，并将其应

① 微小说，140 粒沙聚成的塔 [N]. 甘肃日报，2011-1-19（11）.

用到 Facebook 的开发过程中。在他看来，在信息泛滥的时代，分享和馈赠信息不但不会减少自身的资源，还能够提升个人的社会声望，积攒更多的资源和人气。后来，无论是推特（Twitter）的“share and discover what’s happening anywhere in the world”（分享和发现世界各处正在发生的事），还是新浪微博的“随时随地分享身边的新鲜事儿”，无论是优酷的“视频发布”还是微信的“朋友圈”，都沿用了这一理念，分享与共享成为自媒体的核心精神，也成为当代大众文化的重要特征。

作为一种以分享为目的的文学样式，自媒体微小说的创作和传播，是当代大众趣味的体现。布尔迪厄（Pierre Bourdieu）在他的代表作《区隔：一种趣味判断的社会学批判》（1979）一书中提出，人们在日常消费中的文化实践，从饮食、服饰、身体直至音乐、会话、文学等趣味，都表现和证明着行动者在社会中所处的位置和等级。换言之，在取消了等级制度的现代社会里，衡量一个人身份和等级的标准不再是职业、财富，而是一系列细微的、日常生活中的行为与喜好——趣味，它聚集与分割着人群，是一种隐蔽的社会分层方式。大体上我们认为，现代社会中普遍存在着三种类型的文化趣味：官方趣味、精英趣味和大众趣味。在大众媒体时代，官方和精英占有着绝大多数的话语权，他们通过一种隐蔽性的“符号暴力”统治着世界，将他们的趣味变成一种“合法趣味”（布尔迪厄），大众要么得通过模仿、培养、分享这些趣味来彰显自己的存在，要么坚持自己的趣味而被淹没和抛弃。到了自媒体时代，情况发生了很大的改变。大众获得了前所未有的话语权，他们通过创作、关注、转发、评论、点赞等多种方式彰显着自己的存在，力图使自己成为社会活动和文化趣味的主体。

自媒体微小说的创作和发表具有即时性、互动性特征，每一篇文本不仅是一个故事的讲述，也是一种文化立场和审美趣味的体现，每个人的创作或转发行为都是在分享和传递着自身的品位与价值观。从作者角度而言，创作自媒体微小说的目的除了自我表达与娱乐之外，更多的是希望能够获得一种群体的认同，几乎没有人会不在乎自己作品被点击、评论和转发的数量。例如网友王伟就非常留意他作品的转发量，“第一篇《城管的大票子》反响最好，发出去差不多一天时间就有 2 000 左右的转发，登上了微小说比赛的榜首，后来排行榜不再收录这篇微小说，但是转发还在继续，目前已经有 5 000 多的转发数了”[①]。正是这种以分享、获得认同为目的的创作心理，使得很多人对微小说创作趋之若鹜，欲罢不能。而对于读者而言，对每一微小说作品的评论和转发，既是对作者文化趣味的认同，也是对自身文化趣味的一种展现。以第一届“新浪微小说大赛”中获得“最佳人气奖”的作品为例：

我因车祸而失明，所以我从不知女友长什么样。那年，她得了胃癌，临终前她将眼角膜移植给了我。我恢复光明后的第一件事就是找她的照片，然而我只找到她留给我的一封信，信里有一张空白照片，照片上写有一句话：“别再想我长什么样，下一个你爱上的人，就是我的模样。”（信天云）

这篇微小说一经发布，在极短的时间内就获得了3万余次的转发量。网友们评论其是“在凝练深沉中用曲折跌宕的情节，简洁朴实的文字，揭示爱情的淳朴、真挚和永恒，催人泪下，发人深省”。

在传统大众媒体控制的大众文化背后，弥漫的是一种娱乐至死的气息。正如尼尔·波兹曼所说，现实社会的一切公众话语日渐以娱乐的方式出现，并成为一种文化精神，一切文化内容都心甘情愿地成为娱乐的附庸，而且毫无怨言，甚至无声无息。而到了自媒体时代，这种由消费主义所主导的“娱乐至死”理念已经无法一统天下，甚至很难激起共鸣，大众拥有了表达和分享自身趣味的方式和渠道，并逐渐形成了一些新的趣味共识，如理想主义，道德修养，真、善、美，等等。以自媒体微小说为例，笔者发现在微博、微信等多个平台账号中，发布和转载最多的往往是情感类作品，情感的普遍性及其在当代的稀缺性是它们最容易打动人的原因。例如近来在微博上流传甚广的一篇作品，就打动了万千网友，他们纷纷感慨：“它是把我的青春心事都写出来了”“爱与被爱，同样幸福”“这样纯真的爱情，在这个时代还有吗？”……

毕业那天，班长提议全班同学坐成一个圈，每个人在纸条上写一个自己的秘密，传给左边的人，这样每人分享一个自己秘密的同时也保守了一个别人的秘密。我故意坐在他的左边。暗恋四年却没敢表白，能知道一个他的秘密也好，我安慰自己。传来的纸条上只有三个字：我爱你。

---

① 郦亮．微小说，140字承载文学梦[N/0L]．青年报（上海）．（2010-12-03）[2015-03-18]. http://news.163.com/10/1203/09/6MVHDLLR00014AED.html.

由此可见，这才是当代民众的审美趣味，也是自媒体时代大众文化的新特征，它被赋予了更多现实生活中细微平凡的理想追求和真情实感，并保持了一定的清醒和理智、反省与抵抗。当前，在自媒体的强大渗透力和影响力的作用下，大众趣味的权力化已然成为一个不争的事实，它意味着大众权力意识的觉醒，并在一定程度上构成了对官方趣味、精英趣味的抵抗和挑战。然而，作为一种复数形式存在的大众趣味，其本身蕴含着多元、分散、流行、短暂等特征，这一方面意味着它不可能形成一种整体的、长期的力量来与官方趣味、精英趣味进行抗衡，反而极易被它们所收编或利用；另一方面，大众内部分散、多元的格局也可能导致趣味共识的断裂和趣味矛盾的增多、激化。

第二节　自媒体微小说的类型及其叙事特征

作为一种小说文本，自媒体微小说的创作可以是天马行空、不受任何题材限制的，但是作为一种大众文化文本，它却不可避免地带有鲜明的类型化特征。总体而言，自媒体微小说的类型化既受到当前流行的大众文化文本，如穿越剧、魔幻片等的影响，也与自身的传播媒介与写作规范，如 140 字以内、即时互动等特征紧密相关。

从题材上来看，在当前自媒体平台上数量最多也最受欢迎的微小说主要有情感、世情、悬疑、志怪、耽美五大类别，它们在叙事层面都呈现出各自较为鲜明的特征。

一、情感类

情感类自媒体微小说，顾名思义指的是那些以人类基本情感为基点与主题创作的叙事文本，这类文本往往通过对一些生活细节的描述或突转情节的设置，诠释一种唯美、浪漫或感伤的审美体验。具体而言，当前的情感类自媒体微小说主要有两大类型：

（一）爱情类

自古以来，爱情都是文学作品中经久不衰的主题，自媒体微小说也不例外。当前，自媒体微小说的创作和阅读群体绝大多数为年轻人，对他们来讲，爱情无疑是最重要也是最富有诗意的。他们往往会选择一些日常生活细节或语言对话，来讲述或纯真、或长久、或深沉、或浪漫的爱情片段，带给人们瞬间的心灵触动以及对美好爱情的向往。

他向她求婚时，只说了三个字：相信我；她为他生下第一个女儿的时候，他对她说：辛苦了；女儿出嫁异地那天，他搂着她的肩说：还有我；他收到她病危通知的那天，重复地对她说：我在这；她要走的那一刻，他亲吻她的额头轻声说：你等我。这一生，他没对她说过一次“我爱你”，但爱，从未离开过。（沙漠蝎子在垦丁）

“这个钻戒的名字叫‘永恒’，那个翡翠的叫‘玲珑’，还有那个叫……那个叫……”“老板,你对这些戒指这么了解,那你手上的戒指也不便宜吧？”“这个啊，铁的，老婆送的，戴了三十年，名字叫作‘取不下来’。”（鸟爸、_鸟爸、_）

“老太婆，儿子姑娘今天都过来，弄个糖醋排骨吧，他们都爱吃。哦，今天买了油麦菜，我弄个蒜蓉的，你爱吃，和以前一样，我们吃肉你吃菜。对了，你老说我穿那件大红的衬衫好看，今天又让老李他们笑话了，满大街老头也没穿这个颜色的，都怪你，呵呵”老人嗔怪着，掸了掸老太婆墓碑上的灰尘……（Sender- 尹博华）

这三篇自媒体微小说代表了当代大众对于“爱情是什么”的一种新的理解与诠释。在很多传统经典文学作品中，男女主角的故事往往是曲折离奇、百转千回的，他们的爱情也往往是轰轰烈烈、惊天动地的。但是就现实而言，绝大多数人的生活与爱情都是平平淡淡、波澜不惊的。因而，如何在平凡的日常生活中发现爱情的踪迹，寻找细微的感动，成为当前爱情类自媒体微小说创作的核心策略。

（二）亲情类

亲情是人类情感中最原始、最无私的部分，也是自媒体微小说中最常表现的内容之一。

5 岁："妈妈，烧红烧肉吧" "行，烧"；15 岁："妈妈，别烧红烧肉了，换换味道" "行，买别的菜"；35 岁："儿子，啥时候回家吃一顿啊？妈给做红烧肉""不行，最近忙"；50 岁："妈妈今天路过你家，给你带红烧肉""不行，今不在家"；70 岁："妈，我想吃红烧肉。"那边，已经没有了妈妈的声音。（杨一帆）

失明后他脾气暴躁。妈妈呵斥道，你这样自暴自弃，从今后我只喊你起床吃饭睡觉，不再管你。果然，从那天以后妈妈每天只跟他说这三句话。这让他很愧疚，也渐渐平静下来配合治疗。一年后，他终于复明了，却没看见妈妈。家人告诉他："妈妈一年前就去世了，去世之前录下那三句话，不想影响你的治疗……"（金一宁）

她花了一周的晚上给他织好了这条围巾，从小娇生惯养，这是她的第一条围巾，她幻想着他惊喜的表情。在他生日的那个晚上，她刚幸福地把围巾给他围上，他却厌倦地取了下来"我不喜欢围巾"！心，瞬间冰凉！爸爸来了，以为是给自己的，自顾地围上，满脸都是幸福的笑容。她转过身来，泪流满面……（路路沫）

以上三篇作品用不同的视角与叙述方式，以父母对子女之爱为主题，展现了父母对子女毫无保留的付出和无微不至的关爱，蕴含的是子女对父母的亏欠与遗憾之情。这类自媒体微小说的流行，正是对当前社会亲情缺失的一种生动映射，它既反映了现代人在忙碌、焦虑的生活中对亲情的忽略和漠视，也体现出人们对于这一现状的反思与自我救赎的意愿。

（三）友情类

除了爱情与亲情之外，友情也是自媒体微小说较为常见的题材之一。例如第三届"新浪微小说大赛"中，网友"年少的少年事"以此为主题所创作的一篇作品就获得了二等奖：

几十年后他在 QQ 签名处写着：老朋友，我们岁数大了见面不方便，如果你还健在就上个 Q 让大伙知道吧。从此大家的头像都亮起来，虽没交谈只要看到亮起的头像他也感觉幸福。去世前他对儿子说：我走后记得帮我上Q，别让大伙担心。说着突然落泪，大家的头像全亮着是不是有和他一样的心思。

总体而言，优秀的情感类自媒体微小说，往往善于去发现那些容易被人们忽视的生活细节，并将其娓娓道来，它们能在瞬间抵达人们内心的最柔软处，唤醒人们对于爱情、亲情和友情的原始憧憬，并将人们从喧嚣的世俗世界带到一片心灵净土，去重新思考、发现和体会爱与美的真谛。

二、世情类

世情小说流行于明清时期，但世情小说的历史，在我国最早可以追溯到魏晋以前。这类小说以“极摹人情世态之歧，备写悲欢离合之致”为特点，广阔地描绘或尖锐地讥刺社会生活与世俗人情。我国古代文学中有许多世情小说佳作，其中《金瓶梅》与《红楼梦》被视为我国古代世情小说的代表作。而当前，自媒体无疑是展现社会百态的最佳舞台，每个人都可以轻松、即时、不受限制地将身边发生或听到看到的故事以各种方式表达出来，因此世情类自媒体微小说也成为最常见的类型之一。这类作品的取材主要来源于三个方面：

（一）热点事件

即时性是自媒体最突出的特征与优势之一，因此社会上发生的热点、焦点事件往往成为大众创作自媒体微小说的源泉和灵感。与对这些事件的新闻报道、专家评论等叙事文本不同，自媒体微小说大多另辟蹊径，通过戏谑、夸张等手法对原事件进行解构与重构，让读者在会心一笑的同时亦深刻感受到故事背后的血泪与沉重。例如慕容雪村的一篇自媒体微小说《车祸》在“李刚门”事件后迅速流传：

一位民工扛着行李走在路上，被一辆轿车迎面撞倒。司机下车查看情况，民工：请问你老丈人是省长吗？答曰：不是。又问：请问你爸是李刚吗？答曰：不是。再问：请问你是重庆警察吗？答曰：不是。民工放心了，用尽全身力气说出了遗言：你等着，我做鬼也不放过你。

又例如在以“彭宇案”为代表的多起扶老人反被诬陷的事件发生之后，有网友以此为原型创作的微小说：

老人深夜病发在买药路上跌倒。清冷的小区街道上出现红衣青年。他急忙上前，老人将钱包给了他，并告知要买的药名。此时下班回家的老人女儿正好看到他手拿钱包慌忙离开。在把昏厥老人送到医院后，她上网痛斥了他抢劫一幕。那夜，青年跑遍了医院寻人。两天后，众媒体载文《道德沦丧青年抢劫被拘》。

（二）社会问题

改革开放以来，中国发生了巨大变化，人民生活水平得到了极大的改善与提高。但与此同时，也积累与生发了一系列重大的社会问题，如官员腐败、城乡差距、通货膨胀、环境污染、潜规则盛行等。这些问题与人们的生活息息相关，是当前社会大众普遍关注的重点，因而以此为题材的自媒体微小说在网络上也广为流传。以下两篇作品，就是针对当前外来工入户与物价飞涨这两大社会问题所创作的文本。

“29 块 2，算整给你 29”老人苦笑着接过收废品老板的钱，缓缓地走回破烂的家。老人九十多了，在上海流浪了几十年，一生孤苦。每天都要扛近百斤的旧纸皮走一个小时路到废品站卖，除去收纸皮的本钱，自己赚不了多少。一个商人很同情老人，拿了张世博会的票给她，老人却说：可以换成一张身份证吗？（happy 雯 _rr0）

老李：“这个月你领了多少工资？”老王：“税后 800 万。听说你这个月奖金不少啊？”老李：“什么不少，就 200 万，昨晚一宿麻将全输了。”这时老王的手机突然响起，接通电话不到 5 秒钟就十分惊恐地把嘴凑到老李耳边说：“家乐福，白菜特价，5 万一斤！赶紧的，别声张！”（鸿鹄试翼）

（三）当代人性

人性问题一直以来都是中国思想史、文学史上的一个重大课题。从宏观层面而言，它关系到整个国家与民族的精神气质和文明进程；从微观层面而言，它体现在我们日常生活的方方面面。当前，我国正处于社会转型期，商品经济的冲击、贫富差距的扩大、价值观的多元化等都在一定程度上造成了人性的缺失与异化，这不仅加深了人们的困扰与焦虑，更加速了社会的撕裂与畸变。因此，以反应与思考当代人性为主题的自媒体微小说也屡见不鲜。以下两篇作品，就分别运用科幻与写实的手法道出了当前社会道德感缺失、人性扭曲的现状：

2500年清明，他走进了器官银行。存好良心，三十年整。遂闯荡社会，一帆风顺。期至，取回良心，未污染，甚欢喜。病床上，他畅想有了良心后的种种打算。手术做了三天三夜，失败告终。诊断书上只有四个字：排异反应。（鞭具蛋挞糶一）

一次和女朋友逛街，她说玩一个游戏，让我闭上眼睛，她领着我走路。坚持了好久，一直顺利上了地铁。地铁上人很多，不过女友还是扶我坐下了。然后，她附在我耳边小声说："千万别睁眼，这个座位是别人让的。"

总体而言，世情类自媒体微小说大多以反讽、批判见长，它们直面社会转型时期所产生的种种问题与怪相，大量运用虚拟、拼贴、荒诞、嘲讽等修辞方式来参与叙事，试图用一种更为贴近时代需求的大众话语来唤醒人类良知、主张社会正义、抚慰集体焦虑。

三、悬疑类

悬疑小说是一种具有神秘特性的推理文学，可以唤起人们的求知欲，刺激人们的好奇心，一直以来都是大众文化的宠儿。纵观国内外畅销书排行榜，大面积且长期高居榜单前列的大多都是悬疑类小说，它们以曲折的情节、紧张的节奏和迭出的悬念，深受读者的喜爱和追捧，自媒体微小说也不例外。但由于受到篇幅的严格限制，自媒体微小说不可能如其他中长篇悬疑小说一样，设置那么多的情节与悬念，因而在创作此类作品的过程中，不得不综合考虑自身的局限与优势，采取一些有别于传统的叙事策略，创造不一样的审美体验。

首先，悬疑类自媒体微小说为了能够在极其有限的篇幅里最大限度地吸引读者，同时带来具有刺激性、意外性的阅读感受，经常会采取一些叙述性诡计来增强文本的戏剧性与趣味性。所谓叙述性诡计，指的是作者利用读者先入为主的观念，巧妙运用文字技巧，刻意隐瞒或曲解某些情节，直到最后才揭露真相，让读者产生一种突兀与惊愕感。在传统的悬疑小说中，叙述性诡计往往甚少使用，因为设计诡计的重点就在于通过前面情节的平淡来突出结局的精彩，所以对于中长篇小说而言，读者很有可能会在未到达终点之前就因缺乏悬念感觉得沉闷而放弃阅读。因而，篇幅短小的自媒体微小说成为叙述性诡计施展的最佳舞台，例如以下两则微小说，前者运用了时间诡计，将日期隐藏起来，叙述了一个似乎是不可能的谋杀案，让人百思不得其解；后者则运用了习惯诡计，将一宗普通的交通事故描绘成侦探迷们惯性思维中的“密室杀人案”，读来让人会心一笑。

下午四点，我来到他家门口。毕业之后由于学校的不同，我和他远隔千里，异地恋使我缺乏安全感，瞒着他来到他家，敲门，开门，茫然。一向不爱干净的他，家里收拾得异常干净，厨房里柴米油盐酱醋茶摆放整齐。我笑着对他说：我饿了。他立马起身，说：你等着，我下去给你买泡面。我含着泪默默地吃完。晚上七点，我坐在飞回学校的飞机上，拿起报纸，上面，是他惨死在家中的图片，上面写着：××于今天下午三点被杀在家中。看完，我撕心裂肺地哭了。[①]

经验丰富的王警官观察一番后说道：“门和窗都是从里面反锁的，而死者头破血流伤痕累累，显然不是自杀，所以，这无疑是一桩典型的密室杀人案！”同行的几名年轻警员听完他的分析也是目瞪口呆，最后忍不住将他带离了车祸现场。（维克多刺猬）

其次，悬疑类自媒体微小说大量运用“留白”来增加故事容量，同时制造悬念，召唤读者参与。比如在故事布局、情节设置上，大多数作品都弱化了

---

① 百度贴吧［EB/OL］. http: //tie ba.baidu.com/p/1488048290? red_tag=2013885891.

前因后果，直接进入故事主题与核心场景，并且不做任何浓墨重彩的描绘，完全粗笔勾勒，然后又在高潮处戛然而止，给读者留下广阔的想象空间。以某微小说大赛中的一篇获奖作品为例：

妻子给我做了饭团。“里面放了什么？”“我的感情哦。”我的心猛然一跳，因为夫妻之情早已淡薄如水。正想着如何修复两人的关系，可转念一想，万一里面是空的……还好，饭团里是我最爱吃的鲑鱼。我开心得很，正想跟妻子说声谢谢，舌头却麻痹了，什么也没说出口。①

在这一文本中，故事的前因后果均未交代，只是一次偶然的夫妻间行为、对话及心理活动。而就在事情发生突转，将要进入高潮的时候，叙述又忽然停止，让读者在意犹未尽中展开无限遐想，去思考、猜度其中隐藏的内容及故事的结局。

除此之外，跳转、蒙太奇等叙事手法在悬疑类自媒体微小说中的运用也是屡见不鲜，它们的特点就在于运用极其简短的、断裂化的语言来叙述一个碎片化的、可供读者自由填补或重组的故事。这些大量中间情节被抽空的文本，能够最大限度地激发读者的想象力和逻辑推理能力，创造出悬疑小说特有的智性审美。如以下两则自媒体微小说就在微博上流传甚广，网友们针对它们作出了无数的设想，故事永远不会停止，也永远没有统一的真相。

星期一：我，床，她；星期二：她，床，他；星期三：我，床；星期四：我，床；星期五：我，床，他，她；星期六：我，床，她，他，苍蝇；星期日：我，警察。——真相永远只有一个！你看懂了吗？②

凌明然天生是个左撇子。此刻电视上正播报着早间新闻，一名女子被砍数刀昏倒在家中，连左臂都被砍掉了，凶手疑为左撇子。凌明然关掉电视，顺手拿起啤酒喝了一口，然后用右手撑起身体，走到窗前，望着灯火通明的城市，她流下了泪水。③

---

① 二十度尚品的博客［EB/OL］. http: //blog. sina. com. cn/slblog_682cdb7d0100jboe. html.

② 百度贴吧［EB/OL］. http: //tieba.baida.com/p/1233451200?red_tag=1394687985.

③ 锁屏纸君［EB/OL］. http: //weibo.com/33053436571A3wq8tE4T? type=comment#_rnd15765533 39683.

美国著名作家海明威曾经说过："作品有如冰山，露在水上的只有八分之一，其余的八分之七隐藏在水下。"悬疑类自媒体微小说正是力求通过八分之一的叙述，来唤起读者对八分之七的探寻和体味。从本质上来说，悬疑类自媒体微小说与其他悬疑小说一样，都是一种悬念设置和推理解谜的过程。但是与传统小说不同的是，自媒体微小说创作往往更多地将重心与篇幅放在悬念设置上，而将推理解谜的部分完全交给读者，让读者可以最大限度地发挥主观能动性，参与到案情的推理过程中去。与此同时，读者们所推演出来的情节与结局，都能够以及时反馈的方式成为原故事的有效延伸与补充，成为他人的阅读对象与参考文本，这也是悬疑类自媒体微小说之所以流行并受到大批读者追捧的原因，他们不仅能够从中获得阅读快感，还能体会到参与和创作快感。

四、志怪类

志怪小说是中国最早的小说类型之一，它以记叙神异鬼怪故事为主体内容，在我国文学史上占据着重要位置。鲁迅曾在《中国小说史略》中指出，魏晋南北朝时期志怪小说兴盛的原因在于民间巫风、道教和佛教的刺激。由此可见，志怪小说带有鲜明的民间文化特征，它既与人类最原始的信仰和情感有关，也与当时所处的社会历史环境相关。

纵观志怪小说的发展史，我们可以看出，在不同的历史时期，人们对于志怪小说的创作价值与接受心态，乃至审美心理都产生了不同的变化：在魏晋南北朝时期，志怪小说正处于初生期，它们大多篇幅短小、文风质朴，其内容也只涉及妖魔鬼怪的各种奇闻趣事，在当时的历史文化背景下，民众大多认为这些故事是真实可信的，他们所看重的是这些小说的"史料价值"而非"文学价值"。到了唐代，唐传奇中就有大量的志怪内容，与魏晋时期不同，人们开始抱着好奇和赏玩的态度来面对这些奇闻趣事，对于文本的内容与表达也有了更高的艺术要求。正如鲁迅先生在总结唐代小说之特征时曾说："小说亦如诗，至唐代而一变，虽尚不离于搜奇记逸，然叙述宛转，文辞华艳，与六朝之粗陈梗概者较，演进之迹甚明，而尤显者乃在是时始有意为小说。"[1] 明清时期是

---

① 鲁迅．中国小说史略 [M]．北京：人民文学出版社，1973：54.

志怪小说的繁荣期，出现了《聊斋志异》等一大批具有极高艺术价值的作品。这些作品既满足了人类延续千百年的猎奇求异心理和审美，也蕴含着丰富的现世、劝世与讽世之义。

这一具有广泛民众基础的文学题材自然而然得到了大众文化的青睐，这可以从当前长盛不衰的志怪类小说、电影、电视剧中略见一斑。那些历史流传下来的志怪小说不仅为当代大众文化产品提供了丰富的原始资源和养料，也为人们创作这一类型的故事提供了内容、结构、叙述等各个方面的参考与借鉴。在自媒体微小说中，这一类型的题材也比比皆是，其中最具代表性的主要有“穿越”和“鬼神”两大类：

（一）穿越

“穿越”是穿越时间和空间的简称，简单而言，就是某人因为某个原因，从所在时空穿越到另一个时空的行为与事件。近年来，“穿越”作为一种展开情节的特殊桥段被广泛应用在各种类型的大众文化文本中，出现了大量的架空小说、穿越电视剧等。其实“穿越”并非是一个新鲜概念，在传统的志怪小说中就有不少人们进入不同时空后所发生的故事，例如《博物志》中的“八月浮槎”就描述了一个人误打误撞走到“天河”后的所见所闻。只不过，与古时的志怪小说相比，当前的穿越小说更显得光怪陆离、千姿百态。

在篇幅短小的自媒体微小说中，“穿越”不仅是一种题材上的选择，更是一种叙事上的需要。当小说中的时空界限被打破以后，叙事的自由度也随之扩大，故事的戏剧性也由此增强。例如在历届新浪微小说大赛中，就有不少获奖作品巧妙利用了“穿越”这一桥段，将一个内容复杂、情节曲折的故事在三言两语之间讲完：

她车祸去世后，他思念万分，利用时光机回到过去，阻止惨剧发生。机器出了差错，比预定时间早了几分钟。他拿出钥匙开门，听见卧室传出她的娇喘和男人的声音。她手机响了，他记得这是他打来的。“我得走了，我男人催我呢。”他听着，恼羞成怒，出门偷了一辆车，看着急匆匆的她，一脚踩下油门。（伏枥斋）

母亲病倒后，老家来了一位从未见过的表姐，要替她照顾母亲。那时正是她人生最忙碌的日子，便同意了。表姐天天守在医院里，尽心尽力。一个月后，母亲走了。办完丧事，她想好好谢谢表姐，表姐却不见了，只留下一封信：我其实是十年后的你，穿越来此，是为了弥补自己曾经的遗憾和愧疚……（金一宁）

（二）鬼神

妖魔鬼怪、神仙异兽等一直以来都是志怪小说主要的叙事对象。自媒体微小说中以鬼神为题材的创作有很多，其中依据叙事目的不同大致可分为两类：一类是单纯讲述恐怖与灵异故事的作品，目的是给读者带来紧张感与刺激感。例如在中国传媒大学文学院举办的“青瞳杯”微小说比赛中一篇获得二等奖的作品，就采用文言文的方式讲述了一个骇人的鬼故事：

民国初，木匠夜归，夜黑莫能视。忽闻草坡有喧哗声。及近，见十数人围坐其间谈笑风生。其衣着异于时人。奇之。自谓方圆十里并无人烟。时高树之上有乌鹊啼鸣。匠人持斧近，见青石一方尽力劈之，火星四溅其声铿然激越。俄风起，群人不复见。匠人拾纸币若干而归。翌日匠人妻问袋中冥币缘由，愕然不能语。（作者：彭宏深）

另外一类是通过鬼神题材表达其他意蕴或情感的作品，目的是给读者带来新鲜感与陌生感。例如下面的这则作品，就运用吸血鬼的题材讲述了一个缠绵悱恻的爱情故事：

第一次见到吸毒的吸血鬼。酒吧灯光昏暗，他苍白俊秀的脸被药物扭曲：“很罕见？不用药物，我怎么度过无边岁月？”“你爱人呢？”“死了。”“为什么不把她也变成吸血鬼？”“把人变成怪物，我如何舍得。”“如果有来世，她还会记得你吗？”他潸然泪下，一把抱住我：“怎会记得……”

志怪小说的流行，源于人类求奇、尚异的心态与天性，奇闻趣事所展现出来的世界充满了神秘感与奇幻感，这与人们所处的现实世界迥然不同，读来易生新奇与意外之感。志怪类自媒体微小说既继承了这一传统文学意趣，也在此基础上实现了跨越与创新，这不仅迎合了大众的民族文化接受心理，也反映出时代的进步与变迁。

五、耽美类

“耽美”一词最早出现在日本近代文学中，指的是一个文学流派——耽美派，其主旨是“反对暴露人性的丑恶面为主的自然主义，并想找出官能美、陶醉其中追求文学的意义”①。从这个意义上来说，“耽美”可视为当代文学领域“唯美主义”的代表形态之一。20世纪六七十年代，“耽美”一词逐渐为日本漫画界所用，并引申为“美形的男性”以及男性之间的恋爱情感，即“BL（boys love）”。之后，随着“BL”漫画的流行，各种类型以之为主题的大众文化文本大量出现，这些作品后来被统称为耽美作品。时至今日，“耽美”在大众媒介的推波助澜下，已经由一个文学流派演变成为一种青年亚文化和网络流行文化，一种以同性间暧昧情感为特征的“腐”文化气息开始在大众群体中蔓延。

当前，自媒体已经成为耽美爱好者们相互交流沟通的新阵地，他们的活跃程度使得耽美类作品数量在自媒体网络上蔚为壮观。仅以新浪微博为例，专门以“耽美微小说”为主题的账号就不在少数，其中大部分博主的粉丝数都过万。不少网友还专门将耽美类微小说整理出来，在各个热门的网站或论坛上发布。

从叙事角度来看，耽美类自媒体微小说主要有以下几个特征：

（一）情节的浪漫化

浪漫情节在当代大众文化文本中呈现出泛滥之势，典型的体现是言情小说、韩剧、偶像剧等。情节的浪漫化往往与环境、人物的唯美化结合起来，起到渲染气氛、烘托情感的作用，这一手法极易俘获青春期少男少女，或者抱有浪漫情怀的成熟男女们的心。因此，在以“同人女”②为核心作者与读者的耽美微小说中，这一桥段必不可少。除此之外，“耽美”在日文中的本义就是“唯美、浪漫”，是“包含一切美丽事物，能让人触动的，最无瑕的美”，因而情

---

① 百度百科[EB/OL].http: //baike.baidu.com/item/%E8%80%BD%E7%BE%8E/98052.

② “同人女”一词起源于日本，指进行同人创作的女性群体。现在这一词经常被误用为泛指创作与欣赏一切耽美文学与美术作品的女性。

节的极度浪漫、温馨、感人，是读者喜爱与追捧耽美类自媒体微小说至关重要的原因之一。例如下面这篇作品，就是通过一个浪漫的小细节体现了两人之间深厚的感情：

他和他又一次因为他工作忙碌而争吵。背对背入眠。夜半，被子滑下床，他惊醒，发现自己和往常一样躺在他的臂弯里。他小心地将被子抽起来盖在两人身上，却发现那个微微打着鼾眼都没睁的笨蛋在寒凉气温下不是第一时间抱住被子，而是无意识地收紧揽住自己的手臂，将被子掖进自己脖子里。[1]

（二）内容的互文性

“互文性”又称文本间性，是20世纪60年代在西方开始出现的一种文本理论。这一概念的提出者是法国符号学家朱莉娅·克里斯蒂娃（Julia Kristeva），她认为：“任何作品的文本都像许多行文的镶嵌品那样构成，任何文本都是对其他文本的吸收与转化。”[2]其基本内涵是，每一个文本都是其他文本的镜子，它们相互参照，彼此相连，形成一个潜力无限的开放网络。这也成为后来学界公认的广义上的“互文性”定义。而狭义的互文则主要局限在文学文本领域，指一个文学文本与其他文本之间存在的明显的、可以论证的互相指涉关系。20世纪80年代，这一理论开始传入我国，并广泛应用于文学批评、语言学、文化研究等领域。

由于篇幅上的严格限制以及双向互动功能，“互文”成为自媒体微叙事中最常见的创作手法，其中既有词语层面的引用、改写，也有篇章层面的套用、模仿，一来有助于扩大文本的容量，减少不必要的陈述；二来也通过对原文的解构和重构获得更大的创作乐趣。耽美类自媒体微小说由于具有相对固定的创作和阅读群体，而且彼此之间具有十分类似的文化心理与审美趣味，相互间交流沟通频繁，因此这类文本的“互文”现象更为明显，这主要体现在对某原著作品的阐释、改造、延伸等二次创作中。例如近年来非常流行的网络长篇小说《盗墓笔记》，由于故事太长，伏笔太多，里面设计的很多情节甚至结局都未能让读者满意，再加上两个男主角之间的感情和经历错综复杂，因而很多同人

① 短文学［EB/OL］. http: //www.duanwenxue.com/article/307911.html.

② KRISTEVA J.Word Dialogue and Novel[M].Oxford：Blackwell Publisher Ltd.1986：36.

女就以此为蓝本进行再创作，重新解释或增加故事情节，在网络上掀起了一股“瓶邪微小说”（“瓶邪”是“盗墓笔记”中两位主角——张起灵、吴邪的简称）风潮。例如：

地府，奈何桥边，“唉，桥下那姓吴的小伙子还在等他说的小哥，还不肯去投胎吗？”“唉……还在等呢，年纪轻轻就死了，也不知在桥下等了多少年了……说起来，今天地府来了个和他所说的小哥很像的人……也有麒麟……”“那人怎样了？！”“还不是喝了孟婆汤投胎去了……可怜桥下那人，怕是永远等不来了他等的人了……”

（三）语言的陌生化

“陌生化”一词最早由俄国形式主义者什克洛夫斯基提出，是俄国形式主义的核心概念。简单来说，“陌生化”就是使文本陌生与反常，作为一种文艺创作手法，指的是在内容和形式上违反人们习见的常情、常理、常事，主要目的和作用是打破人们的惯性思维方式，唤起他们的兴趣与感知能力。随着时代的发展，虽然陌生化的概念和内涵都发生了变化，但是其打破思维定式，提供观察世界另一视角的核心理念一直未变。由此可见，耽美类文学本身在内容上就带有“陌生化”特征，它关注与描述的是异于常理和常态的同性之间的爱情，体现与彰显的是与众不同的人生观与世界观。

什克洛夫斯基在谈及陌生化的时候强调，新奇的语言感受是陌生化的基础，“艺术的技巧就是使对象陌生，使形式变得困难，增加感觉的难度和时间长度，因为感觉过程本身就是审美目的，必须设法延长”[①]。因此，对于以官能美与形式美为核心的耽美类自媒体微小说而言，新奇的词语和突破常规的句式是它们追求“陌生化”效果最常用的修辞手法。例如，很多耽美类自媒体微小说都会采用一些特殊的名词或符号，如“受”“攻”“鬼畜”“0.5”“X”等来拉开审美主体与客体的距离，从而最大限度地调动读者的能动性和想象力。又比如，一些作品会采用文言文、白话文等方式来增加文本阅读时候的难度与美感。当下颇为流行的“古风耽美微小说”，很多都采用了这一策略：

① 什克洛夫斯基：作为技巧的艺术 [C]// 俄国形式主义批评：四篇论文 . 内布拉斯加州：内布拉斯加大学出版社，1965：12.

他是丹青圣手，天地、山川、草木、虫鱼、鸟兽皆可入画而画无不精，唯不愿为人画像。多少人一掷千金却败兴而归，只为他一句“在下曾立誓，只为一人画像”。那般风华之人，谁人也不愿勉强，只道画师情深。他一笑，即使那人早就一身戎装，战死沙场又如何？他既等了上半生，便不介意赔上下半生。

整体而言，由于耽美类自媒体微小说的创作者和受众是一个同质性极高的粉丝型群体，他们对于这一类型文本的喜爱和追捧往往更多地出自一种心理依赖、一种阅读习惯，而并非是艺术或价值追求，再加上这一群体的泛年轻化、素质参差化等特征，也使得耽美类自媒体微小说的文学性较其他类型文本有较大的差距，因而它们也很难依靠自身的情节与语言魅力来吸引其他领域的读者。然而，耽美作为一种流行文化，在媒介、消费主义与粉丝经济的多重作用下，其创作者和受众群体正在不断壮大，影响范围也逐步扩大。在日本，耽美文化已经拥有了一条完整的产业链，电影、动漫、游戏、书籍，应有尽有。在中国，虽然这一产业尚未形成，大部分的耽美作品和活动都是爱好者们借助网络自发创作与发起的，但是随着这一群体和市场的日益扩大，其被商业化的趋势似乎也指日可待。

第六章 自媒体微新闻叙事研究

第一节 “新闻叙事”与“自媒体微新闻”

一、理解“新闻叙事”

关于新闻与叙事，长久以来学界都存在着分歧。有人认为新闻不是叙事，因为叙事学自诞生伊始就与“文学”“故事”等虚构内容联系在一起，而新闻则是以“真实”为存在基础的；也有人认为新闻是一种叙事，并且是一种很重要的叙事类型，例如热奈特就对叙事进行了纪实和虚构的区分，并明确将新闻列入纪实类叙事文本中。至于孰是孰非，笔者认为，我们必须从“新闻”的定义及其特点入手分析它与叙事的关系。

古今中外，关于“新闻”的定义可谓众说纷纭，归结起来大致可分为三种：一为“事实说”，即将新闻视为一种事实，如“新闻者，乃多数阅者所注意之最近事实也”（徐宝璜），“新闻是新近发生或变动的事实”（喻权域）；二为“活动说”，即将新闻视为一种报道或传播活动，如“新闻的定义，就是新近发生的事实的报道”（陆定一），“新闻是新近变动的事实的传播”（王中）；三为“信息说”，即将新闻视为通过媒介传递事实的信息，如“新闻是经报道（或传播）的新近事实的信息”（宁树藩）。综合以上的定义可以看出，无论是哪种说法，“事实”都是新闻的核心所在，事实指的是“事情的真实情况，包括事物、事件、事态，即客观存在的一切物体与现象、社会上发生的不平常的事情和局势及情况的变异态势”[①]。由此可见，新闻在很大程度上可以理解

---

① 知乎 [EB/OL].http: //www.zhihu.com/topic/19605132/hot.

为一种叙事，即对某些事物或事件情况和发展态势的报道。

荷兰符号学家托伊思·A. 梵·迪克（Teun A.Van Dijk）曾经论述过新闻与叙事的关系，概括来讲主要包括以下几点：首先，新闻与故事都与人类认知和行为有关，并且两者通常叙述的都是受众感兴趣的奇异或意外之事。其次，新闻和故事都包含了传递特定社会、政治或文化价值的功能。最后，新闻和故事都具有特定的叙事结构与叙述视角[①]。新闻与叙事的关系由此可见一斑。当然，并非所有的新闻都是叙事，或者说，并非所有的新闻都偏重于叙事，它们既可能是对某个物体的静态描述，也可能是对某条信息的简单传达。但是无论从当前的新闻内容还是发展趋势来看，叙事都是新闻最为主要的表达方式。因此，本文所论述的“新闻叙事”实则暗含两层意思：第一，是对“新闻”作为一种叙事文类的强调，即肯定新闻也是一种叙事；第二，是对新闻“叙事性”的强调，也就是说，新闻的作用和价值不单只是传递信息、记录事实，还试图给读者创造独特的视听体验，并传达特定的社会意识与价值观念。

自媒体的诞生，不仅对传统的新闻媒体产生了巨大的影响，更深入到了新闻叙事的内核，改变了它的叙事主体、叙事结构与叙事方式，并重构了其叙事观念。“自媒体微新闻”的出现和流行，不仅彰显出新闻叙事的当代特征，更有助于我们去探寻现代社会大众认识与理解世界的方式，以及隐藏在其中的价值观与文化心理。

二、自媒体微新闻的概念与辨析

2008年11月26日，印度孟买发生暴力恐怖枪击案，造成超过300人死亡。最先对这起恐怖事件进行报道的新闻内容和图片震惊了全世界，而同样令人感到诧异的是，这篇头条新闻并不是由CNN、《纽约时报》等传统大众媒体发出的，而是由一位当时身处现场的普通人撰写并通过Twitter发布出来的。直到恐怖袭击发生数小时后，电视上才出现第一条新闻报道。事后，CNN发布了一条这样的新闻：“Twitter 直播恐怖袭击：社交媒体如何应对孟买枪击案。”[②] 正是这次事件，让全世界见识到并开始重视自媒体在新闻传播层面的巨大优势。

① 斯维伍德．大众文化的神话[M]. 北京：生活·读书·新知三联书店，2003.

② COMM J. Twitter Power 2.0：How to Dominate Your Market One Tweet at a Time［M］. New York：Wiley，2010：02-03.

与国外的 Twitter 相比，中国的微博自诞生之日起，在新闻传播层面发挥的作用和功能可能远远大于社交层面。尤其是当一些关于民生问题、警民冲突、官员腐败等公共事件发生时，传统媒体由于受到时间、意识形态等方面的限制，往往对事件的报道不够及时，微博、微信等自媒体就成为发布新闻与社会动员的最佳平台。如今，自媒体已然成为引发社会关注的新闻事件的主要信息源和大众舆论的策源地，无论是媒体还是政府机构、精英还是草根，都纷纷投入到这场轰轰烈烈的新闻创作与传播浪潮中，各式各样的“自媒体微新闻”呈井喷式增长。

综上所述，新闻是一个综合性、多元化的概念，而本书所关注的“新闻”是一种作为叙事的存在，因此必须回到自媒体微新闻的文本自身来对其进行定义。且笔者亦认为，只有这样才能真正厘清自媒体微新闻的本质及其价值所在。基于此，本文将自媒体微新闻定义为“基于微博等即时信息发布平台所创作与传播的，通过微短的文字、声音、图片或影像对新近发生的事实的报道”。这其中既包括个人或机构自行采编的原创新闻，也包括对传统媒体新闻或他人原创新闻的改编、评论与转发。

无论从内容还是从形式上来看，自媒体微新闻与传统大众媒体中的“标题新闻”或“一句话新闻”“简讯”等颇为相似。“标题新闻”又称黑边新闻，指的是以标题形式表现新闻事实，文题相容的一种短小、精练的新闻样式，它大量活跃在 20 世纪 80 年代中期到 90 年代初期全国各地的报纸中，是基于当时报刊版面有限、信息量需求扩大等方面的要求而形成的一种新闻变异形式。大部分学者认为标题新闻与“新闻标题”“简讯”“一句话新闻”等报纸上常见的文体存在着形式上的同构，甚至是在它们的基础上产生的。20 世纪 90 年代中期以后，随着经济的发展、报纸的扩版以及自身存在的要素不全、内容缺陷等原因，标题新闻开始在报纸上逐年减少，现在在报纸上几乎已难觅踪迹。显而易见，自媒体微新闻与这些传统的新闻样式存在着千丝万缕的联系，而且实际上当前很多自媒体微新闻都直接来源于传统的大众媒体。但是正如“人不能两次踏入同一条河流”一样，伴随着科技社会发展而产生的自媒体微新闻不可能只是传统新闻样式的简单复制或回归，而应该是一种“螺旋式”的上升、演化过程。与“标题新闻”等传统新闻样式相比，自媒体微新闻主要存在着以下几个方面的差异与优势：

首先，在创作主体层面。在传统的大众媒体中，新闻的创作者主要是大众媒体中的专业人员，尽管也有一些非行业内人士会向媒体提供新闻线索或稿件，但是这些线索或稿件往往需经由记者或编辑的重新整理才能刊发，因而“标题新闻”等传统新闻的创作主体依然是新闻业界人士。他们除了具备一定的专业能力之外，还普遍带有特定的、代表媒体或特定组织的“官方立场”。相比而言，自媒体微新闻的创作主体则更丰富且多元化。自媒体的零门槛创作与发布，极大地降低了对新闻创作者的要求，分散了新闻的话语权，虽然这其中也不乏专业机构或专业人士的创作，但是从整体上来看，自媒体微新闻的创作主体有很大一部分都是普通民众，他们代表的只是自己的立场和喜好，带有鲜明的个人化色彩。

其次，在时效性层面。“标题新闻”等新闻样式最早出现在报纸媒体中，因为受到报纸出版与发行时间的严格限制，它们的时效往往只能以“日”来计算。网络媒体的出现，将新闻发布的时效性缩短到了“时”。为了能够抢占先机，很多突发事件最开始在网站上都采用了“标题新闻”或“一句话新闻”的形式进行信息发布，之后才有更详细的报道。然而由于早期门户网站上的新闻同样需要经过信息采集、撰写、把关、审批等多个环节，因此在时间上也存在一定的滞后。而自媒体微新闻则是即时性的，它们的创作主体无处不在，任何人只需要凭借一部智能手机就可以将刚刚发生甚至正在发生的事情记录下来并进行上传，还可以随时更新，无异于“现场直播”，其时效性可以精确到“分”，甚至“秒”。

再次，在叙述层面。标题新闻等传统新闻样式虽然形式简短，但是同样存在着较为严格的写作规范与组构格式，为了用尽可能少的文字来表达更多的内容，记者和编辑们往往要花费很多时间和精力对其进行“字斟句酌”。与它们相比，自媒体微新闻无论在文本结构还是遣词造句上，都显得随意、自由许多，尤其是那些普通大众书写的文本，更是五花八门、形态各异。除此之外，与传统的标题新闻相比，自媒体微新闻可以采取更多样化的叙事手段和符号，如文字、图像、影像等来进行叙事，这也使得它无论在内容的丰富性和表达的生动性层面都优于前者。

最后，在反馈层面。反馈是新闻传播过程中的重要环节，只有建立在良性反馈机制上的新闻生产才是积极有效的。微博、微信等自媒体的即时互动功能使得自媒体微新闻在反馈层面拥有先天性的优势。很多时候，人们都是从自媒体微新闻作者与读者一来一往的“对话”文本中获得完整的新闻信息。例如马航 MH370 失联的新闻在微博上一经发布，在极短的时间内就引来了数以万计的跟帖，他们对于事情起因、过程和真相等问题的追问促使新闻发布者不断地对这则新闻进行补充，也有很多人将从其他渠道获得的消息在这里分享，事件正是在这种一言一语的交互过程中逐步被勾勒并清晰了起来。这些都是标题新闻等传统新闻形态所不能比拟的。

综上所述，与其他类型的叙事相比，对自媒体微新闻叙事的研究具有两大特殊之处：第一，新闻是一种独特的叙事类型，讲述的是“真实发生的故事”，而不是“创造的故事”（文学叙事）或“发现的故事”（历史叙事）。[①] 第二，媒介特性的凸显。数字媒介的出现，大大增强了媒介功能在叙事过程中的作用，使得媒介成为叙事文本中的重要组成部分之一，媒介元素在自媒体微新闻中的功能性意义是不可忽视，也是无法回避的。

三、自媒体微新闻的现状与趋势

自 2010 年以来，微博、微信等新型自媒体在新闻传播和公共舆论等方面所起到的作用和影响力可谓有目共睹。据中国互联网络信息中心发布的《2015 年中国社交应用用户行为研究报告》指出，73.9% 的用户通过微博关注新闻 / 热点话题，微博已经成为一个大众舆论平台，成为人们了解时下热点信息的主要渠道之一；而更值得关注的是，微博用户之所以选择微博来关注新闻 / 热点话题，主要原因是微博的快速响应，这一因素的认同率为 62.8%[②]。在这一背景下，无论是政府机构还是大众媒体，商业机构还是普通个人，无不争相进驻微博、微信平台，以抢占新闻话语权。这其中，尤以传统大众媒体与政府机构发展势头最为强劲，他们构成了发布自媒体微新闻的主力。有报告显示，从 2009 年到 2012 年仅三年时间，在新浪微博认证的媒体微博总数已突破 11 万个，其中包括 17 221 个媒体官方微博和 92 945 个媒体从业者微博[③]；截至 2016 年底，新浪微博平台认证的政务微博已达到 164 522 个，实现了级别、地区、部

① 何纯．新闻叙事学 [M]. 长沙：岳麓书社，2006：95.

② 新浪科技 .CNNIC 报告：微博是用户兴趣信息获取首选平台 [EB/OL].（2016-04-08）[2017-10-01]. http：//tech.sina.com.cn/i/2016-04-08/doc-ifxrcizs7055530.shtml.

③ 人民网舆情监测室 . 人民网舆情监测室发布《2012 年新浪媒体微博报告》[EB/OL].（2013-01-23）[2017-10-01]. http：// yuqing. People.com.cn /n/2013/0122/c 210118 -20281323.html.

门的全覆盖[①]。

如今，伴随微博、微信的稳步发展，越来越多的新闻信息开始通过这些自媒体平台进行发布和传播，其日益强大且多样化的媒体功能也逐步被运用在“自媒体微新闻”的叙事过程中。例如，在党的十八大期间，新华微博特别打造了一个“十八大代表微博群”，运用网络与微博、“群微博”与“个人微博”相结合的方式让民众能够更便捷、全面地了解会议现场情况，并能够随时随地和与会代表进行在线实时互动，分享与会感受。再如，“腾讯大成网”在四川省两会期间特别策划了“微信会客厅”，联合微博提前预告，邀请网民通过微信平台与嘉宾进行闭环式、多媒介的双向沟通。除此之外，还有利用微博的粉丝群体进行用户筛选以提高新闻传播的准确度，运用微信的公众号进行新闻推送并利用其多媒体功能拓展叙事手段，等等。再者，普通民众作为“自媒体微新闻”叙事主体的地位和作用也日益凸显，很多重点热点新闻事件都是由他们首先发现并发布出来，并在之后的事件发展和传播过程中发挥着重要的作用。

第二节　自媒体微新闻的叙事者与叙述视角

一、叙事者及其特征

叙事者是叙事学的核心概念之一。在传统叙事理论中，“叙事者”与“真实作者”存在着本质上的区别，“叙事者”仅仅是真实作者虚构出来的一种话语性、功能性的存在。然而，与文学、艺术等虚构类叙事文本不同，新闻叙事对于真实性的要求使得叙事者的身份和角色发生了改变。何纯在《新闻叙事学》中曾经对“新闻叙事人”作出了明确的界定：“新闻叙事人，既指叙述文本的讲述者，也指叙述文本的写作者，二者在很多时候是重合的。一个新闻叙事文本的隐指作者总是一个集合体，这个集合体才是真正的新闻叙事人。”[②]由此可见，在传统的新闻叙事中，叙事者大都是一种集体化、机构化的存在。实际上，传统新闻的讲述者与写作者的重合度并不高，很多时候，新闻的讲述者并非是记者或编辑，而是新闻的亲历者或见证者，记者和编辑仅仅充当了写作者

---

① 许丹旸，杨文明，王锦涛 . 2016 政务新媒体，有何新变化 [N]. 人民日报，2017-01-17（04）.

② 何纯 . 新闻叙事学 [M]. 长沙：岳麓书社，2006：27.

的角色。与之相比，在自媒体平台上，第一时间发布新闻的不单只是新闻工作者或新闻媒体，还有更多的普通网友，因而从这个角度上看，自媒体微新闻的讲述者与写作者的重合性更大。

自媒体微新闻的叙事者，包括借助自媒体创作并发布新闻文本的所有组织与个人，就我国当前现状而言，主要包括四大类别：新闻媒体、政府机构、社会名人与草根民众。他们在叙事过程中呈现出以下几大特征：

（一）多元化立场

自媒体的开放性，使得以往掌握在少数媒介和专业新闻工作者手中的新闻话语权回归到大众手中，越来越多的非新闻机构、组织或个人开始借助自媒体发布新闻。尤其是当某些社会热点事件发生时，每个人都成了自媒体微新闻的创作者与发布者，他们以不同的立场和角度对事件进行报道。例如：

【致 MH370】此刻，清晨 6：30。昨天此时，载着 239 人的你，本该稳稳降落北京。可是 30 个小时过去了，仍没有你的消息。239 个生命，154 名同胞，你们好吗？救援今天继续，我们仍在守候，请你们也不要轻言放弃。我们知道，你肯定晚到了，但不相信你会不到。MH370，全中国都准备接机！平安，回家！（2014 年 3 月 9 日 @ 人民日报微博）

《马航失联》：马航失联无踪影，百余同胞揪我心。我军舰艇昼夜寻，十国船机忙搜救。怪异大马疑窦生，神秘扑朔谜团多。茫茫南海在何处，举世关注盼人。（2014 年 3 月 13 日 @ 江涵秋影微博）

设想 MH370 坠毁前的机舱内，不论之前劫机者如何哄骗，此时乘客在微明的天光下一定都意识到，这绝不是在飞往北京！可怜他们即使拿出手机，也没有任何信号；想冲进驾驶舱，门紧锁着！无法想象的绝望和无助。请搜索队一定要找到黑匣子，还世界真相！同胞在最后时刻也许写下书信给亲人。带他们回家！哭泣。（2014 年 3 月 24 日 @ 杨澜微博）

紧锁的指挥部，空荡的办公区，无助的乘客家属。自从 3 月 24 日晚发表完不负责任的坠毁声明后，马航的所有工作人员就神秘失踪了！每日班车再不安排，返京家属的住宿再不解决，24 小时的紧急联系电话再不回应。马航，是不是你们也都失联了！！！ @ 马来西亚航空再欺骗全世界了，你们太无耻！！！（2014 年 3 月 26 日 @ 马航 MH370 家属平台微博）

上述四条微博都是在马航 MH370 失联事件发生后由各类叙事者所发布的新闻。虽然针对的是同一事实，但是由于他们分别代表着官方立场、大众立场、名人立场与关系人立场，因此所选择新闻报道的时间、内容、语气等都存在着明显的差异。

（二）自由度提升

自媒体微新闻的生产和传播是一种主动的行为过程，因此其叙事者的自主性和自由度更高。这主要体现在三个层面：第一，叙事者可以随时随地通过一部手机或其他移动终端来对身边发生的新闻事件进行记录与发布，这一过程既简单便捷，也不需要经过他人的许可或把关；第二，叙事者可以通过加 @、私信等多种方式对新闻文本进行定制化传播；第三，叙事者可以自由转发由他人发布的新闻文本，还可以附加自己的观点、评论，或对新闻内容进行补充。例如：

一场车祸、一个微笑和一块手表引发的杯具……@新华社中国网事【“表哥”杨达才案定于 8 月 30 日西安公开审理】西安市中级人民法院 27 日发布公告称，该院定于 8 月 30 日 9 时 30 分在 3 号法庭公开开庭审理被告人杨达才受贿、巨额财产来源不明一案。陕西省纪委此前的调查称，陕西省安监局原局长杨达才在任职期间严重违纪并涉嫌犯罪，决定给予杨达开除党籍处分。（2013 年 8 月 27 日 @百姓大于天微博）

上述文本中新闻的来源是 @新华社中国网事，主要是针对杨达才案开庭时间、地点的公告，以及该案背景的一些说明。当天，网友 @百姓大于天便在新浪微博上转发了这条信息，并附加了自己对于此事的评论和看法。类似这样的叙事文本每天都大量出现在自媒体平台上，成为当前普罗大众参与新闻生产与传播的重要方式之一。

（三）互动性增强

在传统大众媒体时代，新闻的传播是单线性的，因而传受双方的界限也是泾渭分明的，相互之间是缺乏互动的。网络媒体的出现，大大增强了新闻的反馈功能，使叙事者与读者之间的沟通变得更加容易，也让广大民众有了表达意见和需求的条件与权利。到了自媒体时代，不仅传受主体间的交流对话更加通畅，传受双方的界限也变得模糊，每一个叙事者既是信息的接受者，也是信息的发布者。在自媒体微新闻中，叙事者与读者之间、叙事者与叙事者之间的“互动邀请”极为常见。概括来讲，这样的“互动邀请”主要有两种形式：一种是直接邀请，也就是在新闻文本中加入互动的要求，如“小伙伴们，你们怎么看？”“转发！为他们点赞”等，或者是通过“@”的方式与其他叙事者或目标受众进行互动。第二种是间接邀请，也就是通过一些图片、文字或话题链接的方式吸引读者的点击，通过延伸性的阅读或讨论延长他们对该新闻的关注时间。例如：

#为鄂下单#【#人民日报带货湖北小龙虾#】今晚8点，知名主播@薇娅viyaaa、著名演员@潘粤明将在人民日报公益带货直播间为你解锁小龙虾的N种吃法！还有机会承包你一个夏天的小龙按喔。@淘宝@盒马

图6-1　2020年4月21日@人民日报微博

【#停止动物表演#，支持请转！】今天是#世界地球日#，青岛森林野生动物世界永久停止动物表演，黑熊走钢丝、猕猴骑车等人为诱导的动物表演将不复存在，未来将开设“动物科普大讲堂”，科普野生动物知识，正确引导公众关爱、保护野生动物。亲近动物有很多种方式，请别再伤害它们！拒绝动物表演，转发呼吁！

图 6-2　2020 年 4 月 22 日 @ 人民日报微博

二、叙述视角

在叙事学研究中，叙述视角指的是“叙述者叙述故事的角度”①，它决定了叙事者“说什么”或“不说什么”，这对于注重客观事实的新闻叙事而言尤

① 何纯.新闻叙事学[M].长沙：岳麓书社，2006：42.

其重要。何纯教授在《新闻叙事学》一书中将新闻叙述视角概括为四种类型：“其一，按叙事者所知信息是否大于文本人物所知分为全知视角和限知视角；其二，按叙事者是否参与或目击情节分为外视角和内视角；其三，按叙事者数量是一个或多个分为一元视角和多元视角；其四，按叙事者在文本中所出现的人称分为第一人称视角和第三人称视角。”① 依此来看，这四种类型的叙事视角在自媒体微新闻中都有广泛应用，然而作为一种新的叙事方式，自媒体微新闻在视角的选择上也呈现出一些新的规律和特征。

（一）全知视角：多文本的组合策略

全知视角指的是叙述者处于全知全能的地位，凌驾于整个故事之上，洞悉一切。全知视角是传统文学作品中最常用的叙述视角，其优势在于视野开阔，便于全方位描述人物与事件。然而就新闻叙事而言，为了保证对事实的客观真实报道，叙事者不可能进行“全知全能”的叙事，因为无论是谁，都不可能穷尽事实的每一个过程与细节，因此在传统的大众媒体新闻中，记者和编辑往往需要刻意避免使用这一视角叙事。同样，在自媒体微新闻中，由于受到字数和容量的严格限制，人们更不可能对事件的前因后果、发展现状等进行全面报道，因此就单条叙事文本而言，“全知视角”叙事是不现实的。

然而，由于自媒体微新闻的叙事者远比传统大众媒体要多，所以不同的叙事者可以通过不同的视角对同一新闻事件进行报道，即使是同一叙事者也可以通过多条文本来对事件进行比较完整的描述。从这个角度上讲，自媒体给予了新闻一个运用“全知视角”进行叙事的可能，它由多条相互关联的叙事文本共同构建而成，这也成为众多新闻媒体在自媒体平台上经常采用的叙事策略。例如在马航 MH370 失联事件发生之后，腾讯微博就第一时间派出记者前往事发地，通过前方记者直播、电视发布会直播、重大节点信息转播、翻译 Twitter 文稿等多重视角对马航事件进行滚动新闻报道。除此之外，腾讯微博还连续一周通过多种方式寻找到这些失联乘客的腾讯微博，找到当事人微博 10 个、亲戚朋友微博 67 个，他们所发布的微博信息都成为这一事件新闻的重要来源与内容。

（二）内视角与第一人称视角：亲历者的感性叙事

内视角与外视角是根据叙事者是否参与或目击事件为标准进行划分的。内视

① 何纯．新闻叙事学 [M]. 长沙：岳麓书社，2006：46.

角指的是叙事者参与到故事中，作为故事中的人物对新闻事件进行叙述，它比外视角叙事更具真实感。在传统的大众媒体新闻中，由于叙事者是记者、编辑等新闻工作者，他们不可能每条新闻都在现场目击或参与，因此大多时候他们都只能运用外视角来进行事件情况的记录。而在自媒体微新闻中，由于叙事者很多都是普通的草根群众，所记录和上传的都是自己亲身经历或亲眼见证的事件，因此他们大多使用内视角叙事以表达自己的所见所闻及切身感受。与之相对应的，在传统大众媒体新闻中，最常见的是第三人称视角。而在自媒体微新闻中，最普遍的却是第一人称视角。例如在 2013 年 4 月 20 日雅安地震中，第一个发布微博宣布地震消息及受灾现场情况的就是一位身在芦山县的普通民众：

@meaningless－批话多：我以为我要死了！震中肯定在芦山县！我家房子已垮！

又例如在 2012 年国庆中秋长假高速公路免费所引发的各地高速路拥堵事件中，网友们纷纷在微博上直播路况，吐槽高速拥堵：

@ 灰常忧桑的猥琐熊：噩梦般的大堵车开始了！江苏周边高速公路从昨夜起开始龟速，过江通道已然变成停车场。一个私家车主告诉交通台：他昨夜刚过零点从上海上了沪宁高速，今天上午十点半刚到南京。三百多公里高速开了整整十小时！准备自驾出行的同学三思而行！

由此可见，广大普通民众参与到新闻叙事者的行列中，不仅能够提高新闻的时效性，还能更多地通过当事人的声音和视角，更客观真实地反映事件现场、表达个人感受，也更加能够吸引和感染读者。

（三）多元视角：大众观点的集中呈现

多元视角指的是从不同人物的观察角度出发，通过不断变换叙事主体来对事件进行全方位、多角度的描述。在传统的大众媒体新闻中，为了使自身报道更显全面、客观，记者和编辑往往会采用多元视角来进行叙事，尤其是在一些富有争议性的新闻事件中，将多个主体的各种观点意见都在报道中呈现出来，往往能够更大限度地保证报道的客观性，也能够提供给读者更多角度的观察点。

然而从整体上说，在传统的新闻叙事中，媒体和新闻工作者有自身的局限性，其大多采用的都是官方或精英观点，普通民众的看法几乎难以看到。

在自媒体微新闻中，由于容量有限，单条文本几乎不可能囊括所有的看法和意见，因而多元视角大多只能通过延伸阅读或多条文本来实现。而自媒体平台的开放性和草根性，令任何人都可以针对某一新闻事件表达自己的观点，更多普通民众的观点和意见在此得以汇集、交锋、融合。尤其是在一些与大众日常生活息息相关的事件中，自媒体微新闻中的多元视角叙事不仅能够推动事件以更加真实、全面的形态呈现在大众面前，更成为党政机关了解民意、完善政策、认定责任等多项工作的重要依据。例如在国家正式颁布“单独二胎”政策之后，立刻就在微博、微信平台上掀起了轩然大波，民众纷纷针对此事表达看法和态度：

@叮当 NIUNIU：单独二胎了，我不符合要求。有点小庆幸都说生个孩子容易，养孩子难。确实啊。现在一想起那头三年特别是头一年，各种苦啊。要生的亲抓紧吧！两闺蜜说二胎包生女儿的话马上行动，呵呵。

@非攻机关术：“单独二胎”？哎，如今找对象都去找独生子女了，真是惨了，赶紧躲得远远的，别被找到。

@胡闹闹妈妈：要生二胎的人就算没有这个单独二胎政策，他们也还会生第二个。不生第二个的，就算有这个政策也不生第二个，估计只有少部分人会因为这个政策出台而特意去生第二个。个人推测！

第三节　自媒体微新闻的叙事结构

叙事结构一直以来都是叙事学研究中的一个重要部分。我国学者董小英在《叙述学》一书中将叙述结构分为两部分：一是文章结构，指的是文本内部的叙述方式安排；二是文体结构，指的是互文性文本间的文体方式的安排。[①]以下，笔者就从这两个层面来考察自媒体微新闻的叙事结构特征。

① 董小英 . 叙述学 [M]. 北京：中国社会科学出版社，2001：275.

一、文章结构

作为一种历史悠久的叙事文本，新闻叙事早已发展出自身独特的言语表达范式。梵·迪克在《作为话语的新闻》一书中曾经提出一个“假设性”的新闻图示结构[①]，从理论上构建了一个完整的新闻文本的构成要素（见图 6–3）

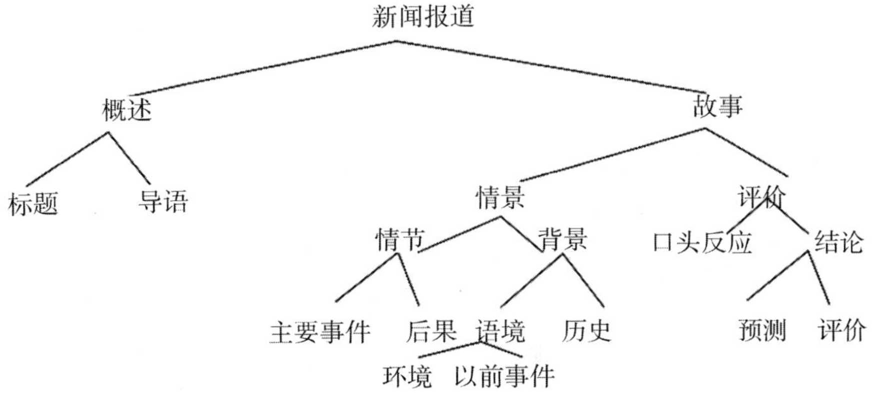

图 6–3　梵·迪克的“假设性”新闻结构图

之所以称其为“假设性”的结构，是因为绝大多数的新闻叙事涉及的内容不可能如此全面。自媒体微新闻作为一种 140 字以内的叙事文本，更不可能具有像上图所示那般完整的结构安排，再加上其叙事者的大众化、多元化，他们对于结构的要求也没有传统新闻那样严谨与规范。然而，正是字数上的严格限制，以及长久以来潜移默化的新闻叙事规律，促使自媒体微新闻的叙事者们往往会自觉或不自觉地运用一些传统的新闻叙事结构范式来对事件进行更好的描述。所以从理论上来说，自媒体微新闻叙事同样具备传统新闻叙事的一些基本要素，也形成了相对固定的叙事结构（如图 6–4 所示）。

① 梵·迪克．作为话语的新闻 [M]. 曾庆香，译．北京：华夏出版社，2003：57.

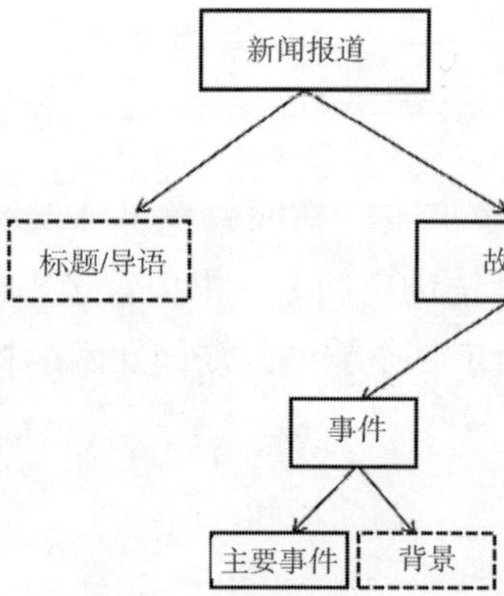

图 6–4　自媒体微新闻的叙事结构图

从上图中我们可以看出，自媒体微新闻大体是按照“标题 / 导语 + 事件 + 评价”这一结构模式进行叙事的。其中，标题跟导语可能同时出现，也可能只出现一个，又或者二者都不出现。在故事层面，主要事件是核心内容，背景与评价可有可无。如以下两则自媒体微新闻，前者采用了“标题 + 主要事件 + 背景 + 评价”的结构模式，后者则仅仅采用了“标题 + 主要事件”的结构模式：

【转发送别！在索马里袭击中牺牲的战士：张楠】26 日，索马里首都“半岛皇宫”酒店遭自杀式炸弹袭击，我驻索使馆武警张楠牺牲，3 人轻伤。张楠，曾是武警山东总队“十佳士官”之一，“十佳训练标兵”之一，两次被评优秀士兵，两次荣立三等功！英雄走好，我们不会忘记你！转发送别！ @ 军报记者（2015 年 7 月 28 日 @ 人民日报微博）

【内蒙古苏尼特右旗突发沙尘暴 “沙墙”高达百米】28 日 17 时，内蒙古锡林郭勒盟苏尼特右旗额仁淖尔苏木遭沙尘暴袭击，当时苏尼特右旗正在举办第十三届那达慕大会，现场聚集了 2 万多名观众。正在现场执勤的边防支队官兵和公安、交警等部门有序组织现场群众疏散，由于组织得当，未造成人员伤亡。（2015 年 7 月 28 日 @ 新华网微博）

当然，并非所有的自媒体微新闻都会遵循这一结构模式，很多文本都会根据现实需要采用其他类型的结构模式，例如下面这篇文本就采用了“并列式”结构，将三个近期发生的同类型“主要事件”放在一起，以加强新闻的震撼力，起到更好的警示作用：

【千万别把孩子单独留车内！多一次转发，可能少一次悲剧！】7月23日，陕西5岁女童被留车内，已接近脑死亡；7月12日，山东3岁女童被幼儿园园长遗忘在车内近10小时死亡；6月27日，湖南男童被锁车内身亡，车窗上满是手指印……车门窗紧闭，车内温度会迅速提升，导致孩子脱水窒息，甚至死亡。为更多孩子，扩散！（2015年7月29日@人民日报微博）

由此可见，自媒体微新闻的文章结构比传统的大众媒体新闻显得更为简单、自由。尤其对于并没有接受过专业新闻写作训练的普通民众来说，自媒体微新闻往往是即时即兴而作，再加上很多都是突发性事件，无论是在内容还是话语层面，他们都不会做过多考虑，只要能够将当时的所见所闻所感快速表达出来即可，所以这类自媒体微新闻更加没有什么结构规律可言。例如在2011年7月温州动车事故发生后，两位身处出事列车上的网友所发出的微博新闻：

@“羊圈圈羊”：求救！动车D301现在脱轨在距离温州南站不远处！现在车厢里孩子的哭声一片！没有一个工作人员出来！快点救我们。

@袁小芫：据说高架桥塌了，前边有四节车厢掉下去了。我们最后两节车厢已经脱离出来了。太恐怖了。万幸自己没什么事。已经过去半个小时了。车厢里很闷。窗户也砸不开。

二、文体结构

如上文所述，叙事文本的文体结构指的是互文性文本间的文体方式安排。自媒体微新闻作为一种基于即时交互平台之上的新闻形式，互文性是其最重要的结构特征。具体来说，当前的自媒体微新闻经常采用的互文结构主要有以下几种：

（一）多媒互文

多媒互文指的是在同一条自媒体微新闻文本中各种媒介符号之间的互联、互补叙事关系，其中最常见的表现形式主要有文字＋图片、文字＋视频、文字＋表情等。例如近年来在微博、微信上盛行的“随手拍”活动——“随手拍解救拐卖儿童”“随手拍环境污染”等，就是鼓励和号召网友们去发现身边发生的新闻事件，并通过文字与图片或者视频相结合的方式记录下来。选取其中的两个文本为例：

#随手拍解救被拐卖儿童#北京南站，小孩不停哭闹、挣扎。大叫“我要妈妈”，同事去买个早饭的功夫（约5分钟）回来发现小孩熟睡。其间，带孩子的女士接电话，与旁人交谈，都没有观察到孩子有任何反应。

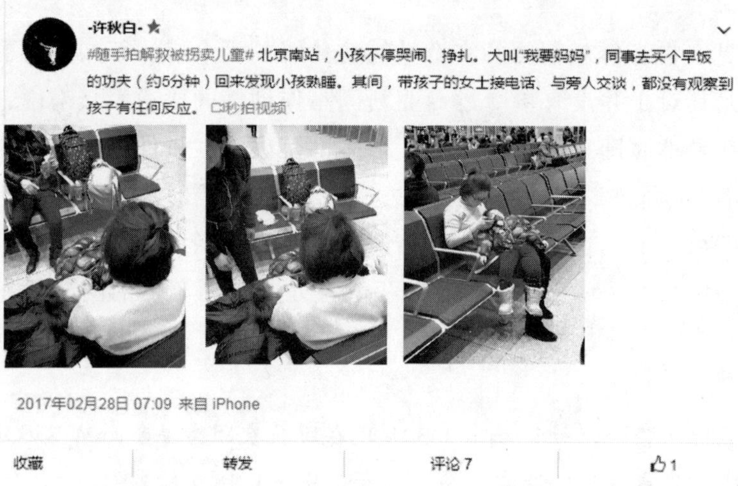

图 6–5　2017 年 2 月 28 日 @ 许秋白微博

【安阳企业大量向空气中排污，谁能遏制？】在水冶镇（安阳永通球墨铸铁管有限公司）大量排污！当地媒体、政府相关部门集体失声！无人报道！追求高税收的安阳，何时能把老百姓的生活环境做好！

图 6–6　2015 年 2 月 19 日 @ 摆渡老衲微博

上述两条文本中分别采用了文字 + 图片、文字 + 图片 + 视频等多种话语符号来进行叙事，其中文字用来交代事件发生的时间、地点、背景等信息，而图像则用来呈现与还原事件中的当事人或现场状况，它们相互之间存在着互文性。这几乎已经成为当前自媒体微新闻最常见的文体结构模式，尤其是图片与视频等视觉符号的广泛运用，更增加了新闻叙事的生动性与纪实性，使得由普罗大众所创作的新闻拥有了更大的价值。

（二）嵌套互文

嵌套结构作为叙事的主要结构特征，自 20 世纪 70 年代起就已经成为叙事学研究的重要课题。例如热奈特就在《叙事话语、新叙事话语》中阐述了框架叙事和嵌套叙事之间存在的三类关系，即元故事事件和故事事件之间直接的因果关系、纯主题关系（对比或类比关系）、无明确关系①；里蒙 – 凯南也曾论述次故事层对于原故事层所起到的三种作用，即行动的作用、解释的作用、为主题服务的作用②。虽然这些理论大都只是聚焦于文学等虚构类作品，但实际上嵌套作为一种叙事策略，同样存在于新闻等非虚构类作品中。

在自媒体微新闻中，嵌套互文是最为常见的一种文体结构，它主要表现为以下几种方式：

1. 链接

链接指的是从一个文本转向另一个文本的连接关系，在一条自媒体微新闻文本中，用来发生链接的对象，可以是一段文本、一张图片、一个网址或一个账号。当读者点击这些对象时，页面将直接跳转并显示所链接的目标对象。例如上文所列举【突发：浙江富阳一幢民房发生倒塌 伤亡不详】这一文本中，@央视新闻、@1818 黄金眼就是链接对象，只要点击这两个地方，就能直接连接到“央视新闻”或“1818 黄金眼”的官方微博以及相应的新闻内容。除此之外，在文本后附加链接网址的做法也颇为常见。通常，这些链接的网页内容都是该自媒体微新闻的详细报道。这样的互文方式在自媒体微新闻中可谓比比皆是，很多大众新闻媒体都将其作为吸引读者到其门户网站浏览的重要手段，在此就不多做列举。

---

① 热奈特 . 叙事话语 · 新叙事话语 [M]. 王文融，译 . 北京：中国社会科学出版社，1990：161–163.
② 里蒙 – 凯南 . 叙事虚构作品 [M]. 姚瑞清，等译 . 北京：生活 · 读书 · 新知三联书店，1989：165–167.

2. 改写

改写指的是在已刊登过的新闻报道的基础上进行“再创造”。通常，这样做的目的主要有两个：一是为了让读者能够对新闻事件有更清晰、全面的了解；二是为了强化人们对该新闻事件的关注度。例如：

#北京张家口申冬奥#【岩松：冬奥会带给中国什么？】体育冰雪产业链条广，可以拉动经济，不过在白岩松看来，冰雪运动更大的魅力在于它具有一种“力量”——在冬天把更多的孩子从家里的屏幕面前给拽出去。如果申办冬奥成功的话，会极大地推动冰雪运动在中国的发展。（来自 2015 年 7 月 31 日 @央视新闻微博）

这是央视新闻微博在公布 2022 年冬奥会举办城市当天所发出的文本。而其中所涉及的内容，则是 2014 年索契冬奥会时白岩松在腾讯体育频道的个人专栏中所提出的观点。@央视新闻将当时白岩松的文章进行提炼之后，再次运用到这次申办冬奥会的新闻中，构成了一个新的语境。

3. 转发

转发指的是自媒体用户将来源于其他地方的新闻文本“复制”到自己的账号中去进行再传播的过程，这与传统大众媒体中“转自 ***”的做法颇为相似。但与之不同的是，在自媒体平台上，这种“转发”更为便捷，而且转发的同时还能附加自己的评论或补充内容。任何一条自媒体微新闻，都有可能会被人转发，尤其是那些关于热点或突发事件的报道，更会经过无数读者的转发和评论。所有的这些转发和评论，都是围绕着原始文本进行的，它们以嵌套的方式不断地发展延伸，新文本与原文本之间形成叠加式的互文关系。例如下面的这条微博，就经过了多次转发，每个转发者都在前者的基础上增加了自己的内容：

@姚晨：感谢！压力太大，太不容易了。//@柯蓝：谢谢你 //@他回精神病院了：感谢。太不容易了。泪目。//@央视新闻：【#把队员平安带回家医疗队队长哭了#】今天，内蒙古第二批支援湖北医疗队踏上返程，医疗队队长闫蕾哽咽着说：“作为队长，我把所有的队员，一个不少地带回家了。”网友：闫蕾队长，你做到了！#谢谢你为湖北拼过命#！

图 6–7　2020 年 3 月 18 日 @ 姚晨微博

（三）延展互文

延展互文，指的是针对同一个新闻事件，通过多条相互关联的、在时间或空间上具有延伸或扩展性的自媒体微新闻文本进行叙事的方式。这在自媒体微新闻中主要以两种形态呈现：

1. 追踪报道

追踪报道，指的是对新闻事件所作的连续性报道。在传统大众媒体中，追踪报道大都以“新闻调查”“深度报道”等方式出现，目的主要是深入挖掘事件的因果关系，揭示事件实质意义与发展趋向。而自媒体微新闻由于存在字数的限制，很难对这些事件进行深入的解释或评议，因此它们更侧重于运用自媒体的“即时发布”功能对事件的发展状态或背景信息进行实时更新。例如：

【#2022冬季奥运会#主办城市今天下午揭晓 转起为中国加油！】1、北京申冬奥代表团12点做最后陈述。2、国务院副总理刘延东带队，陈述人含国家体育总局局长刘鹏、北京市长王安顺、残奥会主席张海迪、冬奥冠军杨杨、运动员姚明等。3、下午17：30-18：00之间，2022冬奥会主办城市将公布。转起加油！

【#2022冬季奥运会#他们告诉世界，选中国不会错！】1、于再清：一个尊敬的对手会让自己更出色；2、王安顺：真诚邀请各位来体验一届充满中国独特文化韵味的冬奥会；3、刘鹏：北京2022的每一个场馆都有切实可行和深思熟虑的遗产规划；4、杨杨：欢迎全世界运动员来到我的祖国。

【我们赢啦！北京赢得#2022冬季奥运会#举办权！】国际奥委会主席巴赫正式宣布：北京和张家口赢得2022年冬奥会的举办权。一起转发，记住这个历史性的时刻。

【此刻，和习大大一起，为申冬奥成功喝彩！】今天，习近平向#2022冬季奥运会#代表团致贺信："把2022年冬奥会办成一届精彩、非凡、卓越的奥运盛会"。

以上四条微博都是对"北京申办冬奥"这一新闻事件的追踪报道，从叙事角度而言，这四条文本既相互独立又相互关联，它们以时间为线索，层层推进，步步跟进事件的最新情况，全面展示其发展过程。

2. 设置话题

"设置话题"是自媒体微新闻一项非常重要且特殊的媒介功能，它向所有的叙事主体开放，无论是专业媒体还是个人，都可以针对某一事件或话题创建专门的讨论区。因而，每一个"话题区"都可以视为某一个新闻事件的延展性报道空间，这里的所有文本都存在着互文关系，任何对此感兴趣的人都可以到这里来检索背景资料、发布最新消息或进行评论。例如在上文的#2022冬季奥运会#就是一个在新浪微博上创建的话题，只要点击它，就会进入一个"话题主页"，大量关于这一话题的已经出现过的新闻报道、现场图片、大众评论等都集中在此呈现（如图6-8）。

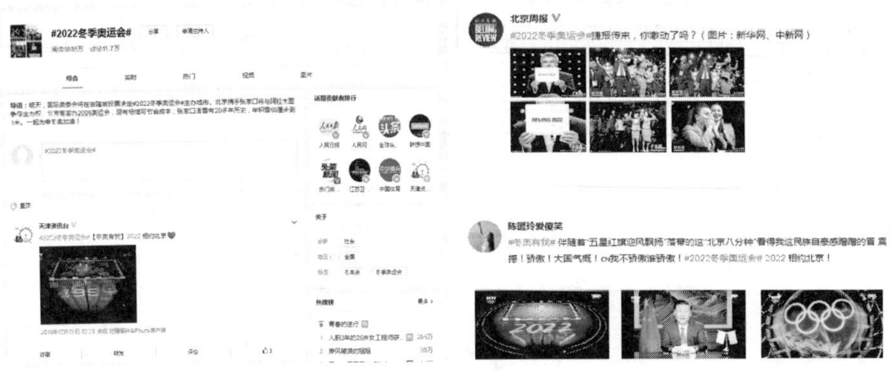

图 6–8　#2022 冬季奥运会 # 话题

第四节　自媒体微新闻的叙事时空

“时间”是叙事的基础与核心，无论是在经典叙事学还是在后经典叙事学中，“时间”都是一以贯之的重要议题。用龙迪勇的话来说，“叙事的冲动就是寻找失去的时间的冲动，叙事的本质是对神秘的、易逝的时间的凝固和保存”①。相比之下，“空间”在叙事学研究中并不如“时间”那样历史悠久，也没有受到同样的重视，但这并不意味着它不重要。20 世纪以来，现代、后现代艺术叙事开始打破时间的线性规律而具备了日益明显的空间特征，尤其是当数字媒介与赛博空间出现之后，“空间叙事”已然成为叙事学研究中一个不可或缺的论题。

一、扩散的“时间”

“时间”进入叙事文本，分化成为两个概念，即“故事时间”和“叙述时间”。由于两者可能保持完全一致，因此“叙事的功能之一就是在一个时间框架内再制造出另一个时间框架”②。在新闻叙事中，故事时间指的是新闻事实发生的时间，叙述时间指的是在新闻文本中所体现出来的时间。虽说新闻对时效性有

① 龙迪勇 . 寻找失去的时间——试论叙事的本质 [J]. 江西社会科学，2000（09）：48.
② 艾伦 . 重组话语频道——电视与当代批评理论 [M]. 牟岭，译．北京：北京大学出版社，2008：76.

较高的要求，但是从严格意义上来说，这两者也不可能是重合的。从单条自媒体微新闻来看，同样存在着时间上的二元特征，这与传统大众媒体新闻并无二致，但是自媒体平台倒序阅读、超链接、转发等特性，又使得自媒体微新闻的叙事时间从整体上呈现出“扩散性”特征。以下，笔者将通过叙事时间研究中的三大问题——时序（Sequence）、时长（Duration）和频率（Frequency），来总结自媒体微新闻在叙事时间层面的规律与特征。

（一）时序：倒叙与断裂

简单来说，叙事时序就是故事时间与叙述时间的先后顺序。托多罗夫曾经指出，故事时间和叙述时间的顺序不可能完全平行，它们必然存在着前后的相互倒置，而造成这种现象的原因在于两种时间性质的不同，即“话语时间是线性的，而故事时间则是多维的”[①]。我国学者胡亚敏将二者关系划分为两种状态：逆时序和非时序。“逆时序是一种包含多种变形的线型时间运动。也就是说，尽管故事线索错综复杂，时间顺序前后颠倒，但仍然可能重建一个完整的故事时间。……非时序则是指故事时间处于中断或凝固状态，叙述表现为一种非线型运动。在这类作品中，不存在完整的故事线索，共时叙述代替了历时叙述”[②]。

自媒体微新闻的逆时序叙事主要体现在两个层面：从单条叙事文本来看，最常见的时序关系是“追述”，也就是新闻叙事中最常用的“倒金字塔”结构，即先将新闻事件的结果在第一时间传递出来，再通过追述的方式交代事件的背景或过程。例如下面这个文本，就是先交代了当事人温乃粘被立案审查的结果，之后再追述其被审查的原因：

【中国移动广东公司原副总经理温乃粘被开除党籍】日前，广东省纪委对中国移动通信集团广东有限公司原副总经理温乃粘严重违纪问题进行了立案审查。经查，温乃粘利用职务上的便利，为他人牟取利益，收受他人贿赂，其行为已构成严重违纪，且涉嫌犯罪。（2015 年 8 月 3 日 @新华社中国网事微博）

就多条叙事文本而言，自媒体平台上所发布的信息是以时间倒叙的方式

① 托多罗夫 . 文学作品分析 [M]// 张寅德 . 叙事学研究 . 北京：中国社会科学出版社，1989：62.
② 胡亚敏 . 叙事学 [M]. 武汉：华中师范大学出版社，2004：64.

呈现在页面上的，这一特征使自媒体微新闻满足了读者最快获取最新信息的心理，同时它的可存储性也打破了传统大众媒体中“叙述时间”和“阅读时间”的同时性局限，使得读者可以自由选择阅读时间，还可以通过追溯来进一步了解事件的发生发展过程。例如 2015 年 8 月 6 日人民日报微博上连续发出的几则新闻，就叙事者而言，它们是按照时间顺序进行叙述的；但是就读者而言，他们却是按照时间倒叙的方式进行阅读的：

（10：05）【一片残骸上的 N 种可能性】①澳大利亚运输安全局局长：排除在北半球某地消失的理论；②波音公司专家：从襟副翼完整状况看，飞机可能以滑行方式坠海。③生态学家：飞机残骸附着藤壶，可大致确定其在水中漂流时间。但普遍观点认为，反向定位客机失事地点，难度很大。

（7：25）【“客机悲剧性地在南印度洋终结”】马航发表声明说，法国政府、法国民航安全调查分析局、马来西亚调查组以及来自中国和澳大利亚的技术代表在法国图卢兹共同确认，发现的襟副翼来自 MH370 客机。纳吉布说，马来西亚政府承诺将尽一切努力找出事情的真相。

（7：18）【马来西亚确认：法属留尼汪岛飞机 # 残骸确属马航 MH370#】据新华社，失联 515 天后，马来西亚总理纳吉布 6 日宣布，在法属留尼汪岛发现的飞机残骸，专家组确认属于马航 MH370 客机。2014 年 3 月 8 日，从马来西亚吉隆坡飞往中国北京的马航 MH370 航班客机失踪，机上载有 239 人，包括 154 名中国乘客。

与此同时，作为一种网络媒介，自媒体的超链接方式使其叙事文本具备了非线性的特征，读者们可以通过点击的方式实现在不同文本之间的自由切换，而自媒体的转发功能更强化了这一特征，这使得自媒体微新闻在时间上常常出现“断裂”与“扩散”现象，具有鲜明的“非时序”性。例如在下面这则文本中，就包括文字、网页新闻链接、小视频、电视新闻链接四个部分，其中包含了若干个叙事时间，读者可以随意选择阅读的部分和次序，也可以在不同的时间中来回跳跃（如图 6–9）。

图 6-9　2015 年 7 月 29 日 @《南方都市报》官方微博

（二）时长：压缩与扩张

在叙事学中，时长指的是故事发生时长与叙事文本长度之间的关系，托多罗夫将其形式划分为停顿、省略、场景、延缓和概括五类。在新闻叙事中，各种不同类型的报道形式往往体现出不同的时长特征，例如新闻直播大多采用的是"场景"叙述；滚动新闻大多采用的是"概括"叙述；深度报道、新闻专题等则大多采用的是"停顿"或"延缓"叙述，等等。在自媒体微新闻中，从单条文本上来看，它们在时长上大多采用的是压缩性的叙述方式。例如：

图 6-10　2015 年 8 月 6 日 @ 人民日报微博

这一文本用几个时间点，将马航 MH370 飞机从失联到找到残骸这一事件所经历的 515 天进行了概括，属于典型的压缩叙事。

然而，由于自媒体微新闻在结构上存在着互文性，因此它们又往往能够以图像、链接或话题等方式针对某一事件进行等长或扩张性叙述，例如在上述文本中，就运用了图片和 # 话题 # 的方式搭建了一个关于马航事件的叙事平台，停顿、延缓、场景等各式各样的等述、扩述、静述都在这里得到了充分的运用。从这个意义上来说，自媒体微新闻在叙事时长上的扩张，更多地体现在空间层面，对此将我们在下文中另行讨论，这里不再赘述。

（三）频率：增多与冗余

叙事频率指的是事件发生的次数与叙述次数之间的关系。托多罗夫概括了频率的三种可能性：“单一性叙述，即用一遍话语叙述只发生过一次的事实；重复性叙述，即用多遍话语叙述同一个事件；综合性叙述，即用一遍话语表示（类似）事件的反复发生。”[①] 单一性叙述在文学叙事中较为常见，而在新闻叙事中，由于存在着标题、导语、内文或图像、文字等多重结构，因此内容或多或少都会出现重复。综合性叙述是一种带有规律性的叙述方式，大多被运用在财经类、综合类新闻报道中。

在自媒体微新闻中，重复性叙述是最为常见的叙事方式，而且叙述频率也大大超过了以往的任何媒体。造成这一现象的原因主要有三个：第一，文本的碎片化使得新闻信息过于分散，必须要通过多次重复的方式才能便于读者阅读；第二，信息发布的即时化和便捷化将新闻的时效性提升到了分秒，叙事者为了能够抓住先机，就必须在任何事件一有动态时立刻进行发布，重复叙述也就成了必然；第三，自媒体的链接和转发机制大大增加了叙事文本的重复频率。例如新华社在 2015 年 8 月 6 日早上 6：51 分最先发布了【马来西亚宣布留尼汪岛飞机残骸属于 MH370】这一新闻，在短短不到一个小时的时间里，这条新闻就被各大新闻媒体和网民大量转发或引用。在接下来不到三个小时的时间里，人民日报又连续发出了四条关于这一事件的微博新闻。这种超高的叙事频率，一方面满足了大量用户在信息获取上的需求，另一方面也造成了信息的高度冗余，大大增加了读者的阅读时间成本。

二、流动的空间

与“时间”一样，“空间”也是叙事过程中不可或缺的元素。一直以来，

① 托多罗夫．文学作品分析 [M]// 张寅德．叙事学研究．北京：中国社会科学出版社，1989：63.

大部分叙事学家都将注意力集中到了“时间”问题上，而对“空间”问题进行了回避。龙迪勇认为造成这一现象的原因主要有二：一是“现代理论因追求‘深刻的片面性’而带来的‘盲视’”，二是“叙事与空间研究本身所具有的难度。”[①] 除此之外，笔者认为还有一个重要原因，那就是原来的叙事学研究对象大多是存在于传统媒介（书籍、报纸）中的作品，传统媒介的线性叙事方式决定了其文本的时间偏向。

在叙事学研究中，空间也被区分为“故事空间”和“话语空间”两类：“故事空间指事件发生的场所或地点，话语空间则是叙述行为发生的场所或环境。”[②] 在自媒体微新闻叙事中，这两者都呈现出了新的特征。

（一）话语空间：多重与跳跃

在文学叙事中，话语空间往往是隐匿的，因为叙事者只是作者虚构出来的角色，他们本身并不存在真实的“在场性”。在新闻叙事中，由于叙述者与写作者存在着一定的重合性，而且鉴于对新闻真实性的要求，很多时候话语空间都是显露的，尤其是在一些重大的新闻事件中，“空间构建”是新闻进行有效叙事的重要方式。在传统大众媒体中，新闻的话语空间往往是单一的、固定的，因为它们指涉的都是真实存在的场所，如新闻现场、报社、电视台等。网络媒体的出现，使得这种“空间”概念发生了根本性的转变——一个介于虚拟和真实之间的“赛博空间”出现了，这一空间为人们提供了更多的活动范围，也使人类成了一种双重性的存在。从这个角度来说，自媒体微新闻的话语空间也具有了双重性特征：一方面，它指涉的是叙事者在叙述时所处的物理空间，在这里，叙事者是物质化的“在场”，这一空间在文本中可以是显露的，也可以是隐匿的；另一方面，它指涉的是叙事者在叙述时所处的网络空间，在这里，叙事者是符号化的“在场”，这个“场”不仅硕大无比，而且对所有人开放，任何人都可以在这里发表言论，与叙事者进行互动交流。

对于用户来说，自媒体是一个无所不在的“叙事场域”。任何人不论身处何地，只要连接上网，就能够即时发布新闻信息，还能够同时参与到多个新闻事件的讨论、转发、补充过程中，成为真正意义上的叙事者。自媒体微新闻的叙事空

① 龙迪勇.空间叙事学：叙事学研究的新领域［J］.天津师范大学学报（社会科学版），2008（06）：54.

② CHATMAN S. Story and Discourse：Narrative Structure in Fiction and Film. Ithaca： Cornell University Press，1980：96-101.

间与大众媒体新闻相比往往处在一种“流动”的状态中，这一方面指的是叙事者的真实位置大多是不确定的、快速移动的；另一方面指的是叙事者的符号化在场方式使其可以不断在多个叙事空间中自由穿梭。除此之外，自媒体微新闻嵌套式的结构模式还使其话语空间具备了多重性特征，例如下面这篇文本中就出现了多个话语空间，如各个医疗队拍摄照片时所处的不同地方，@ 中国青年报发布微博以及 @ 杨幂转发微博时所处的某个未知场所等。（如图 6–11）。

图 6–11　2020 年 5 月 2 日 @ 杨幂微博

（二）故事空间：图像与窗口

在传统大众媒体中，新闻的故事空间大多指涉新闻现场，其构建目的在于营造或再现这些现场，从而带给读者一种身临其境之感。从理论上讲，任何叙事符号都可以构建故事空间，例如语言文字，虽然它是偏重时间的叙事符号，但也能够通过描述和造型等多种方式出打造出一个立体的故事空间。但实际上，文字的空间表现力远不如图像，尤其是在新闻叙事方面，关于现场真实情况的记录，没有什么能比图片或视频更具真实感和说服力。对于自媒体微新闻来说更是如此，140个字的限制使其几乎不可能运用文字语言来构建理想的故事空间，因此图片和视频成为其必不可少的空间叙事符号。这一特征在上文的众多示例中都有体现，这里就不再列举。

除了“图像”之外，自媒体微新闻还有另外一个构建故事空间的方式，那就是“窗口”。最先将“窗口”这一计算机术语引入叙事学的是数码叙事学家玛丽－劳勒·瑞恩，她认为，“一个窗口就是一个叙事单位，其显示范围是叙事记录装置在特定时间内跟踪某物或聚焦某地时，文本世界一次所能‘摄入’的内容”[①]。从这个意义上讲，在网络叙事中，每个“窗口”都是一个故事空间，读者每打开一个窗口，就进入了一个新的故事空间。每条自媒体微新闻就如同一个多窗口的信息发布平台，文中的每个链接都是一个“窗口”，读者不仅可以通过进入这些窗口来实现故事空间的不断拓展，还可以在多窗口的开闭和流动过程中体验到强烈的空间感。以下面这篇文本为例，它主要由三大部分组成：第一部分是文字，第二部分是图片与短视频，第三部分是话题链接。其中后面两部分都可以通过打开“窗口”来进入不同的故事空间，如第二部分第一个短视频的故事空间是宁泽涛的比赛现场，第八张图片的故事空间是新闻采访的现场，等等（如图6-12）。

图6-12　2015年8月6日@人民日报微博

① 赫尔曼．新叙事学[C].马海良，译．北京：北京大学出版社，2002：78.

由此可见，上文所出现的这些故事空间都是服务于同一主题的，它们之间存在着相关性和延展性，读者正是随着这些窗口的展开过程获得了更详细的内容信息和更真实的现场感受。

第五节　自媒体微新闻的价值与病灶

在中国，新闻话语权曾经长期掌握在传统媒体手中，它们扮演着把关人的角色，享受着“议程设置”的权力，反映着官方和精英阶层的需求和思想意识。自媒体微新闻的出现，打破了传统大众媒体在信息传播和意见表达层面的垄断局面，使新闻话语权出现了分化。自此，新闻叙事不再是少数几家媒体的自我演说，而是全社会共同参与的集体讨论。这一改变直接导致了两种大众文化现象的生成：一是公民新闻的兴起，二是围观政治的凸显。

一、从“凝视”到“发现”：公民新闻的兴起

“公民新闻”一词最早出现在美国，用以概括 20 世纪 90 年代美国出现的公民新闻运动，之后随着自媒体时代的到来而风靡全球。从叙事角度来说，公民新闻指的是“来自普通公民的非专业新闻报道。他们或是现场的目击证人，通过现代科技，把自己的所见、所闻、所感直接传送给大众媒体；或者自己创办小众媒介，实现在一定范围内的新闻生产与传播”①。由此可见，自媒体微新闻与公民新闻存在着很大的交集，换句话说，除了那些由专业新闻媒体或组织机构自我采编的内容之外，其他的自媒体微新闻基本都属于公民新闻之列。

在雅克·拉康（Jacques Lacan）看来，人类最初是通过“镜子”来认识世界与建立主体意识的，而人们在“照镜子”的过程中，却存在着眼睛和凝视的分裂，即当观者立足于主体位置，从他的角度来观察客体世界时，这种观看就是“眼睛”；当观者在看客体世界的时候，被观看的对象也会以他的方式“看”着观者，而这种来自客体世界的折返性目光就是“凝视”。在拉康之后，福柯为“凝视”输入了权力的维度，认为“凝视”是一种带有权力和规训意义的观看。后来，这一概念被广泛引用到传播学与文化研究领域。研究者们普遍认为，

---

① 陈力丹，汪露 .2006 年我国新闻传播学研究的十二个新鲜话题 [J]. 新闻界，2007（01）：5.

在现代社会，大众媒体成为人们最重要也是最信赖的“镜子”，它们所呈现出来的是一种他者的“凝视”，带有鲜明的权力色彩。

自媒体的出现，在很大程度上改变了这一境况，人们不仅可以通过更多的“镜子”来观察世界，还拥有了属于自己的“镜子”，得到了通过自己的眼睛发现、分享和理解世界的权利。从这个意义上来说，传统大众媒体新闻更多的是一种“凝视”性的叙事，它们的叙述主体是专业的新闻工作者，代表的是官方或精英立场，是一种自上而下的叙述与传播方式，彰显的是一种“权力”；而自媒体微新闻则更多的是一种“发现”性的叙事，它们的叙述主体是普通民众，代表的是自我和大众立场，是一种自下而上的叙述和传播方式，彰显的是一种“权利”。由此可见，公民新闻的兴起，是自媒体产生和发展的必然趋势，它不仅弥补了传统媒体新闻的不足，更推动了我国民众公民意识和权利意识的觉醒。当下，越来越多的网民在遇到具有新闻价值的事件时，都会第一时间用手机或相机记录下来，然后通过微博、微信进行发布，这意味着他们已经摆脱了被动的接受者身份，开始以一种积极主动的姿态参与到对社会公共事务的了解和管理活动中。

微博、微信等新型自媒体的出现推动了公民新闻在我国的兴起，这对社会进步和发展有着非常积极的作用，但同时也放大了公民新闻的缺陷和问题。首先，微博、微信平台的开放性和即时性特征，造成了公民新闻在审核和把关层面的困难与缺失，这不仅在一定程度上弱化了新闻信息的客观性和价值，造成了大量感性化、无意义的新闻叙事文本的生成，更使新闻的真实性难以得到保证，致使大量失实、虚假新闻的产生和流传。以新浪微博为例，据微博辟谣官微发布的报告显示，2018 年微博站方共有效处理不实信息 74 849 条，辟除新增谣言 352 例[①]，2019 年微博站方共有效处理不实信息 77 742 条，新增谣言案例 470 例[②]。中山大学和腾讯公司联合出品的《2019 年网络谣言治理报告》指出，医疗健康、视频安全、社会科学三类是网络谣言的高发领域。2019 年微信平台共生产 17 881 篇辟谣文章，腾讯新闻全年共生产 3 840 篇辟谣内容[③]。

---

① 微博发布 2018 年辟谣报告：这三条谣言被举报最多 [EB/OL].（2019-02-01）[2020-04-11]. http://society.people.com.cn/n1/2019/0201/c1008-30606166.html.

② 微博辟谣 2019 年度报告：共有效处理不实信息 77742 条 . [EB/OL].（2020-01-20）[2020-04-11]. http://g.com.cn/society/1a79124409257411b2dbb91/.

③《2019 年网络谣言治理报告》揭秘三大谣言高发领域 . [EB/OL].（2019-12-26）[2020-04-11]. http://society.people.com.cn/n1/2019/1226/c1008-31524533.html.

这些虚假新闻随着自媒体的裂变式传播迅速在社会上广泛传播，给人们的生产生活乃至社会稳定都带来了极大的不良影响。因而，如何提高公民的新闻素养，如何进一步建立健全监管体制就成为当前公民新闻发展面临的重点课题。

其次，虽然公民新闻的兴起打破了官方和精英阶层的话语垄断，但是这并不意味着这些话语的消失或者弱化。也就是说，自媒体平台上依然存在着话语霸权，这不仅体现在当前传统大众媒体和政府机构依然是自媒体微新闻最主要的叙事者，还体现在少数网络大V们在新闻生产和传播过程中所扮演的重要角色。换句话说，虽然自媒体的出现使得人人都有了言说的权利，但是并不是人人都享有话语权力，同样的内容从不同人的嘴里表达出来，其效果和影响力也截然不同。更加值得关注的是，与传统大众媒体相比，自媒体中的话语霸权往往带有更强的隐蔽性和渗透力。

二、从“旁观”到“围观”：围观政治的凸显

2010年1月，《南方周末》发表了题为《关注就是力量，围观改变中国》的评论文章，论述了网民围观所产生的巨大作用；同年11月，《新周刊》推出了以“围观改变中国”为题的专题报道，盘点了当年的十大网络事件，认为围观“可能会改变中国，并注定会改变我们自己”。2011年1月，人民网舆情监测室发布的《2010年中国互联网舆情分析报告》指出，2010年，全民进入了“网络围观”时代，某个突发事件在网上一经曝光，即可迅速引爆全国舆论，把地区性、局部性和带有某种偶然性的问题，变成全民围观的公共话题。[①]

围观作为一种社会现象，简单来说，指的是民众对突发性事件所采取的一种观看、探究的态度，反映的是临时聚集的人群的心态，即“个体在紧急状态下的心理反应意向，即紧急状态下的冷漠行为”[②]。这不得不令人想起一个心理学术语——“旁观者效应”（Bystander Effect），这一心理学现象指的是

① 人民网舆情监测室 . 2010 年中国互联网舆情分析报告 [EB/OL].（2010-12-15）[2015-02-13]. http://media.people.com.cn/GB/40606/13489601.html

② 杨孝志，阿米娜 .“围观”现象心理探源与克服 [J]. 合肥工业大学学报（社会科学版），2005（05）：164.

当有旁观者在场时，会显著降低人们介入紧急情况的可能性，而在场人数越多，受害者得到帮助的可能性就越小。发现这一效应的心理学家比伯·拉坦纳（Bibb Latané）和约翰·达利（John Daley）认为，产生这一现象最重要的原因是围观者的在场造成了责任的分散，个体的责任会相对减少，因此旁观者效应也被称为“责任分散效应”。在社会生活中，每一个人都会对现实所发生的事情有一定的看法并采取相应的行动，但是当有其他人在场时，个体就会更慎重地评估自己的行为，也就是说，当其他旁观者没做出反应时，个体也认为自己没有做出反应的必要。由此可见，“围观”原本是一个带有贬义色彩的词语，在很长一段时间内，它充当着见死不救、麻木不仁的代名词。直到互联网，尤其是自媒体的出现，才重新赋予了这一词语以新的存在方式和意义。

在自媒体时代，大众通过发布、跟帖、转发、讨论等多种方式围绕新闻事件进行交流，每一个文本的发出、每一次链接的点击，都是一种表态、一种参与。这些文本和行为聚集起来，形成了强大的舆论力量，造就了“围观政治”，即“当不明真相的群众久不愿散去时，会招致更多的围观者。被围观者的一言一行都将在众目睽睽之下进行，想要逃走却难以突破层层包围。愤怒而克制的围观者，以非暴力不合作的态度，从未停止寻找下一个围观对象，并通过这种方式逐渐地改变着中国”[①]。

“围观政治”是当前非常受关注的大众文化现象，也是中国独有的政治景观，它源于中国民众个体意识和公共参与精神的觉醒。正如有学者所说，网络围观与普通围观截然不同，因为“第一，它与单纯的看客心理不同，表达一种‘我在’的立场；第二，它与事不关己不同，表达一种‘我知’的诉求；第三，它与暴力革命不同，表达一种非暴力不合作方式，‘我能’的博弈”[②]。由此可见，“围观”之所以具备如此强大的动力和生命力，是因为它代表的是一种“责任政治”。这里包含两层意思：第一，在传统大众媒体时代，由于新闻信息和议程设置的权力牢牢掌握在大众媒体手中，大众普遍缺乏表达和反馈的渠道，因此他们往往只能充当“看客”和“旁观”者的角色；而在自媒体时代，大众获得了“发现”和“发声”的权利，同时也具备了“参与”的责任。第二，在现实世界里，受社会制度和风俗习惯的制约，普通民众在社会舆论中

① 百度百科 [EB/OL].http://baike.baidu.com/item/ 围观政治学 .

② 章睿齐 . 中国人的网络围观心理透视 [J]. 杭州（我们），2012（09）：231.

属于“沉默的大多数”，而在网络世界，他们可以摆脱这些束缚，大胆说出自己的观点，承担个体责任，采取自己认为正确的行动。其中，最重要的有两点：一是监督与问责，二是公益与互助。这两点在近些年微博、微信中进行的轰轰烈烈的反腐、打拐、寻人等活动中可窥见一斑。

然而，我们在肯定“围观政治”所带来的积极意义的同时，也必须正视它带来的消极影响。首先，这种自由化、虚拟化的参与行为仅仅是一种最低限度的公共参与方式，它的短暂性和脆弱性使其距离现实的行动和决策还非常遥远。更为严重的是，很多人在这种参与过程中采取的是一种非理性的“狂欢”态度，甚至是一种“捣乱”或“敌对”的态度，这与真正意义上的公共参与精神和理想的公共领域建立背道而驰。正如有学者认为的那样，“失范失序的国民劣根性在网络上的集中宣泄，引来大批围观与起哄，无论你怎样做，结果如何，他们似乎都不满意，但又没有很‘给力’的建议，形不成良性互动的氛围，在置官方于尴尬境地的同时，一定程度上污损着公民社会的道德标准”①。

其次，当前中国很多热点新闻事件都是首先在微博、微信上爆料、发酵，然后再延伸到报纸、电视等大众媒体中。网络媒体“围观”现象的存在往往容易触发网民的直觉判断，在第一时间形成一边倒的舆论倾向，且基本稳定。中国社科院 2014 年发布的《社会心态蓝皮书》显示，在我国网民的直觉中，最重要的因素就是伤害，主导情绪往往是愤怒。②而这种愤怒情绪往往容易导致网络暴力行为的产生。以当前最为流行的“新闻问责”为例，所谓“新闻问责”往往采取的是一种叫作“人肉搜索”的方式，这种方式的确有利于发动人民群众的力量，追查某些事件的真相，在遏制腐败和社会不良行为等方面起到了重要作用，但是随着大规模人肉搜索引擎的发动，被“人肉”对象的所有隐私都被彻底地挖掘了出来，再加上网民们的谴责和谩骂，使得当事人及其家人承受着巨大压力甚至人身威胁。更加让人无奈的是，在这种一边倒的“直觉”作用下，事件在很多时候都会走向歧路和极端，造成无辜者被人肉、隐私被公开的情况。例如在杭州胡斌飙车事件中，有一公司负责人因与胡斌母亲同名而惨遭人肉，相关个人信息被公开，日常生活受到了严重干扰。

值得关注的是，与其他类型的“围观”一样，最初的“网络围观”其

---

① 杨文毅 . 网络围观与全民起哄 [N]. 郑州日报，2011-11-29（11）.

② 陈郁 .2014 年《社会心态蓝皮书》发布：社会信任总水平回升 [EB/OL]（2014-10-08）[2015-10-12]. http：//politics.people.com.cn/n/2014/1008/c70731-25790705.html.

实只是大众的自发行为，大部分围观者的动机源于人们对某个新闻事件的好奇心和探知欲。但是随着“围观政治”的产生和影响力的扩大，越来越多的人开始抱着各种不同的目的参与到这个过程中，使得无论是“围观者”还是“被围观者”，其身份和目的都变得复杂了起来。例如一些商业操盘手开始考虑如何策划、制造新闻事件或话题来实现“被围观”的宣传营销目的；一些别有用心的机构或个人开始利用或引导网友对某一事件的关注来窥探他人隐私、制造恐慌气氛等。

第七章　自媒体微电影叙事研究

一直以来，叙事都是电影创作与研究中至关重要的议题，法国著名的电影理论家克里斯蒂安·麦茨（Christian Metz）认为，电影其实是一种会讲故事的机器，“由于电影遇到了叙事问题，它才通过后来的各种探索形成一套独特的表意手段”[①]。我国学者贾磊磊也曾指出，现代电影理论与传统电影理论的重要区别在于前者更注重电影艺术的故事性和叙事性，并且把电影的故事性提高到电影艺术的本体范畴[②]。然而，在早期的电影叙事理论中，研究者们大多将焦点集中在影片叙事本身，“把电影的理论研究变成了影像语言的叙事研究”[③]。实际上，现代电影作为大众文化文本之一，它的叙事理念与方式不仅仅与影片中的语言符号密不可分，还与社会背景和大众生活息息相关，尤其是对于“自媒体微电影”这一新兴电影样式来说，它的文化表征可能远比话语表意更值得关注。

第一节　自媒体微电影概述

一、概念之辨：“微电影”与“自媒体微电影”

“微电影”作为一个概念，自 2010 年被提出以来，在短短两三年内便滥觞于国内，各式各样的微电影创作、比赛、研讨活动铺天盖地，成为当代“微文化”的又一典型代表。然而与之相悖的是，关于“什么是微电影”这一本体

① 麦茨．电影符号学的若干问题 [M]// 吴小丽，林少雄．影视理论文献导读．上海：上海大学出版社，2005：246.

② 贾磊磊．影像的传播 [M]. 桂林：广西师范大学出版社，2005：112.

③ 贾磊磊．影像的传播 [M]. 桂林：广西师范大学出版社，2005：112.

论式的问题，至今却依然众说纷纭，争议不断。

持怀疑和否定态度的人认为，“微电影”只不过是一个“旧瓶装新酒”的伪概念，本质就是短片。例如著名导演贾樟柯指出：“微电影我们以前都叫它短片，微电影是因为新媒体、视频网站和微博出现以后，改了一个名字叫微电影，实际上区别也不大。”① 也有人认为“微电影”其实就是“视频”，例如著名电影批评家列孚认为，“暂时看来微电影和电影根本没关系。或者说微电影只能算是视频，很多技术条件根本达不到电影的标准和专业要求”②。还有人认为，“微电影”实质上就是“广告”，例如著名导演王小帅直言：“什么微电影，就是广告，没有电影两个字，谁会关心它的存在。”③

持肯定和支持态度的人认为，“微电影”是新媒体时代出现的一种新电影形态。例如中国艺术研究院电影电视艺术研究所所长丁亚平认为，微电影是区别于传统银幕电影、电影短片的第三类电影，它是一个开放的概念，融入了“开放性”“及时性”“互动性”的特点④；又如北京大学视听传播研究中心主任陆地认为，微电影是时代发展的产物，是电影形态发展多样化的必然，具有微民原创、微投入、微时长、微利润、以小搏大等特征⑤。

显然，“微电影”的概念之所以会存在诸多的分歧和争议，是因为下定义者的角度和要求不同，所关注的对象和范畴也有差异。其实，“微电影”是一个完全中国化的事物，本身就存在着命名的非理性和使用的随意性，再加上它目前仍然处于快速发展变化的阶段，因而在对其进行定义的时候，很难对其内涵和外延进行精准界定。

正如笔者在定义“微叙事”和“自媒体微叙事”时所持的观点一样，“微电影”从本质上而言是一种小容量的电影文本，也就是国际上通称的“短片”（Short Film）。这一电影形态早在电影诞生之初就已经存在且一直延续至今，并非新鲜事物。因而，作为新兴事物出现并具有特殊时代象征和文化价值的，其实应该是“自媒体微电影”。所谓“自媒体微电影”，是指近年来随着数字

---

① 张艺 . 以微显大，以短见长 [N/OL]. 新民晚报 .（2012-08-14）[2015-03-12]. http: /roll.sohu.com/20120814/n350624536.shtml.

② 何晶，黄飞 . 微电影和电影没关系——香港资深影评人列孚专访 [N]. 羊城晚报 .2012-2-26（B01）.

③ 闵云霄 .8 集影片换亿元广告费，微电影产业链已清晰 [EB/OL].（2012-10-30）[2015-03-12]. http：//www.microbell.com/ecodetail_665582.html.

④ 丁亚平 .“大电影”视域下的微电影的发展 [J]. 艺术评论，2012（11）：27-28.

⑤ 高一然 .“新潮影像：微电影命名与形态”学术研讨会综述 [J]. 电影艺术，2012（04）：158.

媒介技术发展和自媒体产生而催生出来的一种新电影形态，是“微电影”在自媒体时代的发展和突破，它不仅与传统微电影迥然有别，在所指范围与内涵上也有异于其他类似的概念。

首先，自媒体微电影从属于微电影，但是又与传统的“短片”存在根本性的差异。短片可以说是电影诞生之初的原始形态。1895 年，由卢米埃尔兄弟（Auguste Lumière，Louis Lumière）拍摄并播放的电影《工厂大门》（Exiting the Factory）、《火车到站》（The train pulled into the station）等，就是时长不超过 1 分钟的短片，只不过这些短片仅仅是一种对影像的记录，毫无故事性可言。而后，乔治·梅里爱（Georges Méliès）1902 年拍摄的 21 分钟的《月球旅行记》（Le Voyage à la Lun）开了故事短片的先河，也开启了电影的“短片时代”。进入 20 世纪 20 年代之后，随着电影长片的出现，短片开始退出影院，并逐渐演变成为一种实验性、探索性的艺术形态，创作者都是专业的电影工作者或电影学院的学生。自媒体微电影则是电影的最新形态，它们题材广泛、类型众多，且大多是草根阶层自娱自乐或带有商业目的的大众文化文本，而非纯粹的艺术实验作品。

其次，自媒体微电影与微视频不同。微视频是一个较为宽泛的概念，泛指一切短时间的视频形式，它既包括在网络上流行的各种恶搞视频、MTV、新闻报道、宣传片等，也包括在大众媒体上播放的各种短纪录片、栏目剧、广告片等。自媒体微电影则是一个相对狭义的概念，它指涉的仅仅是在自媒体平台上发布和流传的，具有电影基本属性——故事性的视频短片。

最后，自媒体微电影与广告片不同。“微电影”在国内作为一个概念产生并流行始于广告，而且在其发展过程中，很多作品都被打上了广告的标签，因此很多人认为“微电影”其实就是加长版或高级版广告片，甚至还有不少学者以“微电影广告”为概念来进行界定和研究。对于这些观点，笔者认为大有逻辑混乱和以偏概全之嫌：第一，电影与广告是两种截然不同的文本类型，从本质属性上来看，电影是一种艺术性文本，注重对故事的表达，广告则是一种商业性文本，更注重对产品（品牌）的表现；第二，无论是“微电影”还是“自媒体微电影”，首先都是一种电影形态而非广告形态，带有商业或营销目的自媒体微电影只是自媒体微电影的一个类别而非全部。

基于此，笔者认为在以当前的“微电影”文本和现象为研究对象时，采用“自媒体微电影”作为概念更为准确一些，它指的是“首先并主要在自媒体平台上发布、观看与传播的，片长少于60分钟、具有完整故事情节的微型电影短片，它既可以单独成篇，也可以系列成剧”。这其中，“自媒体”体现的是媒介特征，即它是在自媒体平台而非传统影院或电视上播放与传播的影片；“微”体现的是片长特征，即它一般不超过60分钟，与当前普通电影长片（不少于90分钟）相区别；“电影”体现的是属性特征，即它类属于电影而非广告或其他类型的叙事文本。

二、自媒体微电影的发展历程

与其他新生事物一样，“自媒体微电影”在诞生和发展之初，也经历过一段时间的摸索酝酿和命名之争。在“微电影”概念出现之前，它曾以“网络电影”或“新媒体电影（短片）”的名称和形态存在着。

“网络电影”最早出现在美国，2001年传入中国，指的是那些专门为在网络上播放而制作的电影短片，一般时长在5分钟左右，最长也不超过30分钟。然而，与美国注重自导自演自摄的创作方式不同，我国的“网络电影”基本上都是以素材剪辑与重编为主的。比如2001年底至2002年初在网络上爆红的《大史记》，就是当年在北京电视台工作的卢小宝所创作的网络电影，影片并没有完整的故事情节，连画面都是从各种电影、新闻或其他影视素材中剪辑而来的，不过重新配上一些针砭时弊兼无厘头搞笑的对白或旁白后给人一种耳目一新的感觉。2005年4月，土豆网正式上线，成为当时中国最大的视频分享网站，它喊出“每个人都是生活的导演”的口号，给普通网友创造了上传、下载网络电影的空间。自此，网络电影开始朝着个人创作、自娱自乐的方向发展。2005年12月，网友胡戈创作的《一个馒头引发的血案》在网络上疯传，虽然它与《大史记》一样，是一部没有拍摄只有剪辑的、十分粗糙的自制短片，但它的独特创意和故事重构却足够让人们拍手称奇，甚至业界很多人将这部影片视为“微电影”的雏形。

“新媒体电影”是伴随着“新媒体”概念的产生而出现的名词，有专家将其定义为：“以有线或无线网络为传播工具，以电脑、手机、MP4等载体为重要接收终端，同时兼容电视等传统传播媒体，面向无限广泛的视频观看人群的影像产品。”[①]2005 年，由中博世纪影视传媒有限公司投资，王小帅、贾樟柯等著名导演拍摄的《聚焦这一刻》电影短片集可以说是我国最早的新媒体电影，它共由八部片长 3 分钟的独立短片构成，每部短片都有独立的名字和主题，全部采用胶片制作。这部电影在国内外斩获多项大奖，被视为中国手机电影的开山之作。2010 年，中国电影集团联合优酷网共同出品的“11 度青春”电影行动，邀请了 11 位年轻新锐导演，围绕“80 后的青春”这一主题创作了 11 部短片，这些短片被冠以“新媒体电影”的名号在优酷网上播出之后，受到了大众的广泛好评。其中由肖央导演的《老男孩》更是掀起了全网的电影短片热潮。

2010 年 12 月，由凯迪拉克投资、中影出品、吴彦祖出演的短片《一触即发》在宣传推广时被命名为“微电影”，并一举获得成功，在网络上掀起了热潮。自此，“微电影”开始作为一个炙手可热的新名词被广泛利用、传播和接受，各式各样的“微电影”创作呈井喷式出现，连一些著名的导演、演员都纷纷加入这一行列。例如 2011 年姜文执导的《看球记》，青年导演雷荣祖导演、范冰冰主演的《不跟随》，2012 年陈国富执导的《初登场》，黄渤执导的《特殊服务》等，都成为一些名导和演员们的自媒体微电影代表作。除此之外，各式各样的“微电影大赛”开始盛行，如土豆映像节、北京大学生电影节之“精品微电影大赛”、中国（杭州）国际微电影展、亚洲微电影艺术节等，数以百计的微电影网站、视频专区纷纷出现，如 V 电影网（www.vmovier.com）、爱微电影网（www.197c.com）、爱奇艺的微电影频道（www.aiqiyi.com/weidianying）等，一大批普通民众、学生因为参与这些活动或上传自己拍摄的作品而声名大噪。

当前，自媒体微电影仍然是具有广泛号召力和吸引力的时尚话题，但较前两年而言，其热度明显下降了不少。这正好符合新生事物发展的必然规律，意味着自媒体微电影的创作和发展正日渐走向成熟与稳定。

三、自媒体微电影生产的多元主体及其分类

电影是一种集体性的艺术创作，自媒体微电影也不例外。虽然与大电影相比，它篇幅短小、内容简单，但麻雀虽小，亦五脏俱全，要想拍摄出优秀的

① 杨致远 . 新媒体电影的发展机遇和挑战 [J]. 现代视听，2009（6）：35.

作品，也是必须要有一定的人力物力投入的。因此，从这个意义上来说，自媒体微电影具有两个不同性质的主体：第一是投资主体，第二是创作主体。

（一）投资主体

随着自媒体微电影的流行，其投资主体也呈现出广泛化和多样化的趋势。概括而言，当前我国的自媒体微电影投资主体主要可分为三类：一是企业单位，其投资目的是为自己品牌或产品做宣传推广，或从中获取利润；二是政府机关及事业单位，其投资是为了宣传国家政策法规、树立政府形象、传播核心价值观等；三是社会组织、影视投资公司或个人，其投资目的是进行艺术创作、发掘（培育）人才或自娱自乐。由此可见，相对于大电影而言，自媒体微电影的投资主体更为多元，而且与大电影的投资者单纯以票房、利润来衡量得失成败为标准不同，大部分自媒体微电影的投资主体并非以作品的直接获利为目的，且不说那些为数众多的为艺术或娱乐而创作的文本，或者是以宣教为目的的"主旋律作品"，就算是那些企业耗资上百万制作的"营销类微电影"，其目的也并非借这些电影获利，而是通过它们为品牌或产品博取关注，创造新商机。

（二）创作主体

自媒体微电影的出现，让原本高高在上的"影像制造"开始走下神坛，步入寻常百姓家。这其中有两个关键前提：第一，数码设备的普及化和简易化，第二，自媒体平台的开放性和便捷性。传统电影的创作主体一般都是由社会精英与影视从业者构成，如最基本的编剧、导演、摄影师、剪辑师、调音师、剪辑师等，他们不仅具有极强的专业性，且通常"阵容庞大"。虽说自媒体微电影的创作主体中也不乏著名导演、编剧以及"大制作"团队，但是从整体上来说，自媒体微电影数量最多、也最重要的创作主体是普罗大众。他们来自各行各业，有些人从事电影相关工作并怀揣着影视创作的梦想，而有些人则与电影毫无关联，只不过是一时兴起或业余爱好；他们人数有限，只能每个人都"身兼多职"，从编剧到拍摄到剪辑，甚至配音、配乐，基本都由两三个人制作完成。由此可见，自媒体微电影的全民参与性使其创作主体呈现出鲜明的多元化与非专业化特征，这一方面满足了更多人对于电影创作的爱好和追求，使得自媒体微电影作品的创作呈井喷之势，另一方面也造成了创作水平和作品质量上的参差不齐。

当前，自媒体微电影作品数量众多、包罗万象，且相互间存在着严重的杂糅现象，因而很难以题材或传统的电影类型为标准来对其进行划分。因此，笔者基于自媒体微电影投资与创作主体的不同，依据创作目的区别将自媒体微电影划分为三大类型——营销类自媒体微电影、独立类自媒体微电影和宣教类自媒体微电影。下面，笔者将分别针对这三类自媒体微电影的叙事特征及其大众文化表征进行专节论述。

第二节　戴着镣铐跳舞：营销类自媒体微电影叙事

一、自媒体微电影：植入营销的新舞台

电影不仅是一种艺术表现形式，也是一种信息传播媒介，尤其是随着电影技术的发展和大众文化的崛起，电影逐渐演变成为一种大众媒介、一种文化产业，更多地被赋予了商品的色彩和营销的功能。植入营销是现代电影与商业最流行的联姻方式之一，这既是现代商业营销方式的创新，也是现代电影在大众化、市场化背景下的必然选择。

植入营销又称植入广告，指的是“将产品或品牌及其代表性的视觉符号甚至服务内容策略性地融入电影、电视剧或电视节目内容中，让观众留下对产品及品牌的印象，继而达到营销的目的”[①]。据称，最早有据可查的植入营销是1951年的好莱坞影片《非洲皇后号》中的“戈登杜松子酒”。但被更多人知晓并作为一种广告模式开始被世人关注的，则是美国环球影业1982年出品的科幻电影《ET》中的里斯巧克力豆（Reese’s Pieces）。我国的电影植入营销起步较晚，但发展却极快，如1999年的《大腕》、2004年的《手机》、2010年的《杜拉拉升职记》、2011年的《非诚勿扰》等，都是我国电影进行营销植入的代表性文本。然而，正是这种过于快速的发展，使得当前我国的电影植入营销呈现出泛滥之势，很多生搬硬套的场景和剧情不仅让本来应是“隐性存在”的营销手段变成了路人皆知的广告把戏，也让很多电影沦为“产品超市”，艺术性日益弱化，观众的抵触情绪日益加深。除此之外，电影制作周期

---

① 百度百科 [EB/OL].http：//baike.baidu.com/view/3002080.htm.

长、植入手段单一、针对性弱、观众普泛化等缺陷，也成为植入营销发展的困境和瓶颈。

自媒体微电影的出现，冲破了这些藩篱，为植入营销创造了一个新的舞台：一方面，自媒体微电影的创作周期短、投资小、自由度高，商家不仅可以最大限度地参与到电影的创作、拍摄和制作过程中，还能通过“定制”的方式更好地将电影艺术与广告创意、故事与产品（品牌）结合起来；另一方面，自媒体微电影的分众化和互动性特征，能够帮助商家实现针对目标客户群的“精准营销”，还能通过观众的即时反馈来观察植入效果，甚至重新设计或更改故事情节。从更宏观的角度来看，这也是媒介技术发展背景下营销模式和电影艺术相结合的新路向，正如麦肯光明广告总经理莫康孙所说，“定义微电影并不重要，重要的是微电影开创了植入营销的一种新模式，丰富了植入的内涵，让人们看到了品牌走向成功的另一种选择的可能性”①。

营销类自媒体微电影，可谓是自媒体微电影中的“贵族”，因为有商业资金的注入，这些微电影一般都会邀请专业的电影导演甚至知名导演来执导，从前期策划到后期拍摄、宣传推广等都由比较专业成熟的团队来进行运作。因此，这些作品大多水平颇高，并具有较高的知名度，这也是很多人认为自媒体微电影就是广告片的主要原因。在诸多自媒体微电影类型中，它可以说是最具生命力和可持续发展力的，也是最容易出精品的。从叙事角度来说，为了能够更好地实现“软性”植入的目的，营销类自媒体微电影既需要采用大众文化叙事中常见的类型化文本，如爱情片、动作片、悬疑片等来吸引观众，也需要讲求创意的精妙和叙事的创新，如何多方位、不露痕迹地实现故事性与产品（品牌）诉求的黏合成为作品成功与否的关键。

二、营销类自媒体微电影的叙事策略

营销类自媒体微电影最突出的特点就是具有明确的营销意图与功能，或是传达品牌理念，或是进行产品展示。但是它与传统的影视广告片又存在根本区别。首先，在时长上，影视广告由于受到大众媒体平台的限制，时间要求比较严格，普通影视广告片的长度一般为 15 秒或 30 秒，很少有超过一分钟的；

① 莫康孙 . 从“电影植入广告”到微电影 [J]. 中国广告，2011（6）：42.

而自媒体微电影的时长一般少则十几分钟，多则四五十分钟。其次，影视广告是一种显性的、硬性的宣传方式，它的立足点往往在如何更直接、更清晰地将产品或品牌展示在消费者眼前；而营销类自媒体微电影则是一种隐性的、软性的宣传方式，它的立足点往往在如何更巧妙、更出其不意地将产品和品牌植入到观众心中；最后，“故事性”是营销类自媒体微电影的根本要求，而影视广告则大多并不涉及叙事。由此可见，营销类自媒体微电影虽然是由商家投资定制或自制的，但它的创作思维是“电影”而非“广告”，也就是说，如何通过更好的故事和话语来打动观众，通过艺术感染力潜移默化地影响他们的生活习惯、消费观念与行为模式，才是商家不惜斥巨资拍摄“自媒体微电影”的根本目的所在。

（一）定制故事

由于商业赞助的提前介入，自媒体微电影在故事层面所具备的“可植入性”远比传统电影要大得多。如果说传统电影只能在既定的故事里寻找合适的情节或片段来展现商业元素的话，那么自媒体微电影则可以根据产品（品牌）的属性、特征以及目标受众的类型、喜好来定制故事与设置情节。概括而言，营销类自媒体微电影的故事定制主要有两个创作方向：

1. 与产品相关

产品植入是营销植入最直接，也是最常用的方式，但是这一方式往往因为广告意图太过明显而遭到观众的诟病。因而如何更好地将产品属性与故事情节结合起来，清晰但又不突兀地展示产品，成为令诸多创作者头疼的问题。以益达的《酸甜苦辣Ⅰ》为例，这是一部由五篇既独立又连贯的自媒体微电影组成的系列作品，讲述了男女主角从认识到相恋再到分开这一过程中所经历的一个个小故事，这些故事都跟益达口香糖有着密不可分的关系：首先，这是一个关于旅行的故事，男主角在浪迹天涯的时候遇到了女主角，于是两个人开始一起去旅行；而在旅行的路上，益达口香糖是必不可少的伴侣。其次，这是一个关于成长的故事，男女主角在路上所感受到的酸、甜、苦、辣，不仅是爱情的味道，也是人生的经历，而在人生百味中，益达口香糖都会在你身边、与你共度。整部自媒体微电影，益达口香糖出现了很多次，但却丝毫没有生硬的感觉，因为每一次益达的出现，都是故事的高潮部分，起到画龙点睛的作用。观众看完之后津津乐道的，不仅仅是男女主角浪漫的故事和真挚的情感，还有那句充满韵味的台词——“你的益达满了”（如图 7-1）。

图 7-1　自媒体微电影《酸甜苦辣 I》剧照

2. 与理念相关

与传统影视广告硬性的“说服营销”不同，自媒体微电影的“植入营销”是一种软性的浸入方式，它往往更加注重品牌精神和理念的巧妙传达而非产品形象和功能的简单展现，其根本目的是让目标消费者产生情感和价值层面的共鸣。也就是说，理念植入是一种无形的文化植入，这种植入方式更看重的是故事自身的价值意义而非与产品的关联度。以尊尼获加投资、贾樟柯监制的《语录》系列自媒体微电影为例，它们以自我讲述的方式呈现了十几位知名人士（SOHO 董事长潘石屹、舞蹈家黄豆豆、网络卖菜创业者曹非、影视明星陈坤、服装设计师王一杨等，如图 7-2）背后不为人知的真实故事，这些故事虽各不相同，但是却贯穿着同样的主题和精神，那就是“坚持追求自己的梦想”。在这一系列作品中，尊尼获加的形象仅仅出现在片头和片尾，时长也只有短短的几秒钟，影片中所讲述的内容也跟酒毫无关系，但这一个个鲜活而真实的故事却能够深入、精准地将尊尼获加“这就是人生，坚持走下去，keep walking！”的品牌理念植入其目标受众的心中。

图 7-2　自媒体微电影《语录》剧照

（二）设计镜头

画面是影视艺术语言最重要的构成元素，它具有视觉的直观性，是商业元素最有效的植入方式。由于在故事层面的“定制”性，营销类自媒体微电影通常有较充足的画面容量来展现产品或品牌，但是鉴于艺术性和叙事性的要求，这些商业元素又必须受到一定的制约。商业元素过多，容易导致观众的疲劳和反感，太少又容易被观众忽略，无法满足需求。因此，如何巧妙运用镜头语言多角度、多层次地展现产品，但又不过多地出现商业元素，如何在不打断观众正常观影状态和心情的情况下完成商品植入，是营销类自媒体微电影叙事的关键。以慕思寝具出品、张元导演的自媒体微电影《床上关系》为例，故事讲述了一对年轻夫妻因为一只安全套的失踪而引发的一场围绕爱情和婚姻问题的争吵。这是一个与品牌（产品）直接相关的故事，“床”是其中必不可少的道具。影片中，导演分别运用了远景、中景、近景、特写等各种景别对床进行了数十次的呈现，再加上色调、灯光的变化，让作为主要场景出现的“床”变得不再简单、乏味。但是在长达 36 分钟的影片里，导演仅仅“设计”了两个呈现慕思品牌标志和形象的镜头：一个是商标特写，出现在女主角掀开床单捡起落在床垫上的头发时；另外一个是海报特写，出现在两个人回忆当年在慕思卖场买床时，这两个都不是空镜头，而是与故事情节紧密相关的画面或背景，观众看起来既无突兀之感，又能够形成印象（如图 7-3）。各大视频网站统计的数据显示，自 2012 年 12 月 17 日晚《床上关系》上线以来，仅 4 天时间点击量就超过千万，在各大视频网站排行榜中均名列前茅[①]。网友们看完之后纷纷评论："微电影至少得这样吧，至少可以让你憋着尿看完。张元毕竟是张元。床不是只用来睡觉，大家都来看吧，引以为戒，不要让小偷偷走了我们的爱、我们的婚姻。""这部片子证实了电影的张力和单一场景、商业性并不矛盾。"[②]

图 7-3　自媒体微电影《床上关系》剧照

三、戴着镣铐跳舞：商业诉求下的艺术追求

很多人对商业介入自媒体微电影表示了担忧，认为这必将导致自媒体微电影艺术性的削弱和丧失。他们的担忧不无道理，而且事实上，经过近几年爆发式的发展，当前我国营销类自媒体微电影的问题和隐忧也日益凸显：首先，随着自媒体微电影的流行和部分营销植入的成功，越来越多的商家为了赶上这股潮流，纷纷开始投资拍摄自媒体微电影，很多观念不对、准备不足、资金不

① 易东方 . 张元倾注爱 新片点击破千万 [N/OL]. 京华时报 .2012-12-22[2015-09-08]. http：//money.163.com/12/1222/02/8JA1DFL300253B0H.html.

② 百度百科 [EB/0L]. http：//baike.baidu.com/view/9771011.html.

够的影片匆匆上映，导致当前营销类自媒体微电影虽数量庞大，但质量却堪忧的局面，大量粗制滥造、生搬硬套的作品不仅没能给商家带来期望中的回报，还让大众对自媒体微电影这一艺术形态产生了质疑和反感。其次，大部分规模不大，创作主体并非专业的影视工作者制作的自媒体微电影，无论在故事内容还是拍摄手段上都缺乏创新的能力，致使当前营销类自媒体微电影题材重复、形式雷同现象严重。最后，在自媒体平台上，评论、口碑和转发等是文本传播的核心元素，因此很多商家都将重心放在了如何最大可能地为自媒体微电影“制造话题”“扩大转发”等媒介功能和宣传推广层面上，忽略了其作为电影艺术在故事和话语层面的基本要求。

美国文学批评家佩里（Bliss Perry）将诗歌创作形容为“戴着镣铐跳舞”，用闻一多先生的话来说，“镣铐是格律，我们要跟着格律走，但又不能受其约束，要戴着镣铐舞出自己的舞步”[①]。在笔者看来，营销类自媒体微电影的创作也是这样的，“要戴着镣铐拍出好东西”。一方面，商业赞助使营销类自媒体微电影的创作资金更加宽裕、设备更加完善、团队更加专业，这些都为影片的创作提供了更好的软硬件条件，以及更大的创作空间；另一方面，由于要完成商业目的，营销类自媒体微电影的创作者们必须要小心翼翼地在商业性（投资者要求）、娱乐性（大众要求）、艺术性（电影要求）之间寻找一个平衡点，也就是说，必须要比独立微电影创作更多地考虑商业的要求和观众的喜好。越是优秀的创作者，就越要善于运用自己独特的思路和创意，将商业诉求天衣无缝地融入影片的艺术表现中，真正做到与“镣铐”共舞。下面，我们就尝试探讨一下当前营销类自媒体微电影叙事最常用的两种“艺术化”路径。

（一）“攻心术”

众所周知，随着消费时代的到来，商品除了满足人们生理和物质的需求外，还要在一定程度上满足人们的心理和精神需求。这一消费观念的转变必然导致了营销观念的改变，只有打动消费者内心的宣传方式，才能达到最好的营销目的。正如美国营销大师爱玛·赫伊拉所说的“不要卖牛排，要卖嗞嗞声”[②]，因为单纯的牛排只是一种食物，它仅仅触及了人们的视觉和味觉，而“滋滋声”

① 刘鹭.戴着镣铐跳舞[J].语文教学与研究，2009（36）：34.

② 佟延秋.纪录片解说词创作理念探析——以《舌尖上的中国》为例[J].重庆邮电大学学报（社会科学版），2014（1）：94.

却是一种乐趣，它能够勾起人们内心对于这一乐趣的向往和渴望。

自媒体微电影给商家提供了一个绝佳的施展“攻心术”的舞台，它既比传统广告片具有更大的时空自由度来讲述令人动心的故事，也能突破传统大电影“宏大叙事”的局限，把关注点放在平民化的日常生活和普通人的心理需求层面，更加贴合大众的消费心理。以宜家家居最新推出的自媒体微电影《槟榔摊》为例，影片以人物访谈和实地拍摄的方式，讲述了台湾一位普通的槟榔摊主张阿姨，在一个狭小的空间里通过卖槟榔养活了 4 个儿女和 2 个孙子的故事。为了使张阿姨和孩子们可以拥有一个更舒适的环境，宜家对张阿姨的家进行了改造，帮助她实现了自己的梦想（如图 7–4）。在这个简单的故事里，体现出来的不仅有张阿姨对生活的乐观、对子孙的爱，还有宜家对家居的用心、对顾客的爱。而这些，都准确击中并深深打动了那些居住在狭窄、冰冷城市空间中的人们的内心，改变了他们对生活的态度并成功唤醒了他们改善家居环境的需求。

图 7–4　自媒体微电影《槟榔摊》剧照

（二）“精致化”

“精致化”是任何艺术形态自身发展的必然趋势，也是人类审美意识深化的必然结果。正如小说、戏剧等叙事艺术一样，它们最早都发源于民间，曾经是市井文化的代表，但是后来随着民众审美要求的不断提高，越来越多的文人雅士开始参与其中，使这些艺术形态日益“精致化”，并最终演变成某一时期的主流精英文化。与小说、戏剧不同，“微电影”从本质上来说，就是一个“小而精”的艺术形态，“精致化”正是自媒体微电影的创作基点和审美价值所在。

营销类自媒体微电影的“精致化”主要体现在视听话语层面，如震撼的场面、多维的视角、深邃的意境、动人的旋律、精巧的剪辑，等等，虽然每部作品的侧重点可能不一样，但是对“精致”之美的追求却是相同的。也就是说，大投资、名导演和专业化的硬件设备，使得营销类自媒体微电影无论是在叙事表达还是影片制作层面都达到了大电影的水平。例如上文所提到的《语路》系列作品，虽然从内容上看只是单纯的人物访谈和纪录，但是其中却包含了细心选择的空间场景、精心营造的艺术氛围和严谨统一的叙事结构；又如由凯迪拉克投资、好莱坞班底制作的《66 号公路》，就淡化了故事情节，将重点放在了对美国 66 号公路自然景色、人文情怀的精心描绘和烘托上，创造出了令人震撼的视觉效果（如图 7–5）。正是这种“精致化”的艺术表现，不仅让这些作品从海量的自媒体微电影中脱颖而出，还在多个层面上形成了“话题点”，从而吸引广大网民的关注、转发和评论。

图 7–5　自媒体微电影《66 号公路》剧照

综上所述，营销类自媒体微电影的出现和流行，既是商家在传统大众媒体环境日益复杂、宣传效果日渐式微的现状下所开辟出来的新路径，也是自媒体微电影作为一种大众艺术生存与发展的现实需求。在《黏性理论：为什么有些主意可以生存而有些不能》一书中，作者契普·希斯（Chip Health）与丹·希斯（Dan Health）对于“成功（success）”做了这样的注解：Simple——简单，Unique——意料之外，Concrete——具体可感，Credible——真诚可信，Emotion——触动心弦，Story——故事性，Strategy——策略性。[①]笔者认为，这几点能借以诠释营销类自媒体微电影的创作基点和叙事策略。虽然当前我国营销类自媒体微电影的发展情况并不尽如人意，但是从更宏观和长远的视角来看，在商业宣传、网络传播和消费理念的三重诉求下，营销类自媒体微电影必将在故事表达和制作手段上不断探索，推陈出新，而那些优秀、精彩的作品也自然而然会被市场和大众一件件地淘洗出来。

第三节　从孤独到狂欢：独立类自媒体微电影叙事

“独立电影”的概念源于20世纪中期的美国，当时的美国电影被八大电影公司控制和垄断，每部电影的拍摄运作过程都必须遵循步骤严格的“制片人制度”。这种制度将目标完全瞄准市场，以获得最大利润为根本目标，因此尽管这一制度能够为电影产业带来大量的资金，但是却大大限制了电影创作者的发挥空间。于是，一批电影人决定另起炉灶，自筹资金，自己编写剧本、担任导演，并拍出了许多与商业电影截然不同的、思想性很强的“独立电影”。美国影评家罗杰·埃伯特（Roger Joseph Ebert）认为，独立电影是“在传统好莱坞制片体制之外制作的电影，常常使用非常规的资金，它制作的目的在于表达导演的个人思想观念而非追求个人在票房上的成功”[②]。如今，世界各国都有所谓“独立电影”，“独立电影”这个概念也已经被广泛接受。从广义上来说，只要是游离于该国主流（商业/官方）电影体系之外的电影创作，都可以被归入到独立电影的范畴。

在我国，由于存在特殊的“体制内”影视制作和发布体制，早期的独立电影不仅受到资金、设备的局限，还被严格的审批制度束缚着，很多作品因为无法通过审批而不能在主流媒体中播放，传播范围极其有限。因此在当时，独立电影也被称为“地下电影”，在艺术和商业、合法与非法的夹缝中艰难地生存。直到进入新世纪之后，随着国家对电影产业和市场的进一步放开，“独立

① 莫康孙.从“电影植入广告”到微电影[J].中国广告，2011（6）：42.

② 百度百科[EB/OL].http://baike.baidu.com/view/98827.html.

电影”才开始获得了长足的发展。当前，独立电影的创作不仅能够得到国家政策和资金的支持，还能走出国门在世界范围内传播，很多导演都凭借着他们优秀的独立电影作品在国际上崭露头角。除此之外，科技的进步也大大降低了独立电影制作的门槛，例如DV的出现，让普罗大众拥有了做导演的机会，人们可以更随意、便捷地拍摄出一部“独立电影”，反映日常生活中的故事，表达自己的思想。虽然这样的“独立电影”并非最初意义上的独立电影，但是它突破传统影视制作体制、表达个人思想的根本立场和作用是相同的。

随着自媒体的出现，独立电影获得了一个绝佳的发展机会。自媒体微电影的出现，首先打破的就是现行的、庞大的电影工业体系，以及影视作品对资本市场、专业人才、发行渠道的过分依赖，给那些追求艺术创新与独立个性的电影人和民众一个表达与展现自我的机会。因此，独立类自媒体微电影可以视为独立电影在当代语境下发展出来的一种新形态，它们大多由个人、小群体、民间机构或网络媒体投资拍摄，以更简短、更随意、更大众化的叙事方式呈现出来，既彰显出“独立创作”的精神和姿态，也推动着独立电影从小众走向大众，从孤独走向狂欢。

依据创作主体的不同，当前的独立类自媒体微电影可细分为三大主要类别：大师（作者）自媒体微电影、草根自媒体微电影和学院自媒体微电影。以下，笔者将分别探讨这三大类型作品的叙事特征。

一、以艺术之名：大师（作者）自媒体微电影

大师自媒体微电影，指的是由那些业已成名的当代电影大师们所创作的独立类自媒体微电影作品，由于这些电影大师们在过往的影视创作中已经形成了鲜明的个人风格特征并为人们广泛认知，因此他们所创作的自媒体微电影也不可避免地被打上了“大师”的标签。其实，这些电影大师们早在学生时代就开始了“微电影”（电影短片）的创作实践，只是受限于当时的媒体状况，这些作品绝大多数只能尘封在资料室中。后来，随着电影产业的发展壮大以及“艺术电影”的兴起，国内外很多电影公司开始邀请一些著名的电影导演拍摄自由或既定主题的电影短片，形成合集之后发行。例如2002年英国“十分钟年华老去”有限公司以“展示当代世界电影的最高艺术水准”为目的和口号，斥巨资邀请了15位世界级电影大师拍摄了同名短片集，在世界范围内引起了不小

的轰动；又如2006年戛纳电影节的开幕影片《巴黎，我爱你》，就邀请了20位著名导演围绕巴黎讲述了18个5分钟的故事，每个故事都带有浓郁的作者风格。虽然这些电影短片集难免有商业的考量，但是无论从主观还是客观角度上来看，这些作品偏重艺术创作和探索的成分依然居多。正是这些短片集的拍摄和发行，才让更多人见证并体会到了电影艺术卓越的魅力。

自媒体微电影的诞生，为这些大师们的艺术创作提供了一个更为自由、广阔的空间。在这里，除了拥有更多元化的投资主体外，还有更大众化的观影群体。从叙事角度上来看，虽然这些大师作品在故事内容和表现手法上都各不相同，但它们都是基于"艺术"目标和意义上的创作，因此在题材选择和叙述方式等层面上亦存在着一些共通之处。

首先，从题材上来看，为了与商业类作品形成区隔，也为了展现自己对于电影艺术的前沿意识和独特思考，大师们往往会选择一些敏感性话题或边缘性人物来进行描写与刻画，通过展现他们与众不同的生存状态和思想意识，来表达自己对于世界、社会、人性的探索和批判。这种题材上的偏向，一方面决定了这类作品在情节铺设和结局设定上不会像商业类影片那样刻意追求"高潮迭起"和"光明的尾巴"，而是更喜欢"娓娓道来"和"开放式结尾"；另一方面也决定了这类作品在人物形象和性格的塑造上，更加倾向于"圆形化"（与"扁平化"相对）和"模糊化"（与"明确化"相对）。以优酷2012年推出的"美好2012：大师微电影"中由许鞍华导演、吴镇宇主演的影片《我的路》为例，这是一部根据真人真事改编的影片，导演通过一个普通中年男人突破重重压力和阻碍进行变性手术的故事，展现与探索了一个处于社会边缘群体——变性人的心理和生活状态。故事以纪实手法展开，人过中年的周国才（吴镇宇饰）衣食无忧，家庭幸福，但是他光鲜亮丽的外表下面却掩盖着难以道出的苦衷——他拥有一个女人的心，一直向往能够成为女人。他时常背着妻子打扮成女人，享受作为女人的生活和心情，但是他怪异的打扮依然引来了很多人鄙夷和质疑的目光。后来一切真相大白，周的人生彻底改变，婚姻破裂，居无定所，但他还是决定拿出所有积蓄去做变性手术，真诚面对自己的内心（如图7–6）。在这个故事中，导演刻意弱化了那些最具戏剧性的情节，如妻子得知丈夫性取向时候的争吵，妻子来医院看望手术后丈夫时的感触，等等，而将大部分的篇幅放在叙述主人公看夜场电影、流连橱窗、在房间吃面、和朋友喝茶聊天等非常普通，甚至略显无聊的情节上。但正是这样与众不同的设计和安排，才让我们更清晰地意识到这一题材本身所具有的戏剧张力，更真切地从这些平凡、恬淡的生活片段中感受到变性人内心的矛盾、孤独以及他们对于普通人生活的向往和渴望。

图 7–6　自媒体微电影《我的路》剧照

其次，从叙述方式来说，大师自媒体微电影普遍带有浓郁的“艺术电影”或“实验电影”色彩。比如在叙述视角上，他们大多摒弃了传统商业电影中最常用的全知全能视角，而刻意选择一些有限、异化、变换的视角来进行叙事；又如在叙述节奏上，即使自媒体微电影的时长极其有限，但大部分大师作品依然采取了“慢节奏”叙事，耐心地交代背景、渲染氛围，不紧不慢地铺设情节。在这一点上，它们与讲求“眼球效应”和“瞬间快感”的营销类自媒体微电影截然不同。与此同时，在镜头语言方面，很多大师自媒体微电影都沿用了艺术电影（实验电影）中常见的“长镜头”“疏离影像”（如故意失焦、胶片刮痕、快速剪辑等）、“隐喻蒙太奇”等拍摄剪辑技巧，以此增强影像叙事的乐趣和功能，带给观众不一样的视觉感受。以顾长卫在“美好 2012：大师微电影”中创作的《龙头》为例，这是一部内涵丰富的作品，导演试图在此展现和探索不同的人对于生命、生活的不同理解，因此无论在人物设定还是内容选择上都比较复杂。为了能够在最短的时间内最好地表现这一主题，导演不仅将核心故事设计成方方、阎连科、薇薇三位不同年龄的知识分子在客厅的一场谈话，还刻意安插了吸毒女、持枪男、拾荒者、吹泡泡者等多个角色，通过不同的视角来观察与审视生命的存在价值和意义。除此之外，顾长卫导演还大量运用了长镜头、切换镜头以及电视荧幕、玻璃窗等多种叙述手段和工具，巧妙地将不同地点发生的事情并置到同一个画面中，使多个故事叠加在一起，在有限的时空里讲述更丰富的内容（如图 7–7）。

图 7–7　自媒体微电影《龙头》剧照

二、以个性之名：草根自媒体微电影

创作传统的电影是知识精英和影视工作者们的特权，一部电影的完成不仅需要耗费巨额资金，也离不开专业的导演和制作团队，除此之外，还要受到审查、发行和市场风险等众多因素的制约。而自媒体微电影只要拥有一台 DV 就可以“想拍就拍”，有一台电脑或智能手机就可以“想播就播”，既不用耗费太多的人力物力，也不需要专业的技术训练和高标准的美学素养，这无疑为广大平民阶层提供了一个独立表达和展露个性的平台和机会。因此，代表平民阶层创作意愿、趣味和诉求的草根自媒体微电影就成为当前自媒体微电影中数量最多，也最具潜力的类型。

从自媒体微电影的前身——网络恶搞短片的生成和流行现象中我们不难看出，最初草根个人或群体创作的自媒体微电影大都是为了“自娱”和“娱人”，基本上不带任何商业目的。后来，随着自媒体微电影的流行和商业力量的强势介入，草根自媒体微电影在创作目的和资金来源上都发生了转变：在创作目的上，有一部分人依然是保留着初心，将自媒体微电影视为抒发情感、宣泄情绪、表达和分享个人趣味的渠道，但另外一部分人则将其视为让自己出名或者进军专业影视领域的跳板或手段；从资金来源上，早期的草根自媒体微电影基本上都是由个人或小群体自己投资或筹资拍摄制作，但后来随着各大视频网站和影视制作公司的参与，很多“草根作品”其实都得到了一定的资金支持。然而，与商业电影投资不同，这些投资者的目的并不是直接通过这些作品赢利，而是为了吸引人气，或者从民间发掘和笼络人才。因此，无论是从创作目的还是投资目的来看，草根自媒体微电影讲求思想独立和个人表达的精神和态度不但不会改变，反而更加强化了。只是从客观上来看，作为草根的创作者们大多无法脱离大众趣味，致使很多作品都不可避免地落入了“类型化”“伪个性化”的窠臼。

草根自媒体微电影是当代中国草根文化的具体表征之一，具有鲜明的草根文化特征，如大众性、日常性、原创性、多样性、戏谑性等。从叙事角度来说，这些特征主要体现在以下两个层面：

（一）故事：小人物的小命运

当前，我国的草根自媒体微电影可谓类型众多、内容各异，这与草根创作主体的广泛性和个性化有关。从近几年的创作实践中来看，在题材上，两类题材最受草根作者欢迎：一类是现实主义题材的剧情片，这类影片多采用纪实的手法，以爱情、家庭、事业、生活为主题，通过一个个日常生活中发生的小故事、小片段来描绘和反映当代中国普通百姓的生活状态和思想观念，在情感上引起观众的共鸣；另一类是享乐主义题材的喜剧片，这类影片多采用恶搞的手法，对经典文学影视作品、传统观念和思维、流行时尚、社会现象等进行戏谑化的调侃、模仿、篡改和重构，从而达到宣泄情绪、娱乐观众的目的。这两类题材都具有同一个特征，那就是书写“小人物的小命运”。

与大师自媒体微电影喜欢刻画“边缘化”的小人物不同，草根自媒体微电影更乐于描述“平凡化”的小人物，这些人就生活在我们的周围，甚至很多时候，他（她）们就是我们自己，过着普普通通的生活，有着平平凡凡的梦想。例如曾经红遍网络、感动过无数人的草根自媒体微电影《老男孩》，就讲述了一对平凡的“老男孩”重新登上舞台找回自己梦想的故事。故事中的两个男主角在学生时代就因为有着相同的音乐梦想成了朋友，长大以后，他们一个成了蹩脚的婚庆主持人，一个成了理发店的小老板，过着平淡如水的生活。直到有一天，他们在一次偶然的机会下决定重新拾起音乐梦想，去参加一个由电视台举办的“欢乐男生”选秀。经过努力，两人进入了复赛，但是最终还是因为一些"现实"原因被淘汰，不得不回到原来的生活轨道上继续自己的人生（如图7-8）。这部影片之所以获得成功，是因为观众们不仅能够从中回味起青春的酸涩和甜蜜，还能够从两个男主角的身上看到自己的影子，看到曾经怀揣的美好梦想，以及如今不得不为现实所折腰的一代人的落寞和无奈。

图 7-8　自媒体微电影《老男孩》剧照

除此之外，草根自媒体微电影还善于通过天马行空、荒诞不经的故事情节，还原或放大真实生活中小人物的一些"劣根性"，反映或讥讽当今社会中一些不合理的事物和现象。这无论对于草根作者还是普罗大众而言，都是一种情感的宣泄，一种诉求的表达。例如近年来广泛流行的《万万没想到》等网络"神剧"，就是以幽默和夸张的方式描绘了当代所谓"矮矬穷"群体所经历的或日常、或传奇的故事。

（二）叙述：实拍、挪用、动画

草根阶层在进行影片创作时受到的限制很多，与专业电影工作者动辄几亿的投资、拥有许多专业设备与演技精湛的演员不同，草根们大多采用的是最基本、最初级的设备工具，演员和场景也是最方便、最容易找到的，再加上在影视素材、后期制作等方面的局限，使得草根自媒体微电影的话语表达呈现出鲜明的纪实化、拼贴化与杂糅化特征。从制作角度来说，草根自媒体微电影最常用的叙述方式主要有以下三种。

1. 实拍

实拍指的是通过摄像机、DV或者手机进行真人实景拍摄的方法。实拍往往能够最真实、最直观地将故事呈现给观众，让观众将更多的注意力放在故事内容、情节设置以及作者想要表达的思想、情感上。与其他类型的自媒体微电影相比，草根自媒体微电影的“实拍”往往显得更为粗糙、朴素一些，大部分作品无论在机位、景别还是色彩、灯光的运用上，都不甚理想。

2. 挪用

挪用指的是将原有的素材，如影视画面、图片、绘画、广告等，结合新的图像和创作技法（PS、非线性编辑等）进行重置，从而生成新的意义的一种方法。在实践中，这一手法通常较多运用在“恶搞类”或具有特殊意义（如政治、历史）的作品中，被挪用的对象主要包括著名人物、古典名著、主旋律电影、历史影像等。例如在优酷自制的《万万没想到》中，作者就将大量人们所熟悉的文本或素材挪用到故事情节中，不仅制造出众多的笑点，也体现了大众对经典、权威的一种反抗和戏谑（如图7–9）。

图7–9 自媒体微电影《万万没想到》剧照

3. 动画

早在自媒体微电影出现之前，动画就已经是短片最重要的叙述方式之一了。电脑和动画软件的普及使更多的草根群体能够学习并掌握这一技巧，并将其运用到自媒体微电影的创作过程中。例如上文提到的《万万没想到》中，就大量使用了这一叙述方式，或为了交代故事背景，或作为必要的情节补充。后来，优酷还特别推出了《万万没想到》的动画版。动画手法的使用，不仅能够体现草根群体在影视创作手法上的多样化和个性化，还能很大程度上弥补他们在影视素材和拍摄技法上的欠缺。但是从整体上来说，这些动画制作大多还是比较粗糙、专业性比较差的。

三、以青春之名：学院自媒体微电影

学院自媒体微电影是当前我国自媒体微电影创作中比较特殊的一个类型，它是指那些由高校师生创作出来的自媒体微电影。这些作品带有鲜明的青春烙印，呈现出与商业、草根类自媒体微电影截然不同的面貌和气质。有学者将“学院微电影”与“非学院微电影”进行了对比（见表 7–1）①：

表 7–1

	非学院微电影	学院微电影
创作人群	比较多样：有知名导演、从事影视工作的人员、业余影视爱好者，社会经验较为丰富	比较单一：高校师生，社会经验较为单薄
创作目的	微电影创作成熟阶段：赢利、宣传推广等商业用途为主，强调营销	微电影创作初级阶段：情感表达、学习考核、交流娱乐等非按商业用途为主，淡化营销
接受群体	大部分作品直接面向大众市场	大部分作品首先面向具有专业知识的老师和同学，小部分直接推向社会
评价标准	体现为点击率的作品传播面、影响力，兼顾作品的艺术性	学院理论指导下的艺术性标准为主

① 杨晓林，等 . 微电影艺术导论 [M]. 北京：中国电影出版社，2015：196.

其实，早在自媒体微电影诞生之前，很多影视专业学生的课程作业和毕业作品就是以“微电影”的方式呈现的。但由于传播媒介的局限，那些作品绝大多数只能在校园内部进行小范围的传播，无法被大众认知，更无法产生大的影响。随着自媒体微电影的出现和流行，这一境况发生了根本性的改变：首先，除了传统的专业影视院校之外，很多综合类院校的艺术、广告、动画等专业都纷纷开设了“微电影”创作的相关课程，甚至很多理工类的学生也可以选修这些课程，致使学院自媒体微电影的创作群体日益扩大，各种自组织的微电影创作社团大量出现。其次，国内外各种电影节、微电影大赛近年来都纷纷加设了学院类的评选和奖项，极大地刺激与推动了师生们的创作热情。最后，以年轻人为主体的自媒体平台为这些学院微电影作品提供了更大的分享与传播空间，也加强了学院创作群体与大众、与社会之间的联系与互动。

从主题上来看，与“青春”有关的故事自然是学院自媒体微电影最热衷、也最擅长描述的对象。与以往展现“成长之获”与“青春之美”为目标的主旋律校园电影不同，当前的学院自媒体微电影创作者们往往更倾向于表达“成长之惑”与“青春之痛”，他们将这些体验和历程融合在一个个或青涩、或搞笑、或感动、或平凡的故事中真实地呈现出来，表达着自身对青春的理解和对生命的思考。这些作品多以“毕业季”为故事背景和播出契机，打动着无数即将毕业或刚刚毕业的青年人的心。以北京大学艺术学院 2012 年出品的《男生日记》为例，这是一部为纪念北京大学 114 周年校庆所拍摄的作品。影片讲述了一名普通的理工科男生何小冬在离开学校前的最后时光里，通过与学校景象的合影，回忆起与女友江小夏在一起的点点滴滴，展现了他从对女友的不理解到生气分手再到痛苦后悔的心理变化与成长过程的故事（如图 7-10）。这部片子在北大校庆晚会上首映，获得了全场掌声，学生们认为“爱情的真实性能触碰心灵”，后来被上传到网上，在短短两天时间内，点击量就超过 50 万次。正如该片导演、北大艺术学院副教授陈宇所说的那样，这部片子不只是“谈情说爱”，而是“教人成长”，让人们明白“在对的时间遇到对的人，那是童话；在错的时间，遇到对的人，这才是青春”。

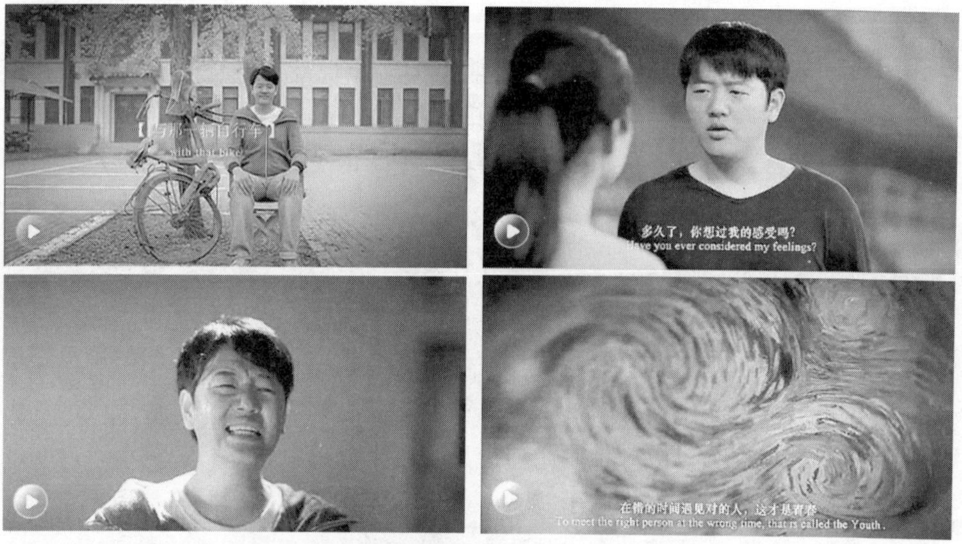

图 7–10　自媒体微电影《男生日记》剧照

除了青春主题，很多校园师生也将目光投向了社会，通过他们的视角去寻找与发现那些值得关注的人或事，这不仅与学院创作的“艺术性”本质和追求有关，也与这些年轻的创作者们所具备的人文情怀和社会责任感有关。以获得第 22 届中国金鸡百花奖电影节“短片学院奖”、由中国传媒大学朱思溢导演的作品《小偷儿》为例，影片讲述了退休民警岳老头在一次偶然的见义勇为中让小偷的儿子东东陷入生活困境的故事。当得知他父亲一时无法出狱时，岳老头不得不将东东收留。不知不觉中，东东的存在也唤醒了岳老头对亲人的思念，一场守护亲情、彼此相依的旅程就此开始了（如图 7–11）。这样一个既

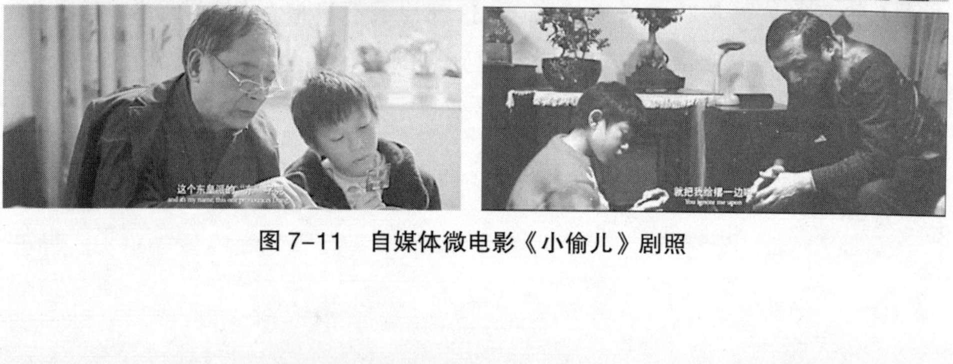

图 7–11　自媒体微电影《小偷儿》剧照

普通又反常，既无奈又温暖的故事，真实描绘了两个都市弱势群体——独居老人和问题儿童的生活状态和心理需求，体现出电影创作者对社会问题的关注以及对人间真情的呼吁。

其实，学院自媒体微电影创作本身就是一个艺术探索的过程，因此除了主题之外，很多创作者还将重点放在了视听表达的突破和创新上。例如中国传媒大学动画学院学生张喆、王旭龙的毕业作品《纸片战记》，就大量运用了手绘、动画、实景拍摄、画面剪辑等各种影像表达方式，生动展现了两位“纸片男士”为争取女主角而展开的一场战斗，其中的人物、道具、场景以及彼此间的互动都让人们眼界大开（如图 7–12）。又如当前很多的学院自媒体微电影都加入了音乐或舞蹈的元素，让人耳目一新的“歌舞”叙事，对于增强自媒体微电影的戏剧性和艺术性，都是一种不错的尝试。

图 7–12　自媒体微电影《纸片战记》剧照

综上所述，独立类自媒体微电影更加注重叙事的独特性与创新性，无论是大师、普通百姓还是学生，他们创作自媒体微电影的目的并不是用曲折、紧张的故事情节或浮夸、炫目的视觉效果来吸引更多观众，而是这些故事和话语能否准确表达自己的思想和意图。与营销类自媒体微电影迎合大众审美趣味和叙事习惯的做法不同，独立类自媒体微电影更看重对当代大众审美的“颠覆”以及对新叙事方式的探索和尝试，因而寓意深刻的主题、个性突出的人物、新奇怪异的视角、出人意料的表达等，往往成为独立类自媒体微电影最突出的叙事特征。正如独立电影导演南希·萨瓦卡（Nancy Savoca）所说的那样："独立电影实际上是一种思维方式，我曾经以为它最大的特点是资金的来源问题，而我现在清楚地意识到它的界定有关于你讲述故事的思想方法和个性视角。"①

第四节　"硬"内容的"软"表达：宣教类自媒体微电影叙事

作为一种影像叙事方式，自媒体微电影不仅能够成为商业营销的新阵地，成为表达与展现自我的新舞台，还可以成为政治宣传和科学教育的新武器。宣教类自媒体微电影，指的就是那些以政治宣传、思想教育或科学普及为目的创作出来的自媒体微电影作品。

在大众媒体时代，"宣教"的责任和权力基本上都集中在政府机关或有政府背景的企事业单位手里，绝大多数的政治思想、方针政策、法律法规、科学知识等都是通过新闻报道、政策解读、论坛讲坛等相对固定的节目或栏目形式来进行宣传普及的，其话语表达方式也大多是"理性""直白"的。这不仅与长期以来官方、精英阶层高高在上的身份和姿态有关，也与高度垄断的媒介话语权有关。而到了自媒体时代，这一状况发生了极大的转变，普罗大众不仅在信息获取媒介上拥有了更大的选择权和主动权，还获得了信息的发布权和舆论的话语权，这在很大程度上迫使统治者和精英阶层不得不采取更为符合大众趣味与喜好的方式和渠道来进行宣教。宣教类自媒体微电影，就是一种相对柔和、隐性的宣传方式，它既能够将那些原本"硬邦邦"的理论知识、法律政策、价值理念等，融到一个个"软绵绵"的、真实可感的故事中，还能够充分调动广大民众的积极性，让他们参与到相关作品的创作过程中，从而达到事半功倍的宣教效果。

宣教类自媒体微电影从内容和目的上可主要划分为两类，即"政治宣传类"和"科学普及类"（以下简称"政宣类"和"科普类"）。

① 钱力．独立电影遍地开花？期待独立展示社会内在力量[N]. 中国文化报，2012-08-09（6）.

一、“以小见大”：政宣类自媒体微电影

当前，政宣类自媒体微电影的来源主要有两个：一是由政府机构、官办媒体或二者联合发起的以传播主流价值观为目的的，所谓的“主旋律微电影”征集与评选活动，例如2012年中国国家网络电视台（CNTV）推出的以“传播社会主义主流价值观”为动机的“中国梦原创系列微电影活动”，2015年山东省新闻出版广电局与共青团山东省委联合主办的、以“弘扬社会主义核心价值观，共筑中国梦”为主题的“山东省原创微电影网络视频大赛”等；二是各级政府部门从本职工作出发，投资、征集或自创的以宣传自身形象、政策政务、法律法规等为目的的作品创作，例如2013年南京市检察院推出的以“通过案例故事普及法律知识，开展法制教育”为目的的“微电影节”，2015年河北省公安厅、省文明办以“交通安全宣传‘五进’（进村镇、进社区、进企业、进学校、进家庭）”为目的推出的“新交警故事”系列自媒体微电影等。

政宣类自媒体微电影以传播主流价值、宣传政策法规等为目的，因此，这类微电影无论在故事选择还是表达方式上，都受到了极大的限制。再加上创作主体和受众的草根化与基层化，导致这类影片在叙事层面出现了较强的“模式化”现象。

首先，“以小见大”是政宣类自媒体微电影最常用的叙事策略。“微电影”受到时长的限制，很难展示宏大的革命历史题材和伟大人物的生平，因而它们往往更倾向于叙述一些现实生活中的题材和发生在基层干部、普通百姓身上的故事，很多时候，这些作品都源自真实故事的改编。例如CNTV2012年推出的《微笑的樱桃》，就讲述了一位大学生村官的故事；2013年推出的《保安日记》讲述了一名城市小区保安的故事（如图7-13）。这些故事无一例外都以基层干部或百姓的日常生活、工作为表现主体，通过这些小人物对本职工作的兢兢业业、任劳任怨和对现实生活的积极阳光、真诚坦然，展现出爱岗敬业、脚踏实地、乐观向上的价值追求和精神品质。

图 7–13　自媒体微电影《保安日记》剧照

其次，政宣类自媒体微电影常常运用“他者”的视角来进行叙述，这一方面便于更全面、立体地展现主人公的所作所为；另一方面，通过与主人公“对立者”或者“紧密相关者”的表述，不仅能够增强故事的戏剧性和艺术性，也有利于反衬或映射出正确的价值观和行为准则。例如上文所提到的《保安日记》，除了代表着主人公视角的“日记”之外，创作者还刻意加入了主人公弟弟、妻子、小区住户、同事等多个角色，让他们用各自不同视角来看待和评价主人公。而由厦门市公安局拍摄制作的首部反诈骗微电影《女儿的日记》同样选取了“日记”作为载体，分别通过“警察女儿”和“诈骗犯女儿”的视角，讲述了一对“经常不回家”的父亲之间的正邪较量（如图 7–14）。这一视角的运用，大大增强了作品的人性化气息，当诈骗犯的女儿被同学的爸爸抓获时，她绝望的哭泣和苦苦的哀求让人心碎，让观众能够从中体会到，诈骗不仅给社会带来巨大的危害，更给自己的家庭和亲人造成无法弥补的伤害。

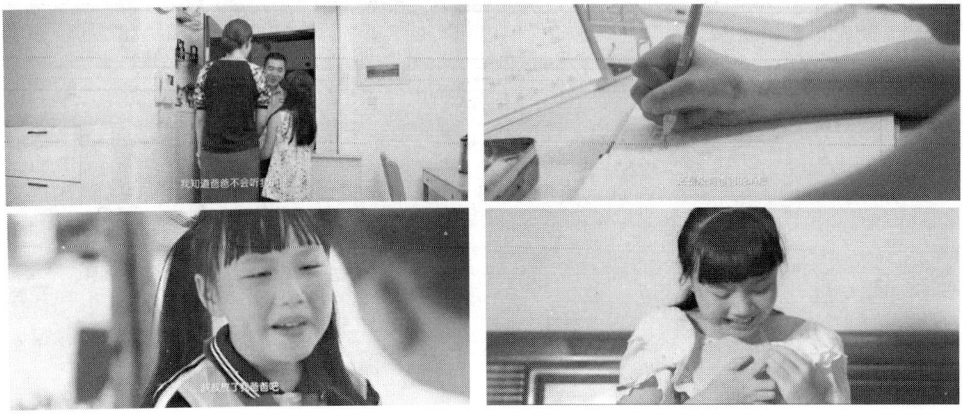

图 7-14　自媒体微电影《女儿的日记》剧照

最后，与独立类自媒体微电影所崇尚的开放式结构不同，政宣类自媒体微电影大多采用封闭式的情节来完成对于故事的叙述。也就是说，这些故事基本上遵循了“开端——高潮——结局”的经典叙事模式，完整叙述了整个事件的前因后果。因为只有这样，才符合大多数普通民众的审美需求，也有利于更清晰地传递其相对明确、单一的价值理念和信息内容。

除此之外，为了达到更好的宣教目的，政宣类自媒体微电影还常常通过旁白、对话、字幕、背景等各种方式植入其所要传达的理念和信息。但遗憾的是，很多“植入”往往没有认真考虑这些内容与故事情节之间的关系，导致“植入”的元素太多、太露骨，让人感觉生硬、粗浅，说教味、自我表现味浓。以吉林省总工会、长春市总工会联合拍摄的《微家》为例，这是一部以关爱农民工、介绍“农民工夫妻房”为主题创作的影片，讲述的是一对从外省农村来到长春打工的夫妻由于分居产生了矛盾，后来因为有了“夫妻房”最终矛盾得以化解的故事。影片真实记录了农民工群体的工作和生活故事，以及“农民工夫妻房”的建设过程、居住环境，并通过本土化的对白和方言，把人物和故事表现得饱满而生动（如图 7-15）。但美中不足的是，故事对于“工会”工作和形象的植入显得过于直白、死板了一些，如专门设计的工作会议、领导在分房仪式上的讲话、悬挂的大红条幅，等等。

图 7-15 自媒体微电影《微家》剧照

总体而言，宣教类自媒体微电影的出现，是我国政治宣传与科学普及工作在自媒体时代的一种策略性的转变。虽然当前我国的宣教类自媒体微电影创作并不活跃，并且存在着模式化现象严重、理念植入生硬、宣教内容与故事情节脱离、拍摄制作粗糙等诸多问题，但我们不能否认这种化“硬”为“软”的新型宣教方式不仅能够通过一种更大众化、生活化的叙事手段，让那些原本生硬、枯燥的内容以一种更具诗意、更有乐趣的方式呈现出来，易于大众所接受和认知，还使得那些原本在百姓心目中高高在上、冷冰冰的“官方”“精英”面孔变得可亲。因此，如何增强作品的艺术性，淡化其功利性，让宣教的目的更好地融合在故事的叙述过程中，成为宣教类自媒体微电影当前需要重视的问题以及日后所努力的方向。

二、“寓教于乐”：科普类自媒体微电影

科普类自媒体微电影，指的是以普及科学知识、弘扬科学精神为目的，以与科学相关的人、事、物为叙述对象的自媒体微电影。科普类自媒体微电影的出现，极大地丰富了我国科普的形式，改变了传统单向性、理性化的科普方式和固态化、精英化的科普格局。

传统的科普视频，如纪录片、讲坛、情境实证等，基本都是严格按照科学逻辑和知识架构展开的，大部分都不涉及故事。而科普类自媒体微电影则是以故事为前提，将科学知识融入叙事的过程中去，通过引人入胜的情节和生动

化的表达来展现科学的魅力和作用。因此，优秀的科普类微电影必须满足两个基本要求：一是要保证科学的严谨性，二是要具有故事的趣味性。简单而言，就是要做到“寓教于乐”。

从主题上来看，科普类自媒体微电影的涉及领域极广，从自然科学到社会科学，从平行宇宙到衣食住行，可谓包罗万象，应有尽有。但是鉴于自媒体微电影自身大众化、平民化的特性，大部分作品往往更倾向于选择那些与普通民众日常生活息息相关的科学主题或人物来进行演绎。很多科普类的微电影大赛也纷纷喊出了类似的口号，如2014年由中国电影制片人协会、中国科普作家协会举办的“中国首届科普微电影大赛”，就以“科普，就在你身边”为主题，向全社会广泛征集反映人们在学习、工作、生活、社会实践等各个领域与科学相关的作品；又如第二届上海浦东科普微电影大赛，也喊出了“科学让生活更美好”的口号，鼓励广大微电影爱好者创作优秀的科教作品。

在极其有限的时间内，如何更好地将科学知识融入故事中，既是科普类自媒体微电影创作的重点，又是难点。当前，以真实的科学人物或科学事件为题材，通过精心编排，在叙事过程中植入知识点，是科普类自媒体微电影最常用的叙事策略。这种纪实化、感性化的叙事方式，不仅能够更快速地将观众带入剧情，还便于将那些抽象、深奥的科学知识融入可观、可感的画面中，让人们对其形成更直观、更形象化的认识。以“山东科协星杯科普微电影动画大赛”中的获奖作品《闪电之志》为例。这是一个根据真实故事改编而成的作品，故事的主角是90后少年卢驭龙，他从小就痴迷于化学，上学期间省吃俭用的钱全部用来建立他的化学实验室，无论父母怎么反对、破坏，都无法阻挡他进行科学探索的决心。后来，卢驭龙在一次化学爆破中受了重伤，他这才意识到太过危险的化学实验不仅会伤害自己，也会伤害家人。一年后，当他回到实验室时，仿佛是上天的旨意一样，他的兴趣从化学转向了特斯拉线圈，他的终极梦想是实现科学达人尼古拉特斯拉未完成的“全球无线输电”理论。后来，他带着自制的特斯拉线圈在中国达人秀的舞台上完成了一次震撼人心的“真人渡劫”表演，让全国观众从舞台上见识了科学的魅力（如图7-16）。

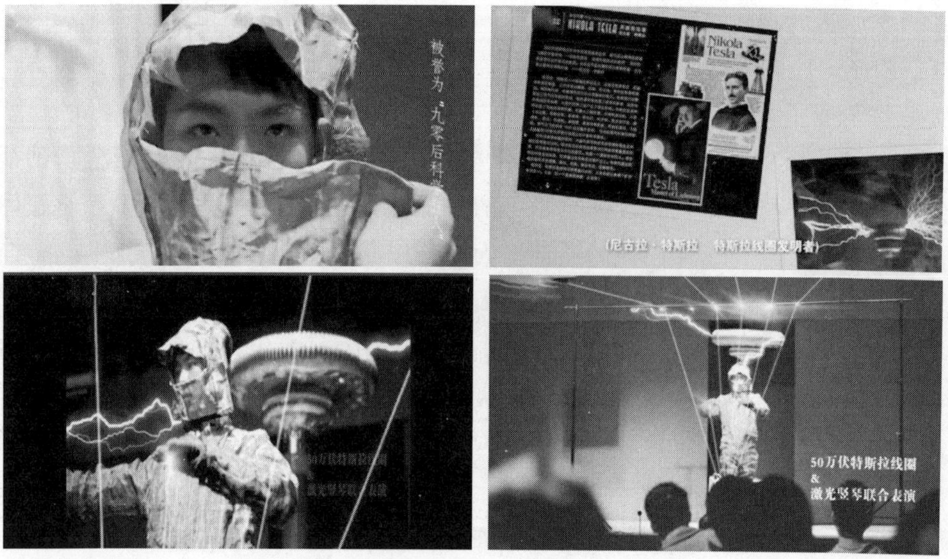

图 7–16　自媒体微电影《闪电之志》剧照

如上文所述，传统的科教作品很少会有故事，更不会采用虚构的故事，然而在科普类自媒体微电影中，虚构的故事却极其常见。采用虚构的故事的目的在于通过更夸张的剧情、更戏剧化的冲突来吸引观众，从而达到理想的科普目的。以 2013 年在网络上引发数万网友关注的一部科普类自媒体微电影《石油过敏症》为例，故事中的男主角某天早上醒来刷牙，发现自己满脸满身都是痘痘，后经诊断得知起痘痘是因为患上了石油过敏症。为了安全起见，医生赠送给他一把石油探测仪，让他远离所有含有石油成分的物质。于是，男主角开始了一天的生活，而在这一天时间里，他惊奇地发现原来身边的一切东西几乎都含有石油成分，人们的吃穿住行无一不与之相关，因此他的病症也日益严重。最后，在众人的指责声中，男主角猛然惊醒，原来这只是一场梦（如图 7–17）。虽然这个故事是虚构的，但是其中的生活场景、事物等都是人们熟悉的，它在给人们普及科学知识的同时，也为人类敲响了警钟。

事实上，科普类自媒体微电影就如同一个个“科普小品”，它的目的和作用是通过一种当代大众更愿意，也更容易接受的方式来进行科普，让科学知识可以通过更具诗意、更有乐趣的方式呈现出来，并为大众所认知。因此笔者认为，科普类自媒体微电影的出现，不仅为官方或教育、科研机构进行科普工作提供了一种新的方式，更重要的是，它为科普活动的民众化、社会化参与创造了一个新的舞台。任何对科学知识感兴趣、对科学普及有责任感的企业或个人，都可以参与到科普类自媒体微电影创作的过程中去，为我国的科普教育带来新的动力和能量。

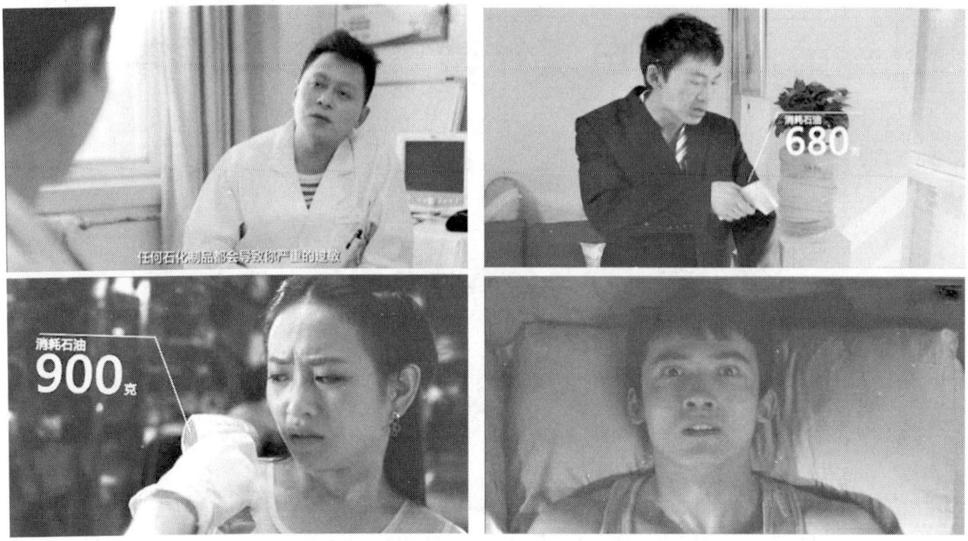

图 7–17 自媒体微电影《石油过敏症》剧照

总体而言，经过近几年时间的发展，当前我国的自媒体微电影叙事无论在题材内容还是叙述方式上都已呈现出日益多元化、精致化特征，但是从更深层次而言，绝大多数的作品依然存在着主题浅表化、内容类型化、叙述模式化等缺陷。可以说，作为一种新型叙事艺术，我国的自媒体微电影如今正处在一个关键节点上，从实践的角度来说，创作者们不仅需要进一步提升自身的艺术修养和专业能力，还需要突破传统电影叙事的窠臼，更好地利用自媒体的交互性、流动性、跨媒介性等特征来进行叙事创新，创造出自媒体微电影自己的叙事语法与规则；从理论的角度来说，研究者们需要扩宽视野，及时分析与总结自媒体微电影的叙事规律与特征，在为自媒体微电影的创作提供借鉴和指导的同时，进一步推动我国电影艺术、数字媒介叙事领域的理论构建。

第八章　自媒体微广告叙事研究

第一节　广告叙事与自媒体微广告

一、“广告叙事”辨义

广告一词，源于拉丁文的Advertere，原意为“注意”“诱导”和“传播”，后来演变为Advertise，其含义也衍化为“使某人注意某事”。17世纪末，随着大众媒体和大规模商业活动的兴起，“广告”一词开始广泛流行起来，这被视为是现代广告的发轫。关于广告的定义，在1890年以前，西方社会较普遍认同的说法是：广告是有关商品或服务的新闻（News about product or service）。1894年，美国现代广告之父阿尔伯特·拉斯克（Albert Lasher）提出：广告是印刷形态的推销手段（Salesmanship in print）；1948年，美国营销协会给广告下了一个具有较大影响的定义：广告是由特定的广告主通常以付费的方式，运用说服的技巧通过各种传播媒介对产品、服务或观念等信息的非个人的传播；1977年，《韦伯斯特词典》中将“广告”定义为：通过直接或间接的方式强化销售商品、传播某种主义或信息、召集参加各种聚会和集会等意图下开展的所有告知性活动的形式。由此可见，随着时代的发展，广告的内涵和外延总是处在不断的发展变化过程中的，要给广告下一个全面而准确的定义确实很困难，但我们可以从这些既有的定义中提炼出关于“现代广告”的几点共识：

第一，广告既是一种信息文本，也是一种传播活动；

第二，广告有明确的广告主，带有明显的宣传和销售意图，是一种说服性行为；

第三，广告需要通过大众媒介进行传播；

第四，广告有广义和狭义之分，广义上的广告包括商业广告和非商业广告（如政府公告、公益广告等），狭义上的广告仅指商业广告。

20世纪90年代，随着后经典叙事学的崛起，广告作为现代社会一种重要的文化产品和社会文本，开始进入叙事学的研究范围，“广告叙事”由此成为一个热门的研究课题。20余年间，很多学者都针对“广告叙事”的含义作出了阐释：有人认为，广告是一种广义上、宏观上的“叙事”，即“有所意旨”的话语，它与讲故事、叙事学研究无关[①]；也有人从语言学的视角，将广告叙事定义为“用故事的形式写成的广告文章”，是一个与非叙事性广告语篇，即“描述性”广告语篇、“证言性”广告语篇、“解释性”广告语篇相对而言的概念[②]；还有人从媒介的角度，认为广告叙事是“媒介技术与文学叙事的联姻”[③]。由此不难看出，正是“广告”与“叙事”二者自身概念的多义性和开放性造成了人们对“广告叙事”定义理解的分歧，鉴于文本的研究内容与方向，笔者选取了狭义上的“广告”和“广告叙事”概念，即“（商业）广告叙事”，它指的是“在特定的社会文化语境中，以赢利为最终目的的，使用各种符号和媒介表述一件或一系列真实或虚构事件，以传递产品、服务、品牌或企业信息的行为过程或其符号成品”[④]。这里包含着两层意思：第一，广告叙事是一种有功利性目的的叙事方式；第二，并非所有广告都涉及叙事，例如那些单纯展示品牌名称或产品性能的广告，就是非叙事广告。

从广告发展史上看，现代广告产生于后工业化社会阶段。在农耕社会和前工业社会中，物品的生产是国家和人民关注的重心，因此这两个社会样态也被称为“生产型社会”，而到了后工业化时期，科技的进步使得社会物质生产呈几何倍数增长，大量待购物品推动人类步入“消费型社会”。消费与消耗不同，它不仅仅是指对物品本身的占有和使用，还包含着对意义的追寻，有学者称之为“消费的二元结构”，即“消费行为本身具有的物质消耗与符号占有，生理功能与意义功能这一内在结构”[⑤]。随着“消费型社会”的到来，“符号”更进一步演化成为消费的核心，人们关注的焦点已经不再是消费品的使用价值，而是它所指称的符号意义。广告，就是发掘或创造这些符号意义最重要的手段

① 徐丛青 . 广告叙事 [D]. 厦门：厦门大学，2002.
② 黄国文 . 广告语篇中的叙事性正文 [J]. 外语研究，1997（3）：11–16.
③ 戴国庆 . 现代的世俗神话——论广告叙事原型的变迁 [J]. 郴州师范高等专科学校学报，2002（6）：64.
④ 张山竞 . 广告叙事概念辨析 [J]. 广告大观 · 理论版，2009（01）：86.
⑤ 李思屈 . 广告符号与消费的二元结构 [J]. 西南民族学院学报（哲学社会科学版），2000（5）：119.

之一。这也意味着，现代广告的本质已并非单纯的“广而告之”，而是一个深入社会文化肌理和人类消费心理的符号生产与运作过程，是一种创造“物与人”之间亲密关系的媒介。从这个意义上来说，“故事”往往比“叫卖”或“展示”更加容易打动人心，“叙事”是现代广告赋予商品更多消费意义的必要手段，也是消费时代背景下广告发展的策略性选择。

二、媒介演进中的广告叙事

广告的内容和形式与其传播的媒介息息相关，这是因为“传播媒介不是中性的、透明的和无价值标准的渠道……媒介固有的物质结构和符号形式发挥着规定性的作用，塑造了什么信息被编码和传输、如何被编码和传输，又如何被解码”[①]。也就是说，不同的媒介拥有不同的叙事符号，它们决定着广告叙事的方式和侧重点。

（一）“阐述”——印刷媒介时代的广告叙事

尼尔·波兹曼将印刷媒介时代称为“阐释时代”，它的特征是“所有成熟话语所拥有的特征，都被偏爱阐释的印刷术发扬光大：富有逻辑的复杂思维，高度的理性和秩序，对于自相矛盾的憎恶，超常的冷静和客观以及等待受众反应的耐心。”[②] 从本质上来说，这是由印刷媒介中主要的叙事符号——文字的封闭性和线性特征所决定的。

与之相对应的，当时的广告呈现出鲜明的“阐述化”“证言化”叙事特征，它们不仅非常重视产品的卖点和性能，还十分注重叙述的严谨性和逻辑性，因而对于广告主来说，选择什么样的“推销员”和怎么样的“说辞”，成为广告叙事所关注的核心。当时的广告侧重于理性化叙事，因而往往倾向于选择一些大众“值得信赖”的人物来作为叙事者或者叙事对象，叙事内容也相当完整，且信息量大。以20世纪中期骆驼牌香烟为例。当时，美国的烟草行业竞争激烈，为了推销卷烟、抢夺市场，各大香烟品牌纷纷打起了广告战。虽然，当时人们已经开始意识到吸烟对于人体的危害，但是却没有一套科学方法系统地评估烟草与疾病之间的关系，骆驼牌香烟敏锐地把握住时机以“医生”为主题创作了

---

① 林文刚．媒介环境学——思想沿革多维视野[M]．何道宽，译．北京：北京大学出版社，2007：绪论．

② 波兹曼．娱乐至死[M]．章艳，译．桂林：广西师范大学出版社，2011：12.

一系列广告作品，并专门成立了一个医学公关部，负责通过医生和“医学发现”来进行营销。从 1942 年开始，该品牌就系统地在医学期刊、大众刊物上刊发广告，广告的内容基本上是通过医生的角度，阐述“骆驼牌香烟的慢燃方式能够减少尼古丁的吸收量”，或者通过详细的“统计数据”或“实际案例”，来证明“更多医生抽的是骆驼牌香烟”（如图 8–1）。

图 8–1　骆驼牌香烟杂志广告

后来，随着报纸、杂志等大众媒体的快速发展，部分广告开始注重画面设计和视觉感，但是从总体上来说，印刷媒介时代的广告依然是文案的天下，大部分被誉为经典的广告作品都以与产品属性直接相关的、富有说服力的广告语或广告词见长。这可从当时最具代表性的两大广告理论中得到验证：一是约翰·肯尼迪（John Kennedy）于 20 世纪初期提出的“纸上推销术”，他认为，广告应该像一个挨家挨户进行推销的推销员，最重要的是要讲清楚为什么花钱买某种产品，而不是漂亮的图片或者华丽的语言；二是罗瑟·瑞夫斯（Rosser Reeves）于 20 世纪中期提出的“独特销售主张”（Unique Selling Proposition，USP），该理论认为，每个广告都必须包含特定的商品效用，即提出一个强有力的、独一无二的说辞（主张），而且这一主张必须是科学的、有利益承诺的。

（二）“感染”——电子媒介时代的广告叙事

电影、电视等电子媒介的诞生和普及，宣告了影像时代的到来，“图像”一跃成为最重要，也是最受人们欢迎的叙事符号。与文字叙事注重故事的完整性、叙述的说服性、受众的反思性不同，图像叙事更看重画面的观赏性、叙述的趣味性、受众的愉悦性。在这一视觉文化的裹挟下，广告叙事的目的和重心也从“劝服”转变为“感染”，从产品功能的详细介绍和突出卖点的深度阐释转向了产品形象的直观展示和品牌价值的生动表现。这一时代最为流行的广告理论是大卫·奥格威（David Ogilvy）的品牌形象理论（Brand Image），其基本观点有四：第一，广告的主要目标是树立并维持一个品牌的良好形象；第二，每一条广告都是品牌形象的长期投资；第三，随着产品同质性的增大，描绘品牌的形象比强调产品的具体功能特征更重要；第四，广告应重视运用形象来满足消费者的心理需求。

美国学者苏特·杰哈利（Sut Jhally）曾经从广告发展史的角度，概括了广告在20世纪的两大突出特征：“一是广告的诉求，从价值的直接陈述，转向了对隐喻的价值与生活形态的塑造；二是文字的说明减少，而相应的‘丰富的视觉影像’在增加。”[①] 延伸到叙事层面：第一，广告的“故事性”大大增强，这是由于图像更易于场景和行为的呈现，生动的人物和戏剧化的情节往往更容易吸引和打动观众；第二，影像叙事功能的强化和文字叙事的精致化、感性化。以20世纪90年代初期“南方黑芝麻糊”的电视广告为例，该广告片凭借着温情的故事、怀旧的画面和真挚的情感，打动了万千观众的心，那句起到画龙点睛作用的广告语“一缕浓香，一缕温暖”一直流传至今（如图8-2）。

图8-2　南方黑芝麻糊电视广告

① 杰哈利．广告符码——消费社会中的政治经济学和拜物现象[M]．马姗姗，译．北京：中国人民大学出版社，2004：26.

（三）“交互”——数字媒介时代的广告叙事

无论是印刷媒介还是电子媒介中的文本，其叙事的核心都在于构建故事、设定情节与塑造形象，它们的本质在于作者的创造，意义在于读者（观众）阅读（观看）后的思考或愉悦。而在数字媒介中，文本却更多地着眼于读者的参与以及读者与作者之间的互动，叙事的核心在于情景的创造、情节的探索和角色的代入，意义在于读者（观众）在参与过程中的体验和快感。因而，进入数字媒介时代，尤其是互联网诞生之后，广告叙事的重心开始走向“交互”。

数字媒介时代广告的交互叙事主要有以下两个突出特征：

第一，交互形式多样。这一方面表现在广告样式的多样化，比如从早期的网幅广告、富媒体广告、搜索引擎广告、邮箱广告，到后来的视频广告、富媒体广告、推送广告、公众号等；另一方面表现在交互终端的多样化，例如鼠标交互、键盘交互、摄像头（语音）交互等（如图 8–3）。

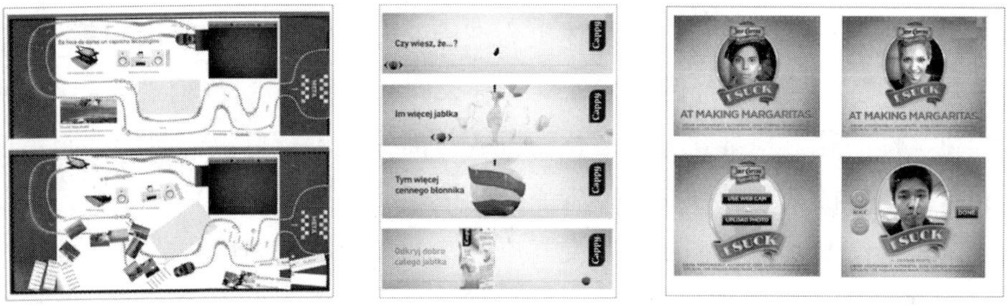

图 8–3　使用键盘控制车辆、使用鼠标展现果汁产生过程、使用摄像头成为广告主角

第二，交互程度深入。一般而言，消费者在广告上花费的时间越长，投入程度越大，就越容易达到广告效果，因此广告商总会想尽一切方法为用户提供更深层次的交互体验，例如当前最受欢迎的游戏广告、社交广告、感应广告等，都是较高级别的交互叙事，消费者不仅需要花费更多的时间和精力，还需要投入一定的情感和智力。

数字媒介的交互性特征，让广告叙事的重心从“我说你听”或“我演你看”转化为“你说我听”或“共同出演”，这种进一步强化读者核心地位的叙事方式，不仅更好地满足了当前消费者对于商品消费的个性化、体验化需求，也在一定程度上促使广告摒弃了原先过于夸张、渲染的手法，回归到最根本的“告知”与“服务”功能上。

三、自媒体微广告的界定

目前，关于什么是“微广告”，学界和业界都没有一个明确的定义，有人认为“微广告”就是“微视频广告”①；也有人认为它是“一种基于移动互联网的、面向大数据的、即时交互的、智能的广告，即数字交互广告”②；还有人并不认可这个概念，或者在使用这一名称的时候并没有对其进行任何界定。在笔者看来，广告自诞生以来就是一种微型文本，无论是平面广告还是影视广告，其信息容量都是极其有限的，因此单纯以“微广告”命名并不严谨，也容易产生歧义。

与“微电影”一样，“微广告”作为一个新名词，是我国“微时代”文化背景下的产物，虽然目前这一概念的所指依然模糊不清，但是从其生成背景和存在价值层面上来看，它应该更多地指向当前活跃在微博、微信等新型移动自媒体上的各种广告形态。从这个意义上讲，作为一种新生事物，“自媒体微广告”显然比“微广告”的描述更为准确一些，它指的是基于微博、微信、APP、SNS等自媒体平台传递与分享的有关商品、服务或品牌信息，旨在通过碎片化、即时化、精准化、动态化的方式与消费者进行有效沟通，进而实现传播和营销目标的新型数字交互广告。这其中，“自媒体”是平台属性，用以将这一广告形态与其他类型的数字交互广告，如早期的网络广告、户外数字广告等区分开来；“微”是本质属性，但与其他自媒体微叙事文本不同，它并非单纯描绘广告形式上的“短小”或信息容量上的“稀少”，而更多指涉的是广告在形式及内容上的“碎片化”“即时化”，以及蕴藏在其中的广告观念和营销思维的“精准化”“动态化”。当然，自媒体微广告也有叙事型与非叙事型之分，并且就当前的广告实践而言，非叙事型的自媒体微广告在数量上占据着绝对的优势。然而，从质量上来看，大多数的非叙事型自媒体微广告无论从创意还是制作上都比较随意、粗糙，这与自媒体平台广告投放的低成本、低门槛不无关系，因而它们大都只能靠后期不断地刷屏来保持曝光率，就广告创作本身而言价值不大。

与传统的大众媒体广告相比，自媒体微广告有以下几个显著特征：

---

① 百度百科 [EB/OL]，http：//baike.baidu.com/view/4535320.html.

② 李极冰，孙妍彦，刘蕊．“微广告”——广告产业的革命 [J]. 传媒，2014（03）：52.

第一，全媒介性。传统的大众媒体广告由于受到技术的局限，往往只能运用一到两种符号来进行叙事，如印刷广告中的文字和图片，影视广告中的图像和声音，等等，就算是早期的网络广告，也大都是文字和图片的简单动态化呈现。而自媒体微广告则是一种能够融合各种媒介符号，如文字、图像、音频、视频、游戏、动画等来进行综合化、立体化叙事的“全媒介式”广告。

第二，互动性。交互性是数字媒介广告区别于其他类型广告的根本特征，“互动”作为核心功能在自媒体微广告中得到了进一步的强化。这主要体现在两个层面：第一，互动式广告数量和形态增多，消费者与广告内容之间的互动方式更多样化、频次更高；第二，消费者与广告主、消费者与消费者之间的沟通联系更加紧密，信息反馈更加及时。

第三，流动性。一般而言，传统的大众媒体广告无论在发布周期还是信息内容上，都是相对固定化的，例如平面广告只能根据报纸或杂志的发行时间，在既定的版面中摆放文字和图片，而且一经发布便无法更改。而自媒体微广告却能够打破这一时空限制，让广告主能够根据自己的需求，以任意的周期、自由的篇幅发布广告。除此之外，还可以随时根据消费者的反馈更换广告内容和形式。移动互联、实时定位等媒介技术赋予了自媒体微广告更多的运动机能，使它们能够做到随需而生、实时改变。

第二节　自媒体微广告的叙事策略

Web2.0、移动互联网的诞生，创造了传统大众媒体乃至传统互联网所无法比拟的、全新的传播与营销生态。对于商家来说，他们可以通过技术手段在全世界范围内寻找客户、响应需求，消费信息不再需要通过传统的市场调查公司或者富有经验的“专业人士”获得；对于大众来说，他们不仅可以随时随地通过微博、微信等自媒体主动获取产品或品牌信息，还能够以消费者的身份发布需求信息或使用感受，直接与广告主联系沟通，与朋友体验分享。这一新生态意味着自媒体时代广告活动的核心驱动是基于连接和关系之上的“对话”，而非传统广告活动基于利益和认知之上的“广播”，一种新型的消费行为模式——SICAS，即“Sense（品牌－用户相互感知）–Interest&Interactive（产生兴趣 & 形成互动）–Connect&Communication（用户与品牌－商家建立连接－交互沟通)-Action(行动-产生购买)-Share(体验-分享)”正在生成(如图8-4),它是对传统AIDMA、AISAS模式的颠覆和超越。

图8-4　2.0-移动互联时代用户行为消费模型(来自DCCI互联网数据中心)

由此可见，如何在快速移动的碎片化环境中实时发现、感知并响应每个目标消费者，理解他们，与他们进行交流，并让他们参与到品牌故事的构建与传播过程中，成为自媒体微广告叙事的关键。

一、拟人叙事：从“上帝”到“朋友”

自媒体不仅具有强大的传播功能，还具有卓越的社交功能，虚拟社交已经成为数字网络时代人类的一种重要交往与生活方式。对于商家来说，这一建立在数量庞大的用户基础之上的社交网络无疑具有巨大的广告营销潜力。从品牌个性化到品牌人性化，是自媒体时代广告营销观念的根本性转变，《品牌智能》的作者谷虹将这一特征称为“社交智能”，即“借助各种社会化媒体和社交网络应用，品牌以人的角色融入消费者的圈子，以人的方式与消费者互动交流，赋予品牌以社会交往和编织关系网络的能力”[①]。也就是说，在自媒体时代，品牌要变成一个“有血有肉”的“人”，只有尽可能地与每一个消费者或潜在消费者成为朋友，相互间可以谈天说地、言古论今，可以聊心事、开玩笑，才能真正建立起自身与消费者之间的情感联系。因而，“拟人叙事”也成为自媒体微广告中最常见的叙事方式。

虽然各个品牌的调性、产品功能和消费者定位不同，所塑造的“个人”性格也各有不同，有浪漫的、雅致的、实在的、豪爽的等，但无论是哪种个性，热情、健谈、幽默、善解人意等基本素质是必须的，因为广告的首要目的是吸引他人的关注，进而产生好感，几乎没有人会喜欢跟一个沉默寡言、毫无乐趣的人做朋友。所以自媒体微广告的“拟人叙事”无论在内容还是表达上，都存在一些共性特征。

（一）内容层面

无论是现实交往还是虚拟交往，内容都是决定人与人之间是否具有交往可能和价值的关键，尤其是对于“圈子”极大而时间极少的当代人来说，更不会选择言之无物的“朋友”。一般来说，自媒体微广告的“内容生产”主要遵循以下几个原则：

首先，趣味性。目前，我国绝大多数用户使用微博、微信的目的除了获取资讯和与亲友交流之外，就是休闲娱乐。这就要求自媒体微广告在叙事内容上必须要具有趣味性，要满足人们在紧张的学习工作之余放松身心的需求。众所周知，在现实生活中，一个幽默、合拍的朋友往往是可遇而不可求的，但是在虚拟网络中，尤其是对于背后有强大广告团队支撑着的品牌而言，这个角色往往不难扮演。例如杜蕾斯就将自身的官方微博起名为“小杜杜”，他是一个“有一点绅士、有一点坏，懂生活又很会玩的人，就像夜店里的翩翩公子”，他每天都会紧紧围绕“性与爱”这一主题，或搜集和创作一些之相关的轶事趣闻，或设计一些有趣的情境问答，或转发与消费者之间搞笑无厘头的对话来娱乐他的“粉丝”们，妙趣横生（如图 8-5）。

① 谷虹．品牌智能：数字营销传播的核心理念与实战指南 [M]. 北京：电子工业出版社，2015：241.

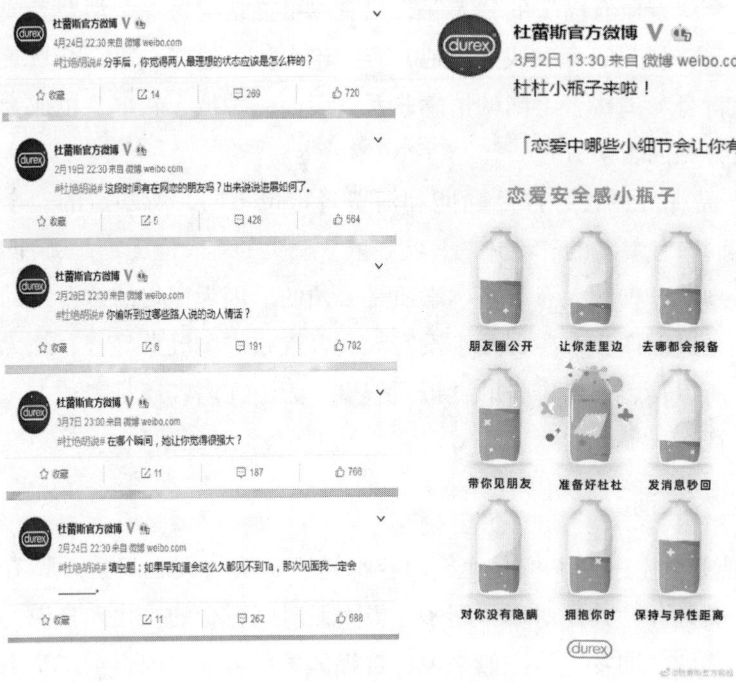

图 8-5　杜蕾斯自媒体微广告

其次，热点性。在自媒体平台上，最引人关注也最容易传播的话题往往是热点时事。因此，商家们往往会紧紧抓住一些新闻事件或人物来进行借势营销：

1. 热点事件

通常来说，重大的新闻事件往往最能吸引大众的关注和讨论，但是如何将这一事件与自身的品牌（产品）建立关联，却是非常具有挑战性的。例如 2012 年，作为全球知名运动品牌制造商之一的“耐克”（NIKE）虽没能成为伦敦奥运会的官方合作伙伴，却巧妙利用自媒体，结合自身的品牌文化和“活出伟大”这一主题，打出了一场漂亮的广告仗。耐克的具体做法是结合每天奥运热点比赛，用最快的速度在微博、人人网等自媒体上推出一张平面广告，通过自身的角度来叙述与诠释这些事件（如图 8-6）。这些看起来很简单但却充满个性和正能量的广告很快就受到网民们的广泛关注与回应，甚至后来每当奥运赛场上有新闻事件发生，很多人都在期待并议论耐克会说什么。

事件：周俊在女子举重53公斤级比赛中三次抓举失败遭淘汰，被某媒体称为“耻辱”。

事件：叶诗文以破世界纪录的成绩获得金牌，却遭到国外媒体的普遍质疑。

事件：王皓在乒乓球男单决赛中遗憾获得亚军

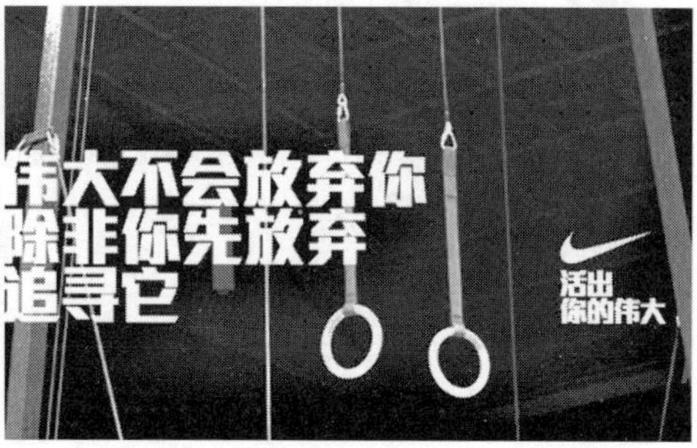

事件：体操男团预赛时失误重重，仅以第六名的身份进入决赛，最终却以零失误完美夺冠

图 8–6 NIKE 自媒体微广告

2. 热点人物

在自媒体平台上，最有影响力的人无非是那些拥有庞大粉丝群的“大V”们，在他们身上做文章，或者与他们互动，往往能够达到事半功倍的广告效果。例如杜蕾斯就关注了大量娱乐明星、社会名人、媒体记者的微博，从中了解这些热点人物的新近动向或言论，然后通过转发、回应等方式来“支持”或“调侃”他们，从而形成新的广告内容与话题。例如2011年@VANCL粉丝团曾发布一条微博，“韩寒新书《私》中提及送给未来18岁女儿的一句话——套好安全带，带好安全套。韩少真是语不惊人死不休哇~”。杜蕾斯发现后评论并转发道，“所谓安全第一，韩少作为赛车手深谙此道啊”。又如2014年5月，已是“国民岳父”的韩寒通过微博晒出一张自己在雨中拍摄的照片，照片中的他戴着一副墨镜，

身穿一件轻薄的橘黄色雨衣，正故作深沉地望着脚下的黄土地。微博称“风雨中拍摄，有一种超薄激情系列的感觉”，自嘲造型似超大型安全套。杜蕾斯发现后立即评论并转发道：“岳薄，岳尽性”（如图 8–7）。时值韩寒的电影《后会无期》上演，“小杜杜”又借此机会火了一把。

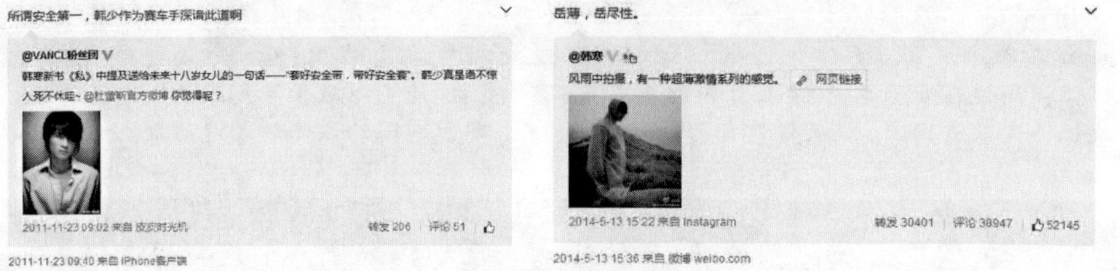

图 8–7　杜蕾斯自媒体微广告

（二）表达层面

众所周知，同一个故事，从不同的人嘴里说出来，就会产生不同的效果。这其中既与叙事者的身份、地位等社会性因素有关，也与叙述方式和手段等技巧性因素有关。自媒体是一个即时化、平民化的传播平台，因此广告也必须要采用更直接、更大众化的话语来进行表达。

首先，相关性。广告以营销为目的，因此在叙述的时候不能天马行空，也不能单纯追求视觉冲击，尤其在以“刷屏”为阅读方式的自媒体平台上，如果符号表达无法与广告主题、产品（品牌）相契合，那么即使这一广告能够在短时间内抓住消费者的眼球，也无法真正吸引他们，更不可能形成印象。例如 2012 年，奥利奥饼干为了庆祝成立 100 周年，并传达其年轻、富有激情的品牌形象，就曾经以每天的新闻故事或历史纪念日为原型，运用一个“奥利奥扭扭”形象进行创意设计，连续发布了 100 幅自媒体微广告（如图 8–8）。这些广告不仅巧妙地将奥利奥与时事热点嫁接起来，引发大众的关注和转发，也使得可爱、俏皮、百变的“奥利奥”形象深入人心。

图 8–8　奥利奥自媒体微广告

其次，引导性。自媒体微时代广告叙事的核心是“对话”而非“广播”。但是消费者并不会一开始就主动开口，因此“品牌”在很多时候必须充当“话题发起人”或“主持人”的角色，在话语表达上要具有一定的引导性，目的在于“诱导”消费者发声，进而使他们关注到产品。例如强生婴儿的官方微博，就将自己定位为一个“爱宝宝、也爱自由，会上网，更会交流”的“新生代妈妈”，她时不时会发起一些与产品相关的话题，或者转发一些相关的新闻故事，邀请新妈妈们上来发表自己的意见、分享自己的经历，鼓励她们说出自己的烦恼和需求（如图 8–9）。

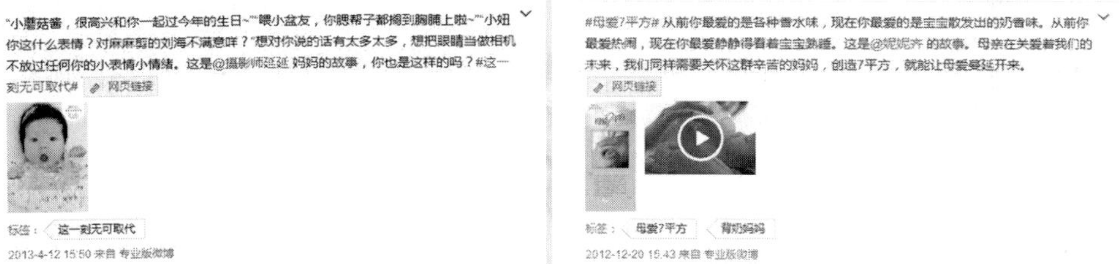

图 8–9　强生自媒体微广告

最后，即时性。传统的大众媒体广告往往对于语言、画面有着非常高的要求，每一句广告词，甚至每一帧画面都需要来回斟酌、修缮，力求做到精益求精。但是在自媒体平台上，为了能够更快速地把握热点事件，更及时地与消费者进行沟通交流，品牌更注重的是广告表达的“速度”而非“精度”。换句话说，能够在第一时间发出自己的声音，或者作出及时的回应，才是自媒体微广告最突出的价值。而这种即时性的表达，往往更能够凸显品牌的人性化特征。例如上文所提到的“耐克”奥运系列广告，如果单纯从设计和文案角度来看，都不是特别出色，但正是由于表达的及时性，为品牌赢回了更好的广告效果。

二、游戏叙事：从“商家”到“玩家”

据统计，全球范围内的在线游戏社区，包括游戏机、电脑和手机上的游戏社区，在中东有400万玩家、俄国有1 000万、印度有1.05亿、越南有1 000万、墨西哥有1 000万……欧洲有1亿，中国有2亿。这其中，中国有600万人每周至少玩22个小时的游戏；英国、法国和德国的“铁杆玩家”每周至少花20个小时玩游戏；美国有500多万“极端玩家”每周平均在游戏里花掉45个小时。[①] 由此可见，玩网游已经成为一种席卷全球的大众文化现象，经济学家卡爱德华·斯特罗诺瓦（Edward Castronova）将其称为“向游戏空间的大规模迁徙”[②]。网络游戏不仅有着庞大的、高依赖度的用户群，还有着立体的、动态的展示空间，更重要的是游戏玩家之间存在着强大的互动机制，而这些都是决定广告效果的重要因素。如今，基于Web2.0技术和自媒体平台之上的新一代网络游戏，如社交游戏、APP游戏等正处于快速发展阶段，如何更好地利用它们进行广告叙事，或者说，如何将广告融入游戏叙事中，成为当前诸多商家进行数字营销的重要策略。正如美国著名的未来学家简·麦戈尼格尔（Jane McGonigal）在《游戏改变世界》一书中所说的那样：“归根结底，我们的未来，要靠那些懂得驾驭游戏的力量和潜能，能让我们变得快乐、也能改变现实的人去创造。”[③]

（一）故事定制

其实，在网络游戏中植入广告已经并非新鲜事：早在2005年，在全世界玩家最多的网络游戏《魔兽世界》中，就曾经出现过喝可口可乐的魔兽；而在2006年，网络游戏《街头篮球》中不仅出现了印有“NIKE”标识的篮

① 麦戈尼格尔 . 游戏改变世界 [M]. 闾佳，译 . 杭州：浙江人民出版社，2012：4.
② 麦戈尼格尔 . 游戏改变世界 [M]. 闾佳，译 . 杭州：浙江人民出版社，2012：3.
③ 麦戈尼格尔 . 游戏改变世界 [M]. 闾佳，译 . 杭州：浙江人民出版社，2012：14.

球场地，还在道具商城中设置了 NIKE 篮球运动鞋专区。后来，随着网游的风靡和类型的拓展，越来越多的广告植入方式开始出现。然而，无论是哪种广告植入模式，其操作方式都是商家与既有的热门游戏进行合作，这种横式的局限性有二：一是，广告必须在原有的游戏故事框架内寻找合适的“位置”来进行植入，而比较热门的游戏有很大一部分是魔幻类的非现实题材，这对于普通产品的植入存在较大的难度；二是，在既有游戏中植入广告，对象就是该游戏的玩家，而这些玩家与产品（品牌）目标消费者之间的重合性往往难以预测，也很难得到有价值的信息反馈。因此，很多的商家将思路转向了“广告游戏”的定制。

广告游戏（Advergame），指的是为了起到广告宣传作用而专门设计开发的互动游戏产品。[①] 在传统互联网时代，广告游戏大多以 Flash 游戏、网页小游戏为主，而且基本上都是一些动作类、益智类、休闲类的极简游戏，很少涉及叙事，消费者的参与意愿不大，传播范围极其有限。后来，随着 Web2.0 和移动互联技术的诞生，一些借助 APP、SNS 等自媒体平台发布的“高级”广告游戏开始出现，这类广告游戏有两大基本特征：第一，游戏内容与品牌（产品）紧密相关，大都具有独立、完整的故事和情节线索；第二，以经营类、模拟类、角色扮演类游戏为主，交互程度高。以中粮集团 2010 年原创开发的首款网络互动游戏《中粮生产队》为例。该游戏围绕中粮集团的全产业链设计了一个“快乐生产队”的故事，玩家作为“队长”，可以从水稻、玉米、葡萄、小麦、可可等五种农作物中选择一种来进行种植，然后经过照料、采收、加工、运输等环节，最终生产出大米、玉米油等产品进入餐桌（如图 8-10）。故事的每个环节都设有任务，“队长”必须要请“靠谱”的好友作为“队员”协助自己完成闯关。游戏中的人物造型都非常可爱，对话也非常有趣。这一游戏通过众乐网、MSN、中粮官网等多个自媒体平台进行链接，上线不到三个月时间，就获得了 1.05 亿的点击率，用户开地 200 多万次，“你的生产队靠不靠谱”成为当时流行于广大白领间的热门话题。

① 百度百科 [EB/OL].http：//baike.baidu.com/view/691956.htm.

图 8–10　中粮集团《中粮生产队》

（二）互动体验

网络游戏，从本质上来讲是基于一种互动体验的叙事艺术。互动主要表现在两个层面：一是玩家与游戏内容的互动体验，二是玩家与玩家之间的互动体验。就玩家而言，与内容的交互体验能让他们成为游戏叙事的作者，构建出属于自己的意义体系，与其他玩家的对话、分享能够拓展他们的人际关系，还可以产生一定的故事；对商家而言，前者有利于增加用户对品牌（产品）的认知，后者可以扩大品牌（产品）的传播范围。因此，如何更好地提升玩家与游戏内容、玩家与玩家之间的互动关系，增强玩家的浸入感和体验感，是自媒体微广告“游戏叙事”的核心目标。

1. 虚拟互动

这是当前自媒体微广告最常用的方式，指的是玩家与游戏中的虚拟人物、故事之间的互动，以及运用自媒体平台上的“关注”“分享”等功能所创造出来的与其他用户之间的虚拟互动。一些构思巧妙、制作精良的虚拟互动类广告游戏常常能够巧妙地将消费者与内容、与其他玩家之间的互动体验贯穿到游戏的每一个环节中。以杜蕾斯开发的广告游戏《宝贝计划》为例。这是一款养成类的游戏，目标客户是年轻的恋人们，他们只要在手机上下载这款游戏 APP，并将两部手机放在一起蹭一下，手机中就会“诞生”一个婴儿，这个婴儿会不定时的哭闹，玩家必须通过喂奶、摇床、爱抚、换尿布、唱歌等各种操作才能让他安静下来。如果他一直哭泣，还可以拍摄视频，上传到微博上进行求助（如图 8–10）。每次关闭这个游戏时，页面上都会出现温馨提示，提醒你要多加注意，以免真的生出一个小宝宝，步入“水深火热”的养育生活。如果玩家想卸载这个应用，则需要扫描杜蕾斯包装上的二维码，启动婴儿的防打扰模式。

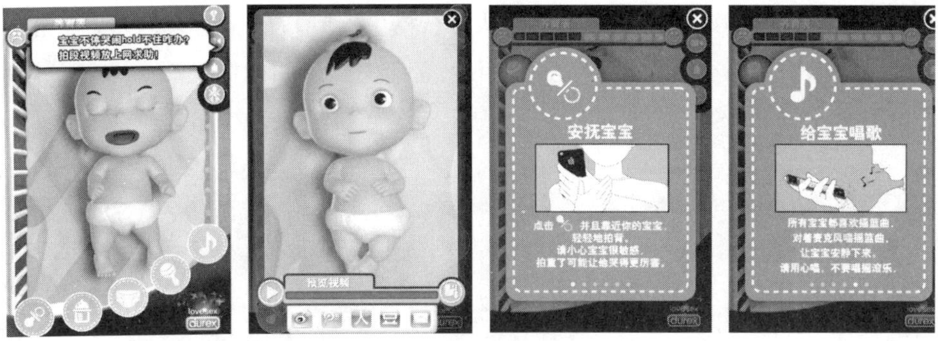

图 8–11 杜蕾斯《宝贝计划》

除此之外，近几年来大量出现在微博和微信朋友圈中的极简类小游戏，也大多是虚拟互动类的“广告游戏”。它们虽然内容单一、制作粗糙、操作简单，但是却能在短时间内实现大范围的病毒式传播，其中最关键的原因是这些游戏拥有“邀请好友参与”和“分享（晒）成绩”的功能。很多用户通宵达旦地玩这些游戏，就是为了能够获得更好的“战绩”，从而在分享“成果”和“经验”的同时获得满足感和成就感。然而，这些仅仅依赖用户间互动而缺乏内容思维的游戏往往只能流行很短的时间，对于用户们来说，就如同“过眼云烟”，他们很快就会将兴趣转向其他同类型游戏中，广告传播效果极其有限。

2. 真实体验

在当前的广告游戏中，“真实体验”可以分为两种：一种指以冲关或任务奖励的方式向部分玩家邮寄真实的产品。这不仅大大增加了游戏的吸引力，还可以通过玩家在微博、微信等自媒体平台上的“体验”“分享”叙事扩大广告宣传效果，目前这种方式的自媒体微广告较多，在此就不再列举。第二种指将移动互联网的实时定位（GPS）、基于位置服务（LBS）等功能应用到游戏中，让真实空间与虚拟空间融合在一起，使玩家能够真正地动起来，这一类型的自媒体微广告仍处于起步与实验阶段，案例较少。以阿迪达斯 2012 年推出的广告游戏《夺宝奇冰》为例。这一游戏以寻找阿迪达斯跑鞋为故事背景，玩家只要下载了这个游戏 APP，就能看到 500 款的清风跑鞋被冰封在不同的冰块里，玩家需要跑出去，如果在路上“遇到”虚拟的教练或明星，就可以获得不同的破冰工具；而如果遇到真实的玩家，还可以从对方的账户中“偷取”他们辛苦奔跑得来的破冰道具。除此之外，游戏还设置了社交分享功能，让玩家可以随时随地分享自己的破冰之旅，还可以从排行榜中看到自己与他人的差距。最后，当玩家的冰块值减少到零的时候，就可以立即去当地的门店领取一双新的跑鞋（如图 8–12）。

图 8–12　阿迪达斯《夺宝奇冰》广告视频

《夺宝奇冰》上线仅两周，下载量迅速超过 10 万，微博平台上的转发也超过 10 万，预计活动周期内，有近百万人会为此兴奋地跑起来。这一广告游戏形式代表着未来营销活动的趋势，也就是当前最为热门的“SOLOMO”概念，即 Social（社交化）+Local（本地化）+Mobile（移动化），它不仅能够将玩家与产品、与他人的互动体验延展到真实空间，更有效解决了如何将线上虚拟的游戏用户变成线下真实的消费者的问题。正如美国著名广告大师李奥·贝纳（Leo Burnett）所言，“在演出的舞台上，广告不是一出独角戏。它是以营销领衔下各项活动集体演出中的一员。而且广告必须与其他活动和谐一致，方能有好的演出效果”[①]。

三、联合叙事：从“独白”到“复调”

自媒体是一个开放的大众舞台，每个人都可以在这里讲述自己的故事、阐述自己的观点。对于商家而言，“自说自话”是必须的，但“让别人去说”显然更有说服力。自媒体微广告的“联合叙事”，指的就是由品牌主导，但是将广告叙事的话语权更多地交给大众，让他们主动参与到创意设计、故事讲述甚至产品再造的过程中，进而实现广告从“独白叙事”到“复调叙事”的转变。显然，在信息高度碎片化和快速流动化的自媒体平台上，要想在最短时间内吸引最多人的关注，并让他们积极主动地加入广告叙事的阵营中并非易事，因而商家往往会精心策划、设计一些“事件”或“活动”来作为切入口和引爆点，让大众在不知不觉中进入商家所设置的“叙事圈套”。

以 2012 年由华扬联众策划、执行的“BMW1 系沙漠怪圈事件”营销项目为例。这一项目以“中国惊现首个沙漠怪圈”为创意基点，分阶段在自媒体平台上发布相关内容，通过层层递进的方式引发大众的关注和热议：

1. 准备阶段

在新浪微博和优酷网上使用几个固定的草根账号持续不断地发布旅行摄影相关的视频、图片、文字，尤其是在新浪微博中作为首发目击者的“摄影ER”，基于前期摄影资讯持续发布的养号，增加了事件传播的范围与可信度。

2. 造势阶段

在微博、论坛中大量放出“中国青海某地区发现巨大沙漠怪圈”的帖子、视频、图片等，在优酷上建立视频专区，并利用微博红人参与转发，把事件提升至舆论的最高点。

3. 揭秘阶段

在宝马中国官方微博正式发布官方视频，公布大量他们拍摄的场景和细节，并配合名人和评论转发，同时在优酷网上建立“BMW 导演沙漠怪圈”视

---

① 百度文库 [EB/OL].https：//wenku.baidu.com/view/4aa126ba68dc5022aaea998fcc22bcd126ff4234.htm.

频专区，全方位对此事件进行分析和正面引导。

这一事件在当时的网络上掀起了轩然大波，几个视频总播放量超过 1 600 万次，微博被转发超过 40 万，共冲入新浪微博热门转发榜首位 3 次，20 多家新闻类媒体的微博官方账号自主转发 # 沙漠怪圈 # 关键词达 36 万次（如图 8–13）。虽然真相被揭开之后，短时间内会有部分民众对此表示了怀疑和不满，但是绝大多数的网民都对这个活动的精彩创意评价甚高，并对 BMW1 系的卓越性能和精确操控留下了深刻的印象。

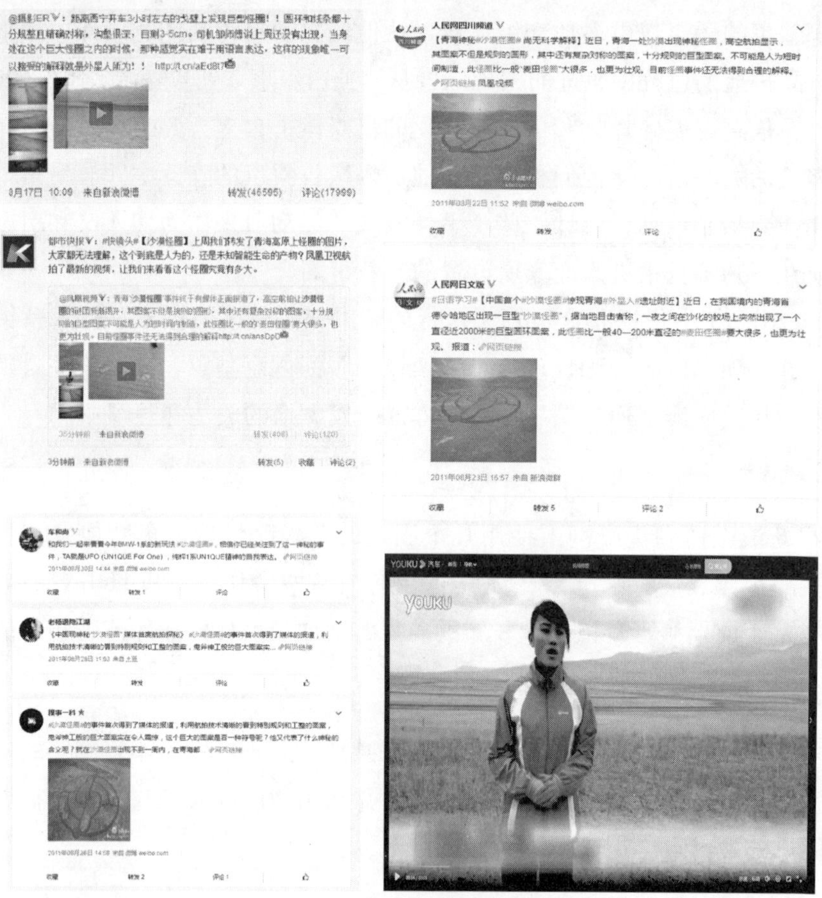

图 8–13　BMW–1 系沙漠怪圈事件营销

由此可见，整个项目就如同一出网络悬疑剧，它制造了一个充满新闻性和话题性的故事，并在每个关键节点确定好主题、架设好场景，其他则由“大众演员”进行本色出演。用户们的每一次转发和评论，都成为宝马 BMW 广告叙事中的一个情节、一段台词。

当然，相对于这种隐蔽式的联合策略，更多商家选择了更为公开化的方式，也就是说，策划一个大众化的活动，公开邀请大众来与品牌进行协同叙事。以英特尔在 2012 年春运期间联合腾讯推出的“世界没有陌生人”大型社交旅行真人秀活动为例。该活动的内容是让 10 个人各自带着一台英特尔超级本和 140 块钱，仅仅依靠微博上的陌生人提供的各种帮助，徒步或者骑行回家过年。活动首先通过腾讯微博征选了 10 位拥有不同背景（白领、大学生、模特、志愿者、母亲等）、不同故事的选手，然后在春节前 20 天，让他们沿着 5 条路线出发回家。路途中，选手只能通过微博向陌生人发出求助（食物、借宿、搭车等），并通过专属话题 #140 块钱回家 # 实时发布旅程进展，分享途中发生的故事，网友们可以通过活动主页实时关注选手们的进展，为他们加油或提供帮助（如图 8–14）。

图 8–14　英特尔“世界没有陌生人”活动

活动期间，包括《中国日报》在内的 45 家主流报纸自发报道了该事件，一共有 27 000 条微博为选手们提供帮助、给他们送去温暖。活动结束后，主办方将活动过程中所记录下来的影像剪辑成视频短片《世界没有陌生人》，短短几个月时间，在网络上的播放量就超过600万次。整个活动过程中，英特尔并没有刻意进行任何广告宣传，而是将展现产品性能和品牌形象的权力交给了那10位选手和大众参与者，让他们通过自身的体验和话语去进行叙述，从而完成与品牌的共同叙事。借助这一活动，英特尔超级本的社会化媒体提及率提升了128%，其“领先科技带来奇迹，推动社会改变（Amazing things happen with leading technology）”的品牌理念也得到了很好的传播。

由此可见，要想实现自媒体微广告的“联合叙事”，需要具备以下几个基本要素：第一，故事要具有新闻性、趣味性，要能够引发和调动大众的好奇心和积极性；第二，要充分利用自媒体的优势，尽量降低门槛、设置多个环节，让更多人能够更充分地参与进来；第三，商家在叙事过程中要尽量弱化自身的功能和角色，让大众充当主要的叙事者，自身则充当记录者和旁观者。

当然，这种“联合叙事”策略虽然能够达到“四两拨千斤”的广告效果，但是也存在着一定的风险，因为很多时候大众可能不会完全按照商家所设定好的主题和方向去演绎，难免会存在“脱缰”或“失控”的现象，反而给品牌带来不好的影响。所以对商家来说，广告叙事过程中的实时监控和引导极其重要。

第三节　殖民与魔术：自媒体微广告的大众文化解读

一、殖民者：占领“时间碎片”

在传统媒体时代，营销是相当简单的，商家只要舍得花钱在报纸或者电视上投放广告，就能立竿见影。然而，这一广告“黄金期”很快就随着现代化步伐的加速和媒介技术的发展而消逝了。工作、生活节奏的大幅提高把人们的时间切割成了众多长短不一的“碎片”，高速涌现和流动的信息文本不断地稀释分化人们的注意力资源，每个人都变得异常忙碌、焦虑。

很久以前，西方就有学者认识到，在资本主义社会里，许多所谓的“自由时间”实际上并无一点自由。例如苏特·杰哈利就曾指出，从20世纪60年代开始，电视就成为西方民众“自由时间”的主要“殖民者”，“人们一旦在家的时候，电视机就好像有一股让人无法抗拒的力量，紧紧地占据了他们的时间”，因而电视台便想尽办法让更多人能够花更多的时间来收看电视，以便他们能够把这些受众的时间更好地卖给广告客户，“因此，就其本质来看，在美国社会中，自由时间的殖民化情况可以被看作历史进程中的另一种表现；在这样的进程里，自由时间被变成了一种商品，然后重新再来被来自必要活动领域的力量所控制，再被它占为己用”[①]。而到了今天，自媒体已经取代电视成了大众自由时间最主要的“殖民者”，越来越多的人开始习惯于从微博上获取新闻资讯，在微信上聊天购物，在优酷上看视频点播，随时随地的“刷屏”成为当代人的生活常态。这无疑为商家的“广告殖民”提供了更充足、更便利的条件：一方面，人们的自由时间从整体上来说比以往更多了，且对媒介的依赖程度更高了；另一方面，自媒体平台的开放性大大增加了广告的自由度，商家不需要再经过任何媒介代理人就可以直接与消费者接触。

弗雷德里克·詹姆逊（F.R.Jameson）在《文化转向》一书中曾经指出，“即时通讯”有两大传播学特征：一是现实转化为影像，二是时间断裂为一系列永恒的现在。[②]从这个角度来说，自媒体微广告的作用和价值，就在于帮助商家“占领”那些消费者日常生活中的“时间碎片”，从而实现商业力量在新媒介环境下的“殖民”。

（一）基于大众注意力与兴趣点的“广告植入”

微软公司在加拿大进行的一项研究表明，不论年龄、性别，人类的持续注意力已经从 2000 年时的平均 12 秒下降至 2015 年时的 8 秒，而金鱼的专注力为 9 秒。该研究认为这是智能手机和海量信息所带来的后果[③]。在这个人的注意力比金鱼还短的时代，自媒体微广告必须要紧紧抓住大众的“注意力碎片”来进行叙事。一般而言，人们只会对一些重大的新闻信息、突发事件或自己感兴趣的事物、话题比较敏感，也会给予较多的关注，因而在这些内容中进行“广告植入”往往可以达到事半功倍的效果，这也是当前自媒体微广告最常用的叙事策略之一。例如 2015 年 4 月 7 日下午 5 点，运动员刘翔通过其个人微博正式向外界宣布了他退役的消息，这一新闻瞬间在微博上疯狂传播，让无数人心头五味杂陈。而精明的商家们当然不会放过这一机会，众多品牌在第一时间内

---

① 杰哈利．广告符码——消费社会中的政治经济学和拜物现象 [M]. 马姗姗，译．北京：中国人民大学出版社，2004：203.

② 詹姆逊．文化转向 [M]. 胡亚敏，等译．北京：中国社会科学出版社，2000：20.

③ 乔颖．智能手机让人类专注力下降为 8 秒 比金鱼少 1 秒 [EB/OL].（2015-05-19）[2015-08-24]. http：//news.xinhuanet.com/world/2015-05/19/c_127814365.htm.

就对此作出了快速反应，纷纷以这一事件为主题，在自媒体平台上掀起了一场轰轰烈烈的“广告战”。这些广告大多以刘翔的传奇人生故事为蓝本，用或隐晦、或直接、或煽情、或幽默的方式讲述了他所经历的辉煌、痛苦，以及所背负着的责任、期望，道出了很多人的心声和感受（如图 8–15），很多广告文本也因此被大众关注与转发。

图 8–15　耐克、杜蕾斯、魅族、可口可乐的自媒体微广告

这样的案例在当前的自媒体平台上几乎每天都在上演，甚至很多时候人们都是从广告的疯狂转发中获知某些新闻信息。而每当有重大事件发生时，很多消费者第一时间就会去关注某些品牌对此说了什么，其背后又有哪些不为人知的故事。由此可见，准确把握住那些能够吸引大众注意力的事件或话题，并及时做出反应，借势而发，是自媒体微广告博取并延长消费者关注时间的重要策略。对于广告主来说，在短时间内使用这一策略，能够快速聚集消费者的关注度，引发一定范围的广告效应，有利于新产品的推出或短期促销活动的推广。而如果长时间地运用这一策略，则能够持续诱发消费者的关注度，保证品牌（产品）的曝光频率，有利于品牌理念的传达和长期关系的建立。

（二）基于大众媒介使用规律与消费轨迹的“广告渗透”

在传统大众媒体时代，“大众”是一个整体性的概念，他们有着极其规律化、同质化的媒介使用时间，这便催生了广告投放的“黄金时间”。很多商家们为了能够抢占这些“黄金时间”，几乎是不计成本地砸入重金，例如20世纪90年代，“孔府宴酒”“秦池”“爱多”“步步高”等都曾斥巨资拿下中央电视台黄金时段的年度“广告标王”，影响力轰动一时。然而到了自媒体时代，“大众”已经变成了一种分众化、个体化的存在，他们不仅使用媒介的时间变得越来越碎片化，而且每个人使用媒介的时段、时长、频率等都各不相同。所幸，自媒体平台的开放性和交互性，使得商家不仅能够对消费者群体或个体的媒介使用规律了如指掌，还能够轻松掌握他们的消费习惯。商家往往能够通过细致的观察统计和精心的策划布局，让广告叙事悄无声息地渗透到人们接触媒介的多个碎片时间中，实现与目标消费者从获取信息到购买行动之间各个关键时间节点的无缝对接。

（三）基于大众社会交往与休闲娱乐的“广告入侵”

亨利·列伏菲尔（Levo Phil. Henry）曾经指出，人们每天除了“工作时间”之外，还有一部分“强制性时间”。所谓“强制性时间”指的是那些花费在必须做的事情上的时间，如上班途中花费在交通工具上的时间、做家务的时间、社交的时间等①。在传统大众媒体时代，这些时间往往由于过于“碎片化”“功能化”而无法或很难被利用。到了自媒体时代，这些时间却统统变成了广告殖民的“黄金时间”，它们就如同流感病毒一般，广泛入侵到大众的日常社交与休闲娱乐时间中，而这在很大程度上依赖于自媒体与便携式终端和移动互联网的绝妙联姻。以社交为例，传统的社交基本上都是现实空间的交往，人们需要抽出固定的时间，前往固定的地点才能实现，而且社交圈子普遍较小、相互间的关系较稳固，陌生人几乎很难介入。随着网络尤其是自媒体的诞生和普及，越来越多的人开始从现实社交转向虚拟社交，社交网络变得日益庞大、复杂，人际关系也越来越碎片化、浅薄化。如今的人们无论有多忙，都会每天抽出一定的时间上微博看看自己关注的明星名人们有什么新的动向，参与一下某些热门话题的讨论，或者上微信跟亲朋好友们打打招呼、聊聊天，或者到人人网上寻找一些新的朋友，玩玩社交游戏。对于商家来说，这些时间无不蕴藏着巨大的商业价值，任何一个交往节点都有可能是诱发消费的动因。因此，我们

① 杰哈利．广告符码——消费社会中的政治经济学和拜物现象[M]．马姗姗，译．北京：中国人民大学出版社，2004：201.

常常会在一些微博大V们的日常叙事中发现一些品牌或产品的身影，也不时会在微信朋友圈里看到一些带有浓郁商业味道的品牌故事、搞笑段子、社交游戏等，这都是当前自媒体微广告入侵大众日常生活间隙的重要方式。

法国广告评论家罗贝尔·格兰有这样的一句名言："我们呼吸着的空气，是由氮气、氧气和广告组成的。"如果说这句话在当时是一种略带夸张的说法，目的在于突出广告在社会生活中日渐重要的地位，那么到了今天，这句话则毫不夸张地描述了自媒体微广告在当代人日常生活中无"微"不至、无孔不入的"殖民"，它们用占领"时间碎片"的方式成功实现了对大众工作、知识、社交、日常生活等各个领域的统治，让我们无时无刻不在"呼吸"着商家所释放出来的消费气息却浑然不觉。当然，这在一定程度上使广告主与消费者之间的关系变得更加透明化、紧密化，也进一步强化了消费者的核心地位，使他们能够更全面、更便捷地了解品牌和产品。然而不能忽视的是，无论形态如何变化，广告在本质上都是一种商业性、娱乐性的叙事文本，它们在时间上的不断扩张和渗透，不仅在很大程度上侵占了大众原本用于其他用途的自由时间（如运动时间、社交时间等）甚至是工作时间，还会由于过度的链接、跳转或单纯的视觉冲击等造成人们阅读与思考的断裂，加剧了人际交往与思维的碎片化。

二、魔术师：制造"拜物情结"

苏特·杰哈利曾经从文化的角度归纳了历史上人与物之间关系发展的三个阶段：第一阶段是前工业传统社会，它是建立在乡村与农业的生活方式之上的，在这里，人与物的关系，以及物品的意义，都是以古老的种族文化作为中介表现出来的；第二阶段是工业社会，这是一个变迁的社会，旧有生活方式所积累的各种意义无法在匿名的商品上留下痕迹，新的生活方式又无法构建自身的意义结构，两者的碰撞形成了一个文化的空白；第三阶段是消费社会，这时，市场机能与消费取代了传统文化的功能，填补了工业社会遗留下来的物品的意义空白。而广告正是消费社会中将意义灌注到物品之中的重要手段[①]。换句话说，广告重新赋予物品以新的符号意义和社会价值，并驱使人们到商品的世界中去寻求意义。正如雷德蒙·威廉斯（Raymond Williams）所说，现代广告就

① 杰哈利．广告符码——消费社会中的政治经济学和拜物现象[M]．马姗姗，译．北京：中国人民大学出版社，2004：216-218.

像是一个“魔术般的体系”，它通过“高度组织化和高度专业化的系统，以不可思议的手法劝诱我们、满足我们”[①]。

而正如“魔术”随着时代和科技的发展，需要不断丰富并改变自身的表演形式、技法道具一样，广告也必须做到“与时俱进”。自媒体的诞生，无疑为广告叙事开辟了一个崭新的施展“魔法”的天地。无论从理念、内容还是形式上来看，自媒体微广告都蕴含着更多的智慧性与科技性，它们往往更加注重对“故事”的挖掘、创作与讲述，使其能够更加紧密地将品牌理念、产品、其他营销活动等结合起来，创造出比传统更加变幻莫测、出其不意的神奇效果。

1. 专属定制

从工业社会到消费社会，大众实现了从“共性消费”到“个性消费”的思想转变，广告赋予不同品牌产品以不同的性格、品位和意义，人们可以根据自己的需求和喜好来进行选择。但是随着时代的发展进步和个人主体意识的增强，大众越来越希望品牌（产品）能够将“个性化”的彰显做到极致。自媒体的诞生和发展为满足人们的这一需求提供了条件，“专属定制”的大众化时代已经到来。如果说传统广告的主要功能是将既定的品牌个性注入产品之中的话，那么自媒体微广告的主要功能则是将“为您而制”的品牌理念植入到消费者的心中。例如可口可乐在2014年开启的“歌词瓶”活动，就以自媒体为主要广告阵地，在中国市场上掀起了一股产品定制的热潮。活动最先针对自媒体平台上的“意见领袖”进行了定制化产品投放，利用他们的活跃度和影响力，引发普通消费者的好奇心。例如潘石屹就在微博上晒出了送给任志强的定制版“由我们主宰”的可口可乐，两人互相调侃，成为可口可乐“歌词瓶”最早的自媒体微广告叙事者。接下来，可口可乐通过官微（官方微博、官方微信）掀起了针对大众消费的第二轮广告投放，号召粉丝们分享自己最喜欢的一句歌词并说出自己的故事，同时转发微博还有机会获得一个专属的定制瓶（如图8-16）。随后，在当时一系列的热点话题或重要时间节点上，如高考、毕业季、世界杯、情人节等，都能在可口可乐的官微和热门社交网站上看到“歌词瓶”的身影。对于大众来说，一句歌词往往代表着一份特定时期私人专属的故事和心情，而把这些广告或产品送给亲人、朋友或者恋人，能够传达言语所无法表达的情绪或者回忆。可口可乐高级副总裁温迪·克拉克（Wendy Clark）在一次演讲中

① DURING S. The Cultural Studies Reader[M].2nd ed. Simon During. London：Routledge，1999：422.

将这一策略阐述为“流行性传播和策略性连接”，他认为，品牌故事的内容应该“如液体般，自由地流向每一个角落”，也就是说，品牌应该与每个消费者一起来创造故事，只有这样，才能保证品牌的生命力的延续。

图 8-16　可口可乐自媒体微广告

2. 近景表演

众所周知，传统的魔术大多采取舞台表演形式，魔术师站在专业的舞台上，运用各式各样精心准备的道具，结合舞台上炫目的灯光、隐蔽的机关等进行表演，而观众只能坐在台下进行远距离观看。而现如今，魔术更多地走向了台下，走向观众席中，甚至走出剧场，走到街头、酒吧和人们的家里。比起舞台魔术，这种“近景”式的表演往往更受大众的欢迎，因为这种魔术一来更加贴近大众的日常生活，从主题到道具到场景，都是他们非常熟悉的；二来大众可以更加近距离地接触魔术师，更真切地看到他们出神入化的技法，还可以参与到其中去，亲身体会到魔术的神奇力量。广告亦是如此。在传统大众媒体时代，由于受到媒体时空以及叙事符号的限制，广告基本上只能站在高高在上的“舞台”上进行表演；而到了自媒体时代，广告则更多地走到了消费者的身边。

具体而言，自媒体微广告的“近景表演”主要体现在以下几个层面：第一，选取一个既贴近大众日常生活又易于形成话题的主题；第二，提前设置好故事，布置好场景与道具，然后“引诱”消费者参与到表演过程中，让他们成为广告的主角；第三，真实还原现场，让广告成为一种“真人秀”。例如嘉士伯啤酒就曾经以“友情”为主题，设计并制作了一则有趣的自媒体微广告——嘉士伯首先邀请一些年轻人，假装在赌场赌博输了钱，然后给他们的朋友打电话，让他们带钱来“赎人”。而当那些毫不知情的友人们拿钱过来的时候，一些彪悍的“狠角色”又横空出现，对他们进行多番阻拦和为难。最终，当友人闯过重重难关将钱送进赌场的时候，一群人拿出嘉士伯啤酒为这些通过考验的真朋友干杯（如图 8–17）。而这整个过程，都被隐藏的摄像机拍摄了下来，成为一个既有趣又充满意义的故事。随后，嘉士伯将其搬上了各大社交媒体与视频分享网站，很多人都被这一“故事”和演员们的“本色出演”打动，“与好朋友分享嘉士伯”的广告理念得到了很好的传播。由此可见，这种“近景表演”的方式比传统的“舞台表演”更加真实、亲民，也更符合当代人的审美趣味，它大大增强了广告的戏剧性和话题性，隐含着更大的叙事动力和传播价值。

图 8–17 嘉士伯自媒体微广告

马克思把商品交换价值的神秘化称为“拜物”，现代广告则是制造和诱发大众“拜物情结”的“魔术师”。自媒体的诞生和发展，虽然赋予了消费者更多的权力，但却并没有改变消费社会的本质，反而呈现出一幅愈演愈烈之势。商家们得以运用更加隐秘化、智能化的手法来进行施展“广告魔法”，创造出更独特的品牌个性、更扣人心弦的故事、更多元化的叙述方式，从而进一步强化大众对商品的依赖。

结 论

一百年前的中国，西风压倒东风，新学取代旧学，“不到二十年的时间内，一个沉积了三千余年的制度与思想体系几乎被新学彻底覆盖。这是一个思想衍变的轨迹，但同时也是一个政治、经济与文化互动的网络，牵涉思想被制造、传播，以及文本在更广阔的空间内流动和交易的过程”[①]。由此可见，媒介在一个国家文化演进的过程中扮演着至关重要的角色，正如曹聚仁在《文坛五十年》一书中所说，“一部近代文化史，从侧面看去正是一部印刷机器发达史”[②]。

一百年后的中国，随着数字媒介的发展和自媒体的兴起，既有的知识体系、话语模式和文化格局又一次面临着新的挑战和转折。今天，自媒体不仅广泛而深远地改变着人们的生产、生活和社会交往方式，更强烈撼动着人们固有的价值观念、审美趣味和思维模式。而叙事作为自媒体最基本也最核心的内容和文本方式，必将介入到当代文化的生成和演变的过程中，映射并形塑着这一文化形态。

然而，面对纷繁复杂的自媒体叙事现象以及海量的叙事作品，国内目前尚缺乏足够的关注和系统的理论研究。本书提出了“自媒体微叙事”的概念，从这一当前最流行的叙事方式出发，运用大众文化研究的视角和方法，结合大量的叙事实践案例（文本），系统全面地阐述了自媒体微叙事的生成背景、叙事机制、创作策略、传播模式、本体价值以及对我国经济、政治、社会与大众生活、心理等各个方面所带来的影响，试图为各类型自媒体微叙事的创作、鉴赏以及当代中国的大众文化理论提供新的视角与思路。

自媒体微叙事可视为叙事艺术在新媒介背景下的发展与突破：数字媒介

① 沈洁．“新学猖狂”与启蒙的生意 [J]. 读书，2013（10）：106.

② 沈洁．“新学猖狂”与启蒙的生意 [J]. 读书，2013（10）：112.

的交互性和多维性使得传统意义上由作者“控制”的封闭式文本转变成为由作者和读者共同“协商”的开放式文本；故事的主题和结构发生了改变，内容在多层级、多节点的流动和超链接的阅读过程形成了不同的结局和意义；多媒、多元符号的综合运用，实现了符号间表意的交互、转换与融合，拥有比传统媒介叙事更为丰富的叙述手段和审美旨趣。早在两百年前，黑格尔（G. W. F. Hege）就曾发出“艺术终结”的哀叹，他认为，在现代性的时代里，艺术已然不能够反映世界本来的样子。一百多年之后，美国著名艺术批评家、哲学家阿瑟·丹托（Arthur C.Danto）以一种反思的立场对黑格尔以及“艺术终结”进行了新的阐释。他认为“艺术的终结”并不意味着艺术的消亡，而是意味着古典艺术叙事模式的颠覆或终结，它指的是“一种意识形态的解放，同时也意味着一个新的叙事模式和一种新的艺术阐释范式的到来”[①]。基于这样一个理论视角，我们不难理解，“自媒体微叙事”的出现并不意味着叙事艺术的死亡，而是代表着对传统叙事艺术的解构和重构。在数字环境下，移动互联、即时通讯、超链接、多媒互动、实时定位等媒介技术改变了叙事的生产、传播和阅读模式，叙事艺术开始在新的媒体土壤中拓展新的领域、发展新的叙事语法与模式。与此同时，自媒体微叙事的碎片化、生活化、即时化特征也从另外一个角度向人们昭示着，艺术依然能够部分地反映现实世界，如时间的断裂、缺乏，价值的迷失、混乱，人们普遍存在的焦虑心态和认同危机，等等。

当代著名的媒介理论家、哲学家鲍里斯·格罗伊斯（Boris Groys）在《弱普遍主义》一文中指出，像 Facebook，MySpace，YouTube，Second Life 以及 Twitter 这样的媒体为它的全球用户提供晒图、放视频、写文章的机会，而这些媒体的特征是“大众性生产”以及“可见性很低”的“弱图像”。[②] 自媒体的革命性意义在于引爆了一场大众传播的信源革命，它终结了传统大众传媒的话语霸权，代之以张扬个人主义和大众立场的众声喧哗。因此，自媒体微叙事从本质上是一种真正的大众文化叙事，蕴含并传达着普通民众展现主体意识、审美趣味和个性特征的强烈需求与愿望，它直接导致 20 世纪以来由官方或商业所塑造和操控的“主流大众文化”趋向分裂，颠覆了原本泾渭分明的“生产者”和“消费者”的关系，实现了大众的话语狂欢。然而，这也是当前“自媒体微

① 杨向荣．艺术终结抑或艺术突围——当代“艺术终结论”及其中国语境的反思 [J]. 文学评论，2012（05）：182.

② 格罗伊斯．弱普遍主义 [J]. 戴章伦译．当代艺术与投资，2011（3）.

叙事”发展所面临的困境所在：首先，那些由成万上亿的创作者所生产出来的图像和文本，绝大多数都是一些“与日常生活的低可见性相匹配”的“低可见性的艺术”。它们生存在一个暂时的世界里，受制于永不停息的变化，所以它们的寿命必定都是短暂的，读者大多没有时间来阅读它们，更不会形成记忆、引发思考。其次，自媒体微叙事试图彰显的是一种自下而上的、异质性的力量，但是这种生成于虚拟网络空间中的“弱图像”在现实世界中的能量极其有限，它的抵抗和呐喊更像是一种象征或仪式，随时随地都有可能被主流意识形态或商业资本的“强图像”所打压或收编。

自媒体微叙事并非技术至上的形式主义，也不是突如其来的海市蜃楼。虽然它的内容和形态依然处于一种快速变化的状态之中，发展演进的过程中也积累、生发出诸多的问题与缺陷，但是我们并不能因此放弃对这一新型叙事方式与大众文化现象的关注和研究，而是应该更清醒地意识到，对于相关问题予以深入考察和系统研究的必要性和迫切性，因为，毕竟自媒体的盛行已经成为不争的事实，自媒体微叙事必将成为记录与传递人类成长经验的重要方式之一，而除了总结与解释之外，预见和捕捉也是理论研究最重要的意义和价值之所在。

参考文献

著作类

刘易斯 . 文化研究基础理论（第二版）[M]. 郭镇之，任丛，秦洁，郑宇虹，译 . 北京：清华大学出版社 . 2013.

崴庞德 . 传媒的历史与分析——大众媒介在加拿大 [M]. 郭镇之，译 . 北京：北京广播学院出版社 .2003.

克兰 . 文化生产：媒体与都市艺术 [M]. 赵国新，译 . 江苏：译林出版社 .2012.

伯格 . 通俗文化、媒介和日常生活中的叙事 [M]. 姚媛，译 . 南京：南京大学出版社 .2006.

巴尔 . 叙事理论导论 [M]. 谭君强，译 . 北京：中国社会科学出版社 . 2003.

赫尔曼 . 新叙事学 [M]. 马海良，译 . 北京：北京大学出版社 .2002.

卢特 . 小说与电影中的叙事 [M]. 徐强，译 . 北京：北京大学出版社 .2011.

英尼斯 . 传播的偏向 [M]. 何道宽，译 . 北京：中国人民大学出版社 .2003.

戈德罗 . 从文学到影片：叙事体系 [M]. 刘云舟，译 . 北京：商务印书馆 .2010.

威廉姆斯 . 一天给我一桩谋杀案：英国大众传播史 [M]. 刘琛，译 . 上海：上海人民出版社 . 2008.

切特罗姆 . 传播媒介与美国人的思想 [M]. 曹静生，黄艾禾，译 . 北京：中国广播电视出版社 .1991.

费斯克 . 理解大众文化 [M]. 王晓珏，宋伟杰，译 . 北京：中央编译出版社 .2006.

麦奎尔，温德尔 . 大众传播模式论 [M]. 祝建华，武伟，译 . 上海：上海译文出版社 .1990.

麦克卢汉 . 理解媒介——论人的延伸 [M]. 何道宽，译 . 北京：商务印书馆 .2000.

波兹曼 . 娱乐至死 [M]. 张彦，译 . 南宁：广西师范大学出版社 .2008.

巴赫金 . 陀斯妥耶夫斯基诗学问题 [M]. 白春仁，顾亚铃，译 . 上海：三联书店 .1988.

麦克莱 . 传媒社会学 [M]. 曾静平，译 . 北京：中国传媒大学出版社 .2005.

勒庞 . 乌合之众：大众心理研究 [M]. 冯克利，译 . 北京：中央编译出版社 .2005.

卡斯特 . 认同的力量 [M]. 夏铸九，黄丽玲，等译 . 北京：社会科学文献出版社 .2003.

斯维伍德．大众文化的神话 [M]. 冯建三，译．北京：生活·读书·新知三联书店 .2003.

梵·迪克．作为话语的新闻 [M]. 曾庆香，译．北京：华夏出版社 .2003.

热奈特．叙事话语，新叙事话语 [M]. 王文融，译．北京：中国社会科学出版社，1990.

里蒙－凯南．叙事虚构作品 [M]. 姚瑞清，等译．北京：三联书店 .1989.

艾伦．重组话语频道——电视与当代批评理论 [M]. 牟岭，译．北京：北京大学出版社 .2008.

麦戈尼格尔．游戏改变世界 [M]. 闾佳，译．杭州：浙江人民出版社 . 2012.

王贞子．数字媒体叙事研究 [M]. 北京：中国传媒大学出版社 .2012.

黄鸣奋．网络媒体与艺术发展 [M]. 厦门：厦门大学出版社 .2004.

张新军．可能世界叙事学 [M]. 苏州：苏州大学出版社 .2011.

刘津．博客传播 [M]. 北京：清华大学出版社 .2008.

郭庆光．传播学教程 [M]. 北京：中国人民大学出版社 .2007.

黄匡宇．当代电视新闻学 [M]. 上海：复旦大学出版社 .2010.

陈原．陈原语言学论著·卷三 [M]. 沈阳：辽宁教育出版社 .1998.

萧净宇．超越语言学 [M]. 上海：上海人民出版社 .2007.

蔡文之．网络传播革命：权力与规制 [M]. 上海：上海人民出版社 .2011.

吴彤．自组织演化的科学——生长的科学 [M]. 济南：山东教育出版社 .1996.

段永朝．互联网：碎片化生存 [M]. 北京：中信出版社 .2009.

本雅明．经验与贫乏 [M]. 王炳钧，杨劲，译．天津：百花文艺出版社 .1999.

南帆．双重视域——当代电子文化分析 [M]. 南京：江苏人民出版社 .2001.

罗西科夫．当下的冲击 [M]. 孙浩，赵晖，译．北京：中信出版社 .2013.

波德莱尔．现代生活的画家 [M]. 杭州：浙江文艺出版社 .2007.

童芳．新媒体艺术 [M]. 南京：东南大学出版社 .2006.

王岳川．后殖民主义与新历史主义文论 [M]. 济南：山东教育出版社 .1999.

陶东风．大众狂欢——新媒体时代网络文化透析 [M]. 杭州：浙江古籍出版社 .2014.

何纯．新闻叙事学 [M]. 长沙：岳麓书社 .2006.

董小英．叙述学 [M]. 北京：中国社会科学出版社 .2001.

贾磊磊．影像的传播 [M]. 桂林：广西师范大学出版社 .2005.

杨晓林，等．微电影艺术导论 [M]. 北京：中国电影出版社 .2015.

报刊类

《文艺理论与批评》《文艺理论研究》《文艺争鸣》《现代传播》《今传媒》《当代电影》《电影艺术》《人民日报》《羊城晚报》《京华时报》《中国文化报》《新京报》等部分报纸、期刊的相关资料.

电子资源

人民网、新华网、新浪微博、中国互联网信息中心、百度百科、维基百科等.

后 记

几年前，从决定要考取博士的那一刻开始，我就知道自己已经踏上了一条艰苦卓绝的科研之路。然而这一路走来，艰苦的程度依然远超想象。时光荏苒，如今回望读博期间的日子，其中甘苦，如鱼饮水，冷暖自知。

而今，这沉甸甸的20多万字博士论文即将出版成书，我心中自然十分欣慰，同时也充满了感激和谢忱。

感谢我的导师金岱教授，他不仅以广博的学识和严谨的治学态度对我的论文写作给予了细致的指导，还教会我学问以外更多的东西，让我深深体会到作为一名老师和学者应有的信念和姿态。

感谢广东省社会科学院的陈实教授，没有他的鼓励、帮助和鞭策，我也许永远没有机会和勇气走上这条道路，去挑战一个又一个的高峰。他的教导是我这一生最宝贵的财富。

感谢我的父母，他们不仅带给我生命，还为我创造了最温暖的家，给予我最无私的爱和支持。

感谢我的丈夫，他对我的尊重、包容和爱护，成为我写作最大的精神动力。

感谢我的妹妹，在我远离家乡的十几年时间里，是她代替我在父母膝下尽孝，并永远站在我的身边，第一个分享我的喜怒哀乐。

感谢我的朋友和同事，他们带给我点点滴滴的启迪、帮助和快乐，都是我科研路上持续不断的动力。

感谢我的婆婆，她给予我和孩子无微不至的照顾，让我不仅能够快速回复身体状态，也能够腾出更多的时间和精力在科研和写作上。

最后，感谢我的两个女儿，她们的到来，掀开了我生命中新的篇章，让我能够以更加平和、细腻的心灵去观察、理解这个世界，去发现和书写更多，更美好的故事。